벌거벗은 한미동맹

벌거벗은 한미동맹

미국과 헤어질 결심이 필요한 이유

2023년 9월 11일 초판 1쇄

지은이   김성해
펴낸이   장의덕
펴낸곳   도서출판 개마고원
등록   1989년 9월 4일 제2-877호
주소   강원도 원주시 로아노크로 15, 105동 604호 (우 26382)
전화   033-747-1012
팩스   0303-3445-1044
이메일   webmaster@kaema.co.kr

ISBN 978-89-5769-497-8 03340

· 책값은 뒤표지에 표기되어 있습니다.
· 파본은 구입하신 서점에서 교환해 드립니다.

· 이 저서는 2020년 대한민국 교육부와 한국연구재단의 저술출판지원사업의
  지원을 받아 수행된 연구임. (NRF-2020S1A6A4040182)

벌거벗은 한미동맹

미국과 헤어질 결심이 필요한 이유

김성해 지음

개마고원

모두가 알지만
아무도 말하지 않는

한미동맹은 뜨거운 감자다. 윤석열 정부와 우리 사회 다수는 '영원한 동맹'을 칭송하고 당연하게 받아들인다. 이런 대세를 거역하는 사람은 극히 소수다. 이들은 한국이 잘못된 방향으로 간다고 걱정한다. 이 책도 문제가 많다고 보는 쪽이다. 특히 눈여겨보는 부분은 2023년 한국의 풍경이 동화 〈벌거벗은 임금님〉과 닮았다는 점이다. 분명 한미동맹은 얻는 것보다 잃는 게 많은데, 그래서 벌거벗은 게 맞는데, 누구도 선뜻 그 얘기를 안 한다.

자칭 진보라는 분들도, 학계에서, 언론계에서 명망이 있는 분도 이 동맹에 대해서는 굳이 말하는 것을 피한다. 달리 말하면, "임금님은 벌거벗었다"라고 말하는 무리에 섞이고 싶어 하지 않는 것 같다. 왜 그런지 이유는 대충 알 것 같다. 냉혹한 국제질서를 고려할 때 미국에 의지하지 않을 수 없는 한국 상황이 그중 하나다. 집단지성의 결과물로 보인다.

다른 이유도 있다. 정답이라고 감히 말할 수 있는 사람이 없다. 동맹의 손익계산서를 인공지능처럼 명확하게 계산할 방법이 없다. 결국은 각자의 양심과 통찰, 전문성을 믿을 수밖에 없다. 많은 분들이 몰라서가 아니라, 할 말이 없어서가 아니라, 함부로 나서지 않는 이유다. "당신 정말 자신 있어? 정말 확실해? 미국과 국내 다수 전문가와 달리 당신 말이 더 정답이라고 믿어야 하는 근거는 뭐야?" 많은 질문 앞에 당당할 자신이 없다. 세상 일을 다 알지도 못하고, 그렇게 대단한 지혜가 있는 것도 아니다. 뭘 어떻게 해야 할까? 동화 속 꼬마에게 답이 있다. 낯선 얘기였지만 울림을 줬다. 덕분에 다수가 '진실'을 보고 말할 수 있었다. 이 책도 그랬으면 좋겠다.

꼬마는 어떻게 이런 기적을 만들 수 있었을까? 옷을 만드는 사기꾼은 영리했다. 착한 사람 눈에만 옷이 보인다고 속였다. 착하다는 장애물을 넘어설 수 있는 간 큰 사람은 별로 없다. 꼬마는 달랐다. 자신이 착한지 아닌지 크게 고민하지 않았다. 구경꾼도 그렇게 믿어줬다. '악인이라서 안 보이는 줄 알았는데 그게 아니네…'라고 깨달았다. 세상 때가 묻지 않은 애들 눈에 그렇게 보인다면 자신이 보는 게 전혀 엉터리가 아니라는 확신이 들었다. 그제야 '진실'에 눈을 떴다. 복잡하게 생각할 필요가 없는 꼬맹이가 말을 한 덕분에 진실이 허위를 이겼다. 권력도, 관습도, 통념도 막을 수 없었다.

필자도 감히 용기를 내서 꼬마 역할을 맡고자 한다. 한미동맹은 '약'이 아니라 '병'이라고 외치고자 한다. 한미동맹의 민낯을 드러내서 점진적 해체의 길로 가는 첫 징검다리를 만들고 싶다. 그렇게 어려운 일도, 복잡한 것도 아닌데 우리가 '안' 보고 '못' 본 거라고 설득하는 게 목표다. 맞고 틀리는 건 세상에, 또 역사에 맡길 생각이다. 진실을 혼자 안다고 교만을 떨 생각도 전혀 없다. 말할 자격이라는 점에서 '꼬마'에 가깝다고 느끼는 게 이 책을 낸 이유다.

한미동맹은 복잡한 주제다. 자칫 "네가 뭔데?"라는 핀잔을 받을 수밖에 없는 영역이다. 전문가만 해도 밤하늘의 별처럼 많다. 거기다 미국에 있는, 변방에서는 감히 바라볼 수도 없는 쟁쟁한 권위자들이 동맹을 유지해야 한다는 편에 서 있다. 그래서 정말 뛰어난 많은 분들이 침묵을 강요받는다.

필자는 그 점에서는 행운아다. 미국을 꽤 안다. 미국에 첫발을 디딘 게 1998년이다. 운이 좋아서 국제정치학과 언론학 모두에서 학위 과정을 마쳤다. 공인받은 가방끈이 꽤 길다. 국내에서는 금융권에서 일을 배웠다. 국제정치·경제·언론 등을 어깨너머로 배운 세월만 벌써 25년째다. 외환위기 직후에 공부를 시작한 터라 미국에서 알바도 많이 했다. 호텔에서, 주유소에서, 환경미화원으로, 또 피자 배달부로 밑바닥을 훑었다. 귀국 후에도 복이 많았다. 한국언론진흥재단이라는 곳에서 복합 인연을 만들었다. 전 세계 언론인을 만날 수 있고, 국내 언론인과 토론하고, 또 국내외 엘리트들을 만났다. 지난 2006년부터 그런 생활을 했으니 벌써 17년이 지나고 있다. 그런 경험을 통해 내린 결론이 있다.

'일의 시작과 끝을 모두 아는 지혜로운 사람은 없다'라는 게 그 중 하나다. 대한민국의 엘리트라는 사람들은 헛똑똑이에 가깝다는 게 두번째다. 대체로 그들은 게으르다. 연구나 공부를 안 한다는 뜻이 아니라 미국만 바라본다는 점에서 그렇다. 국제사회에서 일어나는 일도 미국과 영국 언론을 통해서만 본다. 일종의 동종교배도 문제다. 김종영 교수가 『지배받는 지배자』라는 책에서 지적한 것과 같다. 정말 웃기는 게 서울대 출신은 주로 서울대만 인정해준다. 그들끼리 소통하고 토론하고 북 치고 장구 친다. 다른 곳은 몰라도 대학에서는 분명하다.

미국 유학파도 다르지 않다. 자기 스승의 그림자도 밟지 않는다는 말을 온몸으로 실천에 옮긴다. 미국에서 배운 것을 그대로 모방한다. 뭔가 모르는 게 있으면 스스로 찾을 생각을 하는 대신 미국에 있는 대가大家를 찾는다. 그게 아니면 번역서를 본다. 국제정치에서 그들이 신으로 추앙하는 인물은 헨리 키신저, 브레진스키, 아이켄베리, 조지프 나이 등등이다. 국회의원과 장·차관은 다르지 않을까? 아니, 더하다. 한국인으로 일본 언론사의 지국장을 오랫동안 맡고 계신 한 선배는 이렇게 말한다.

"제가 한국에 있는 정치인 중 안 만나본 사람이 별로 없습니다. 실명을 거론하기는 그렇지만 언론에 나오는 사람 대부분이라고 보면 됩니다. 그분들 만나면 30분 정도는 징말 말을 많이 합니다. 그런데 그게 끝입니다. 좀 더 깊이 들어가면 바로 바닥이 드러납니다. 그럼 뭘 할까요? 바로 폭탄주를 마십니다. 그래야 무식이 들키지 않으니까요."

나의 경험도 다르지 않다. 그간 만났던 국회의원, 고위 공무원, 대학교수 중에서 국제질서를 제대로 아는 분은 거의 없었다.

1950년 전쟁 이후 한국 사회에 가장 큰 충격을 준 사건인데도 지금도 국제통화기금IMF이 등장한 배경과 목적이 무엇이며, 왜 미국 재무부 옆 건물에 있으면서, 미국만 거부권을 행사하는지 잘 모른다. 1945년 이후 설립된 많은 국제기구가 왜, 무엇을 위해, 누구의 주도로 만들어졌고, 어떤 의사결정 구조를 갖는지에 대해 별로 관심이 없었다. 모든 것에 있어 평가 기준은 미국이다. 중국도, 러시아도, 브릭스BRICS도 관심 밖이다. 눈치를 보지 말고 아는 만큼만 얘기해도 될 것 같다는 자신감을 그렇게 얻었다. 대단한 지식이 있어서가 아니라 국내 다른 전문가 역시 별게 없다는 자각이라고 봐 주면 좋겠다. 동화에 나오는 꼬마처럼 불필요한 오해를 받지 않을 수 있다는 것도 이 책을 쓰게 된 이유다.

지금 사는 곳이 대구다. 정치적으로 아주 보수적인 곳이다. 독자 중 누군가 색안경을 끼고 볼 걸 우려하지 않아도 된다. 전투기가 창공을 질주하면서 고막을 찢을 듯한 굉음을 내는 걸 날마다 본다. 해외 경험 덕분에 이게 얼마나 낯선지 안다. 혹시 전투기에서 무슨 일이라도 벌어지면 그날로 황천길로 떠날 수밖에 없는 지역이다. 한미연합훈련이라도 시작되면 전투기 소음은 상상을 초월한다. 정상적인 생활 자체가 안 된다. "네가 왜?"라고 물으면 "좀 조용하게, 죽을 걱정 안 하고 살고 싶어서"라고 말해도 되는 환경이다.

미국에 대해, 중국에 대해, 북한에 대해 주류와 다른 관점을 전한다고 해도 '간첩' 오해를 받을 일이 없다. TK로 불리는 지역에서 일찍부터 자랐고 고등학교까지 다녔다. 미국에서 지낸 생활도 투명하다. 양심에 크게 부끄러울 게 없다. 아들 녀석도 특공대로 국방의 의무를 잘 마쳤다. 미국에 있을 때 태어난 딸은 이중국적이다. 미국 시민권자면서 동시에 한국인이다. 본인이 선택했고 부모로서 존중한다. 꼬마보다 유리한 점도 있다. '벌거벗었다'고 주장할 만큼의 정보를 모았다. 몇 권의 책을 내본 경험이 있어 말하는 게 낯설지도 않다.

그간 미국의 도움을 많이 받았다. 유학 생활을 했고, 그 이후에는 언론인들과 함께 미국 내 현장도 많이 들렀다. 연구년 때는 미국이 축적한 방대한 정보의 바다를 마음껏 헤엄치는 호사를 누렸다. 영어로 된 자료는 웬만하면 모두 접근해서 읽고 배울 수 있었다. 지금도 자주 미국을 드나든다. 교포 사회에서 이 문제를 고민하는 분도 만났고 토론하고 배웠다. 국내에서 찾을 수 없는 다양한 관점을 덕분에 만났다. 한국에서 만난 많은 분들의 지혜가 여기에 보태졌다. 언론인을 자주 만나는 덕분에 국내 전문가를 많이 안다. 자칫 잘못 알거나 놓치고 있는 게 없는지 그분들과 만나면서 거듭 검증 과정을 거쳤다. 그 결론이 '벌거벗은 한미동맹'이다.

이 책이 한국의 상식이나 통념과는 거리가 멀다는 것을 잘 안다. 전체를 보지 못했거나 틀렸을 가능성도 있다. 당연히 불완전한 지식일 수 있다. 그래서 돌다리도 두들기는 자세로 작업을 했다. 한국이 '미국과 헤어질 결심'을 할 수 있도록 꽤 장황하게 근거를 밝혔다. 제5장 '작별의 이유'가 짧게 언급되어 있지만, 제2장에서 제

4장까지가 다 그 이유에 대한 자세한 정리인 셈이다. 독자로서는 처음 듣는 얘기도 많을 것 같다. 한미관계에 '빛과 어둠'이 있다는 건 새로울 게 없다. 1945년 해방 직전까지 '황국신민'이었다가 어떻게 '미국 해바라기'가 되었는지에 대한 얘기는 그간 알려진 바 없다. 제국주의가 형태만 달라졌을 뿐 본질은 유지되고 있다는 것도 받아들이기 쉽지는 않을 것이다.

몇 가지 근거를 제시했지만 부족하다는 것도 안다. 북한·중국·러시아의 관점을 대변하는 것 아니냐는 비난도 예상한다. 그래서 '앵글로색슨 제국주의'에 관한 책도 준비중이다. 초고는 완성된 상태다. 원래 이 책과 같이 작업했는데 분량이 너무 많아서 나눴다.

'미국은 다른 제국과 달리 영토와 자원 수탈에 관심이 없었다'와 같은 주장이 얼마나 잠꼬대 같은 얘기인지도 다뤘다. 양부養父로서 미국이 한국을 어떻게 훈육했는지, 미국 아바타를 만들기 위해 얼마나 공을 들였는지 등도 담았다. 김수영의 시 〈어느 날 고궁을 나오면서〉가 있다. "나는 왜 작고 사소한 것에만 분노하는가/ (…) 한번 정정당당하게/ 붙잡혀간 소설가를 위해서/ 언론의 자유를 요구하고 월남파병에 반대하는/ 자유를 이행하지 못하고/ 20원을 받으러 세 번씩 네 번씩/ 찾아오는 야경꾼들만 증오하고 있는가"란 내용이다.

한국에서 미국을 대하는 태도가 그렇다. 남북관계가 잘못돼도, 전시작전권을 못 받아도, 마음대로 핵전쟁을 계획해도 한국은 꿀 먹은 벙어리다. 왜 그럴까? 미국이 무서워서? 북한이 무서워서?

현실이니까? 모두 맞다. 그런데 집단이 느끼는 이런 공포감은 자연적일까, 만들어진 것일까? 만약 한미동맹이 '벌거벗었다'는 게 맞는다면 우리에게 주어진 선택지는 무엇일까? 미국과 중국 사이에서 한국이 살 길은 둘 중 하나를 택하는 것일까? 둘 다 택하거나, 둘 다 거부하면 안 될까? 한반도의 중립화는 터무니없는 생각일까? 왜 그렇게 못 한다고 생각할까? 이 책은 이런 무수한 질문에 대한 내 나름의 답인 셈이다.

한반도 역사에서 한국이 지금처럼 잘산 적이 없다. 경제력, 군사력, 문화와 정보 거의 모든 분야에서 세계 10위권이다. 선진국은 물론 많은 후진국에서 한국은 모범사례다. 다만 구성원 간 단합과 화해, 북한과 미국을 대하는 관점이 문제다. 분단으로, 이념 갈등으로, 지금은 또 패권 경쟁으로 어느 쪽을 선택하기 어렵다. 중립화는 이 문제에 도움이 된다. 굳이 한쪽을 선택할 필요가 없다. 북한에 대해서도 특정 체제를 강요할 필요가 없다. 국가연합 형태로 유지하면서 한반도 전체가 중립을 선언하면 된다. 말처럼 쉽지 않다는 건 물론이다. 국가전략으로 추진하기 위해서는 더 정교하고 체계적이면서 치밀한 작업이 필요하다. 조만간 이와 관련한 책도 낼 생각이다. 이 책에서는 대략의 방향성만 제시했다. 장차 한국이 어디로 가야 할지 지표로 삼아야 할 '북극성'이라 생각한다.

2023년 7월

저자 씀

차례

제1장

미국
해바라기

사랑하고 있어요
나 까맣게 까맣게
그리움의 씨앗을 여물며
그댈 향해 가슴을 열었어요
(…)
노랗게 활짝 폈던 내 마음도
하늘의 별로 돌아갈 날을 기다리며
당신만을 향해 있었지요
바라보는 것만으로 행복한
눈먼 고흐가 되어

문근영, 〈해바라기〉 중에서

영원한
동맹

한국에서 미국은 추앙의 대상이다. 한국을 보호해 주는 수호천사는 한미동맹이다. 공산주의라는 악마에 맞서 미국은 그간 한국을 도왔다. 전쟁으로 모든 것을 잃은 한국이 지금껏 생존하고 선진국 수준에 오른 것도 다 미국 덕분이다. 그래서 미국은 '은인'이고 '부모'와 같은 존재다.

은혜를 모르면 인간의 도리를 저버리는 것처럼 앞으로도 미국과 함께하는 게 옳은 일이다. 다들 그리 생각한다. 겉으로만 그런 게 아니라 진심으로. 몇 개 장면을 통해 확인할 수 있다. 그중 근자의 장면 하나를 꼽자면, 2023년 4월 27일부터 진행된 윤석열 대통령의 미국 방문이다. 국빈 자격으로 미국을 방문한 건 2011년 이후 12년 만이다.

추앙의 현장

미국에 대한 연모의 정서는 우선 윤 대통령의 미의회 연설 앞부분에 나온다. "우리와 함께 자유를 지켜낸 미국의 위대한 영웅들을 영원히 기억하겠습니다"란 말을 통해서다. 미국이 한국의 수호천사라는 고백은 "1950년 북한이 우리를 침공했을 때 (…) 우리를 돕기 위해 달려왔습니다"와 미국은 "대한민국의 자유와 평화를 지키고 번영을 일구어 온 중심축"이라는 발언에 녹아 있다. 한미동맹을 대하는 태도에서 진정성이 느껴진다. 윤 대통령에게 이 동맹은 "찾기는 어렵지만 일단 갖게 되면 행운"을 뜻하는 "네 잎 클로버"와 같은 존재다. "한국이 이뤄온 유례없는 경제성장과 역동적인 민주주의"를 이룰 수 있었던 든든한 뿌리다. 앞으로도 함께 잘 관리해 나가면 좋은 날만 있을 것이라는 희망에 부풀어 있다. 또 다른 장면은 관변 또는 민간단체에서 발견된다. 한국자유총연맹, 한미우호협회, 한미동맹재단, 한미동맹친선협회 등이 여기에 속한다.

먼저, 1954년 이승만 대통령과 대만의 장개석 총통, 필리핀의 퀴리노 대통령 등이 함께 만들어 발족한 아시아민족반공연맹, 이를 뿌리로 탄생한 한국자유총연맹은 매년 한미동맹을 축하하는 기념식을 한다. 동맹에 대한 관점은 홈페이지에 올라와 있는 「한미동맹 70주년, 한미동맹의 역사와 그 가치」란 칼럼에 잘 나와 있다. 필자는 이춘근이다. 군인 출신으로 미국 텍사스대에서 박사학위를 마친 국제정치 전문가다. 한미동맹이 가능했던 건 이승만 대통령의 "귀신 같은 외교술" 덕분이었다는 평가가 먼저 나온다. 주한미군이 주둔하고 있었기 때문에 "북한은 전쟁을 다시 일으키겠다는 야욕을 접을 수밖에 없었고" 또 "한국은 세계 10위권의 풍요한 나라가 되었다"라고 평가한다.

1991년 설립된 한미우호협회도 관심 대상이다. 현재 회장은 황진하다. 육군 중장 출신으로 12년간 국회의원을 지냈다. "한미동맹을 정성껏 가꾸고 관리를 하는 것"을 목표로 설립한 곳이다. 매년 '한미우호의 밤'을 비롯해 관련 세미나 등을 개최한다. 2022년 6월 14일 모임에서는 조현동 외교부 차관이 연설자로 나섰다. "한미동맹을 받쳐주는 정신적 토대는 한미 양국의 신뢰"며 "앞으로 우리 정부는 미국과 한미동맹의 폭을 심화시키고 지평을 넓혀나가기 위한 진지한 작업을 계속 진행해 나갈 것"이라고 밝혔다.

또 다른 풍경은 개신교 교회가 주최하는 각종 기도회에서 엿볼 수 있다. 트럼프 대통령이 방한했던 2017년 11월 7일, 광화문 일대에서 열린 행사도 그중의 하나다. 한국기독교총연합회(한기총)가 주최자고 국민행동본부, 대학연합구국동지회, 전군구국동진연합회 등 300여 개 단체도 한자리에 모였다. 설교자 중 한 명이 공동회장 전광훈 목사다. 그는 "138년 전 조선이 망해갈 때, 하나님께서 미국에서 언더우드와 아펜젤러 선교사를 보내주셨고" "그들이 병원과 학교와 교회를 지어줘서 민족의 개화가 시작됐다"고 말문을 열었다. "한국교회가 다 망한 나라를 살렸고" "누가 뭐래도 대한민국은 하나님이 세우신 나라"라는 말도 덧붙였다. 기도회와 정치 집회가 뒤엉킨 자리였다. 미국에 대한 시선을 잘 보여주는 발언이 많이 나왔다. "대한민국의 뿌리는 미국이다" "대한민국 절대다수 애국 국민과 1200만 성도는 트럼프 대통령과 미국이 베풀어준 도움에 무한한 감사를 드린다" "우리는 어떤 상황에서도 한미동맹을 더욱 강화하고, 절대 전시작전권을 가져와서는 안 된다" 등의 주장이다.[1]

　미국 워싱턴 D.C.에서 열리는 한미국가조찬기도회 역시 언론에 자주 등장한다. 제17회 기도회는 2022년 10월 15일에 열렸다. 협찬 단체로는 미국국가조찬기도회, 대한민국국가조찬기도회, 주미 한국대사관, 워싱턴지역한인교회협의회 등이 이름을 올렸다. 매년 한국과 미국 대통령의 축사가 전달되는 자리다. 기조연설은 김상복 목사가 했다. "하나님이 미국이라는 친구를 한국에 선물로 줌으로써 한국에 복음이 전해져 인구의 20%가 기독교인 나라가 됐다. 또한 미국은 한국에 학교를 세워 한국인들에게 현대 교육을 시켰고, 이로써 오늘의 한국은 전 세계에서 교육수준이 최상위인 국가가 됐다. (…) 북한의 침략에서도 한국을 보호해줘 자유민주주의 국가로 설 수 있게 도와줬으며, 한국 물건을 수입함으로써 한국의 경제가 일어설 수 있게 해줬다"라는 내용이다.

　언론계는 어떨까? 주요 언론사의 칼럼과 사설에서도 큰 차이는 찾아보기 어렵다. 「한미동맹이라는 보험」. 2022년 5월 17일, 노정태 전문위원이 '朝鮮칼럼'란에 쓴 글이다. 한미동맹은 "세계 초강대국과 세계에서 가장 가난하고 비참한 최빈국이 1대1로 군사

동맹을 맺은 전례 없는" 일로 "세계 외교사의 기적"이다. "미국과 이런 군사 동맹을 맺을 수만 있다면 우크라이나의 젤렌스키 대통령은 악마에게 영혼이라도 팔고자 할" 기가 막힌 '보험'이었다는 주장을 한다. 『문화일보』의 이용식 주필도 관련 주제를 자주 다룬다. 그중 「문재인 5년 과칠공삼過七功三」(2021.12.20)이라는 칼럼을 보자. 잘못한 것 중 다섯번째로 "동맹을 배신했다"라는 점을 꼽았다. "자유민주주의와 시장경제가 핵심 가치인 한미동맹은 유례를 찾기 힘든 성공한 혈맹이다. 그런데 문 대통령은 미국·일본보다 중국·북한에 기울었다"는 지적이다. 「韓美 모든 길 같이 가는 가치동맹… 국익·실용 뒷받침이 과제」(2011.5.23)라는 『동아일보』 사설도 판박이다. 미국이 주도하는 '민주주의 정상회의'를 한국에서 유치하기로 한 결정은 "어정쩡한 균형을 내세우던 한국 외교가 자유 진영의 핵심축으로 좌표 이동을 분명히 한" 올바른 선택이라고 본다.

당연한 말이지만 모든 언론이 천편일률적으로 이런 관점에 동조하지는 않는다. 『한겨레』『경향신문』《프레시안》《오마이뉴스》와 같은 진보 매체에서는 분명 다른 목소리가 있다. 물론 다수가 아닌 극소수에 불과하다. 진보 정권에 몸담았던 문정인(연세대 교수), 정세현(전 통일부 장관), 이종석(세종연구소), 김준형(전 국립외교원장)을 비롯해 진보 성향으로 분류되는 김종대와 정욱식 같은 평론가 등을 통해서다. 정욱식의 칼럼 「정전협정 70돌… '묻지마 한미일 동맹'으론 평화 못 꾸린다」(한겨레, 2023.4.24)는 그중 하나다.

책임 소재부터 다르다. "한미일 삼각동맹 추구가 북한의 핵과 미사일 고도화와 맞물려 정전체제를 더욱 불안하게 만들고 전쟁위기까지 초래할 수 있다"고 지적한다. 미국은 천사가 아니라 평화의 훼방꾼이라는 인식은 "미국 강경파들의 방해로 한반도 평화프로세스와 한미동맹의 유연화가 모두 무산되고 말았다"라는 말에 나온다. 미국 주류가 정말 두려워하는 것은 북한이 아니라 "한반도 평화체제와 비핵화로 인한 미군 철수"라는 것도 꼬집었다.

바로 한국·일본·대만 등이 더는 미국에 의존하지 않고, 미국은 막대한 군수시장은 물론 동북아에 대한 영향력을 잃게 되는 상황 말이다. 국민 다수는 이런 관점을 잘 모른다. 왜 그런지 몰라도 미국을 불편하게 만들 수 있는 질문 자체를 안 한다. 객관적인 지표도 이를 뒷받침해준다.

집단사고

미국의 퓨리서치센터Pew Research Center는 매년 미국에 대한 국제사회의 호감도를 조사해 발표한다. 2022년 6월 22일 공개된 최근 자료에는 미국을 가장 좋게 보는 국가 중 으뜸은 폴란드다. 무려 91%가 좋게 본다. 2022년 러시아-우크라이나 전쟁이 일어나기 전까지는 70% 중반이었으니, 전쟁 효과로 급상승한 경우라고 봐야 한다. 한국은 89%로 2위다. 2021년의 77%에서 무려 12%포인트나 높아졌다. 미국의 오랜 우방이었던 이스라엘은 83%로 3위다. 북대서양조약기구NATO에 속해 있으면서 미국과 밀접한 관

계에 있는 서유럽의 프랑스·스웨덴·독일·이탈리아 등은 60% 전후다. 일본도 70% 정도다.[2]

국내에서 조사한 결과도 다르지 않다. 2022년에 발표된 '통일 의식조사'에 나온다. 서울대 통일평화연구원이 한국갤럽에 의뢰해서 성인 남녀 1200명을 대상으로 의견을 물었다. "귀하는 다음 국가들 중 어느 나라를 가장 가깝게 느끼십니까?"라는 질문에 미국을 선택한 비중은 80.6%다.[3] 물론 남북관계가 좋을 때나, 미국 우선주의를 내세운 트럼프 대통령 때 미국에 대한 호감도는 다소 떨어진다. 일종의 투정에 가까운 것으로 불만은 오래 안 간다. 게다가, 단순한 호감도와 달리 한미동맹에 대한 견해는 한결같다. 진보와 보수라는 진영은 물론 연령대에도 영향을 안 받는다. 증거는 많다.

2022년 5월 31일 발표된 아산정책연구원의 조사 결과가 그중 하나다. "한미동맹을 민주주의와 인권 등 보편가치를 공유하는 가치동맹으로 발전시켜야 한다"는 의견에 동의하는 비중은 2016년 51.2%, 2020년 66.3%, 2022년 60.2%다. 앞으로도 한미동맹이 계속되어야 한다는 생각은 더 압도적이다. 2012년 이후 동의하는 비중은 줄곧 90%대를 웃돈다. 통일 후에도 이 동맹이 필요하다는 데 대해서는 80% 이상이 찬성한다. 주한미군 주둔에 대한 의견은 어떨까? 2012년 67.8%로 잠깐 낮아진 때를 제외하면 모두 80% 정도다.[4] 한국국방연구원이 2021년 10월에 발표한 '국민 안보 인식에 관한 연례 정기 설문조사' 결과 역시 다르지 않다. "한

6·25전쟁의 참상을 겪고 맺은 한미동맹이 올해 70년을 맞았다. 여전한 북한의 도발위협에 최전방 장병들은 목숨 건 사명감으로 동맹의 정신을 하루하루 되새기고 있다. 북한 무인기가 서울과 수도권 영공을 침범한 다음 날인 지난달 27일 경기 파주시 판문점 공동경비구역(JSA) '오울렛 초소'를 찾았다. 군사분계선에서 불과 25m 떨어져 북한군 초소와 가장 가까운 곳이다. 초소로 향하는 철책과 양국 장병들의 연합 수색작전에 빈틈이 없다. 원톱 뒤에는 20charm 이상 임무 수행을 상징하는 '임진 스카우트' 완장이 선명하다. JSA 경비대대 경비중대소속 정재림 중사, 김선굕 상병, 장하현 상병, 유재웅 중위, 유엔사 경비대대 소속 주한미군 작전부사관 알프레드 C 린스 중사.   파주=하상윤 기자

'진보는 반미, 보수는 친미'
진영 간 대립구도 무너졌다

'진보=반미, 보수=친미'라는 오랜 이분법과 진영 간 대립 구도가 무너진 것으로 나타났다. 더불어민주당 지지층의 절반, 국민 전체로는 10명 중 6명 이상이 '한미동맹 강화' 필요성을 인정했다. 우리 사회에서 보수와 진보의 대립은 여전하지만 마국에 대한 인식만큼은 압도적인 친미 성향으로 쏠리고 있는 것이다.

올해 한미동맹 70년을 맞아 실시한 한국일보·한국리서치 신년여론조사에서 향후 정부가 미국과의 관계를 어떻게 해야 하나라는 질문에 민주당 지지층 50.6%가 '한미동맹을 강화해야 한다'고 답했다. 반면 '미국 영향력에서 탈피해 자주독자외교를 해야 한다'고 응답한 비율은 20.6%에 그쳤다. '중립'은 28.3%로 집계됐다.

★관련기사 2·3면

한국전쟁이 끝나고 1953년 10월 1일 상호방위조약에 서명하면서 맺은 한미동맹은 올해로 벌써 70년이 됐다. 장기간의 분단체제를 겪는 동안 미국이 한국의 안보와 경제에 가져온 장이 많지만 때로는 자국의 이해관계에 매몰돼 우리의 이익과 배치되는 정책 결정을 내린 사례도 없지 않다. 이로 인해 '미국은 공산주의에서 대한민국을 지켜준 고마운 나라'가 분명하지만, 한편에서는 '미국이 절대선은 아니다'는 인식이 자리잡은 지도 꽤 됐다.

지금의 환경은 또 다르다. MZ세대의 대북·동일 인식에 변화가 시작됐고 북한의 핵무사일 위협 고조와 미중의 대립 속에서 한미동맹의

동맹 70년
미국은 우리에게 무엇인가
본보·한국리서치 신년 여론조사

민주당 지지층 "한미 동맹 강화" 늘어
국민 10명 중 6명 이상은 필요성 인정

**향후 한국 대미 관계
설정 방향**
(전화조사 1,000명)

- 미국 영향력 탈피 독자외교 11.4%
- 모름·무응답 0.9%
- 모름 23.9%
- 한미동맹 강화 63.8%

가치는 재평가받는 중이다. 이번 조사에서는 진보로 분류되는 민주당 계열 정당 지지층의 동맹에 대한 인식 변화가 두드러졌다. 노무현 정부 시절의 2005년 동아시아연구원 조사에서 열린우리당 지지자 44%가 '자주외교'를 강조

했던 것과 달리 이번 조사에서는 20%로 뚝 떨어졌다. 이와 달리 '한미동맹 강화' 응답은 2005년 26%에 불과했지만 이번에는 51%로 두 배가량 늘어났다.

국민 전체에 대한 조사에서는 63.8%가 한미동맹 강화를 선호했다. 독자외교를 선호하는 응답은 11.4%에 불과했으며, 중립은 23.9%였다. 전 세대에 걸쳐 한미동맹을 전폭 지지했다. 60세 이상이 73.8%로 가장 높았고 30대(66.0%), 20대(64.2%), 50대(55.9%), 40대(53.8%) 순이었다.

다만 우리 국력 성장에 대한 자신감이 커지면서 '미국을 비롯한 주변국과의 대등한 외교'를 주문하는 응답도 71.0%에 달했다. 정하윤 한국리서치전문위원은 "동맹 미국에 대한 과거의 맹목적 신뢰보다는 점차 수평적 관계를 지향하면서 이익의 균형을 추구하는 것으로 보인다"고 분석했다.

한국일보는 '한미동맹 70년, 미국은 우리에게 무엇인가'라는 화두를 입체적으로 조명하기 위해 여론조사와 함께 심층토론형 포커스그룹인터뷰(FGI)를 병행했다. 수치상으로는 모든 세대가 미국을 긍정적으로 평가하지만, 속내를 들여다보면 각자 경험에 따라 관차가 있을 것이란 판단에서다. 5그룹으로 나눠 진행한 FGI 분석 결과, 2030세대는 대한민국의 군사경제력과 문화적 매력을 적극 수용하며 친미 성향을 드러내는 데 거부감이 없었다.

정승임 기자 ☞2면에 계속

〈사진1〉 한미동맹에 대한 우리의 집단사고는 진영 간에도, 세대 간에도 별 차이가 없다. '추앙'을 넘어 거의 '중독' 수준이다. (한국일보, 2023.1.2.)

미동맹이 한국의 평화와 안정에 도움이 된다"고 응답한 비중은 무려 93.8%다. 정치적 진영논리에도 영향을 안 받는다. 더불어민주당과 국민의힘 지지자들 간 차이는 겨우 2%포인트 정도다.

『한국일보』가 보도한 「진보=반미, 보수=친미 이분법 깨졌다」(2023.1.2.)라는 기사에서도 확인된다. 정치적으로 진보에 속하는 민주당과 정의당이 동맹에 찬성하는 비중은 각각 50.6%와 52.4%다. 국민 평균 63.5%와 크게 다르지 않다. 연령에 따른 차이도 거의 없다. 60세 이상에서 미국과 더 깊은 관계를 맺어야 한다는 비중은 73.8%다. 가장 높다. 30대는 66.0%이고, 20대는 64.2%나 된다. 50대와 40대에서도 각각 55.9%와 53.8% 수준이다. 한국 사회가 '미국 해바라기'가 되었다고 말해도 무리가 없을 정도다.

누군가를 정말 사랑할 때 우리는 '속이 까맣게 타들어 가는' 것 같은 감정을 갖는다. 단순한 사랑을 넘어 추앙의 수준이 되면 "바라보는 것만으로 행복"해진다. 짧은 한평생을 사는 동안 이런 인연을 만나는 건 정말 행운이다. 하물며 국가와 국가 사이에 이 정도의 강렬함을 갖는 건 극히 드물다. 동맹의 토대를 놓은 이승만 대통령을 '외교 천재'라 부르고, 이 동맹이 영원토록 계속되는 것을 열망하는 게 이해가 된다. 그렇지만 죽음도 갈라놓지 못한 사랑은 있어도 그런 동맹은 가능하지 않다. 영원한 적도, 영원한 동지도 없다는 건 국제사회의 상식이다.

예컨대, 2022년 전쟁을 시작한 러시아와 우크라이나는 한때 같은 국가였다. 미국만 해도 자신이 섬겼던 영국에서 독립하기 위해 전쟁도 마다하지 않았다. 하지만 영국에 맞서기 위해 동맹을 맺었던 프랑스가 도움을 청했을 때는 매정하게 뿌리쳤다. 일본도 어제의 동맹이 적이 된 경우다. 1905년 러일전쟁에서 미국과 영국은 일본을 도왔다. 제2차세계대전 때는 진영이 달라졌다. 미국·영국·소련이 동맹을 맺었고 일본과 싸웠다. 지금은 다시 러시아와 중국에 맞서는 미일 동맹이 구축된 상태다. 그래도 한미동맹은 좀 다르지 않을까? 정답은 누구도 알 수 없지만, 그럴 가능성은 낮다. 그간 주목하지 않았던 불편한 진실이 너무 많다. 그것은 익숙한 풍경 그리고 사고방식과 작별해야 비로소 보인다.

불편한 진실

한미동맹은 성역이다. 진보로 분류되는 단체에서도 한미동맹만큼은 건드리지 않는다. 누구도 쉽게 '주한미군 철수' 얘기는 못 꺼낸다. 한미군사훈련에 관한 얘기도 안 한다. 본격적으로 시작한 게 1980년대 초반인데 무려 40년 이상을 우리는 이런 상태로 산다. 방어훈련이라고 확실하게 믿고 있기 때문에 북한이 이 훈련을 반대하는 이유를 잘 모른다. 솔직히 말하면 관심도 없다. 푸른 하늘에서는 전투기가 질주하고, 한반도 주변 바다에서는 핵잠수함이 운행해도 무관심하다. 자칫하면 모든 게 한순간에 끝날 수 있는 핵무기가 훈련에 동원된다는 것도 관심 밖이다. 한반도를 핵전쟁 직전까지 몰고 갔던 트럼프 대통령 같은 인물에 대해서도 그저

지지를 표하기 바쁘다. 미국이라는 절대자를 숭배하는 정도가 지나쳐서 죽임마저도 감사하는 상태다. 1950년의 전쟁조차도 '한국을 담금질하기 위한 하나님의 시련이었다'고 보는 사람도 있으니 말이다. 한국 정부를 도청하고, 금지된 생화학무기를 반입하는 등 동맹 간에 해서는 안 될 부정을 저질러도 불만이 없다. 동화 〈벌거벗은 임금님〉과 닮은 점이 많다고 생각하는 건 이런 까닭에서다.

네덜란드 작가 안데르센이 쓴 작품이다. 줄거리는 대강 이렇다. 꽤 잘사는 평화로운 왕국이 있었다. 통치자로서 왕의 능력은 평범했다. 잔혹하지는 않았던 것 같고 허영심이 많았다. 특히 멋진 옷에 대한 집착이 대단했다. 왕이 원하는 것을 잘 알았던 사기꾼 두 명이 접근한다. 최고의 의상 디자이너로 자신들을 포장하면서 세상에서 가장 아름다운 옷을 만들어주겠다고 제안했다. 왕은 귀가 솔깃했다. 독립된 작업공간과 필요한 건 모두 제공했다. 막대한 사례금을 주겠다는 약속도 빼먹지 않았다. 별로 크지 않은 왕국이라 모두 이 일을 알았다. 모두가 옷에 대한 호기심을 키우는 가운데 작은 변수가 하나 생겼다.

작업은 열심히 하는 것 같은데 정작 옷이 안 보였다. 왕과 주변 신하들이 "근데 왜 옷이 안 보여요?"라고 물었다. 뜻밖의 대답이 돌아왔다. "그럴 리가요? 마음이 착한 사람의 눈에는 당연히 보이는데요"라는. 그때부터 옷의 존재에 대해 시비를 거는 사람은 없었다. 마침내 옷이 완성되었고, 왕은 그 옷을 걸쳤다. 왕이 벌거벗었다는 것을 모두 알았어도 입 밖에 내는 사람은 없었다. 모두의 관심거리라 거리행진도 벌였다. 많은 구경꾼이 몰려와 이 장면을 구경했지만, 누구도 '벌거벗었다'라는 말은 못 꺼냈다. 맨 앞에 있던 꼬마 하나가 "어, 임금님이 벌거벗었네"라고 말하면서 분위기를 바꿨다. 그제야 침묵하던 다수가 목청을 높였다. "정말이야, 임금님이 벌거벗은 게 맞네." 부끄러움에 왕의 얼굴이 붉어졌다. 그래도 행진을 멈추지는 않았다. 못 들은 체하면서 발걸음을 재촉해 왕궁으로 돌아갔다.

교훈이 뭘까? 최소 세 가지 정도가 있다. 그중 첫번째는 '진실'이란 과연 뭐냐는 질문이다. 동화에서는 임금님이 벌거벗었다는 게 진실이다. 그렇지만 대부분 사람에게 진실은 정반대였다. 벌거벗지 않았다는 게 진실 행세를 하는, 즉 진실효과가 발생한 상황이다. 왜 이런 일이 벌어졌을까? 진실을 확인하는 게 간단치 않다는 것과 관계가 깊다. 동화에서 진실을 가리는 건 비교적 쉽다. 눈으로 보거나 손으로 만져보면 된다. 그런데 '착한 사람'이라는 조건이 붙어 있다. 자신은 정말 착한 사람이라는 확신을 갖지 못한다면 선뜻 옷에 대해 말하기 어렵다. 전문적인 지식과 권위를 가진 사람이 멋진 옷이라고 말하는 상황도 진실 파악을 어렵게 만든다. 동화에서 옷을 만드는 사람은 '아무나'가 아니다. 옷을 잘 아는 최고의 전문가다. 그들에 맞서 옷이 없다고 주장하기 위해서는 상당한 지식과 말주변, 또 근거를 제시해야 한다. 그럴 자신이 없다면 함부로 진실 여부를 따질 수 없다.

고민해야 할 두번째 주제는 '왜 모두가 침묵했을까?'다. 무언가를 아는 것과 그것을 밖으로 표출하는 건 차원이 다르다. 왕과 신하, 관련자, 거리의 구경꾼 등은 모두 옷이 안 보인다는 깃을 알았다. 그런데 그것을 겉으로 드러낸 사람은 없다. 뭔가 말하지 않은 이유가 있었다고 볼 수밖에 없다. 뭘까? 그중 하나는 냉철한 계산속이다. 인간의 이성과 관련한 것으로 합리적인 판단이 개입한다. 말하는 것보다 안 하는 게 훨씬 이익이라고 봤다는 의미다. 입만 다물면 누구도 자신을 '악인'이라고 욕하지 않는다. '모난 돌이 정을 맞는다' 같은 속담이 있는 것처럼 '굿이나 보고 떡이나 먹으면 된다'는 심리다. 발설을 함부로 못 하게 만드는 압력이 있었을 가능성도 있다. 집단의 기억 및 공포심과 관계가 있다. 동화 속 시대는 왕이 모든 것을 지배하는 시대다. 억울한 일을 당하면 정당한 절차를 통해, 또는 법을 통해 구제를 받을 길이 없다. 왕이나 권력 집단의 심기를 건드리면 자칫 다칠 수 있다.

겉으로 보이는 강제성이 없다는 게 세번째 관찰지점이다. 동화에는 많은 등장인물이 등장한다. 각자 역할이 있다. 문제는 왕이 만들었다. 왕이라 누가 시킨 건 아니다. 멋진 옷을 입고 싶었다. 행진을 기획했다는 걸 통해 멋진 옷을 입는 것 자체를 왕의 권위를 세우는 일이라고 생각했을 가능성이 있다. 절대왕조 시대에 엄청난 돈과 인력을 들여 멋진 궁궐을 세우고, 황금으로 장식한 왕관을 쓰는 것의 연장선이다. 왕의 명령을 집행하는 신하 집단도 있다. 옷의 제작 과정을 감독하고 진행 과정을 보고하는 게 그들의 몫이다. 왕이 하지 말라고 시키지 않았는데 그들은 안 했다. 자발적인 선택이다. 잘은 몰라도 멀리서 온 최고의 디자이너를 존중한다는 좋은 의도가 있었다고 봐도 된다. "믿고 맡기자"라는 분위기였다고 볼 수 있다. 왕이나 신하가 다수의 구경꾼에게 '벌거벗었다'는 사실을 말하지 말라고 협박한 정황도 없다. 한미동맹을 대하는 우리의 모습에 고스란히 적용된다.

안데르센이 이 동화를 쓴 때는 아주 옛날이다. 장소도 다르다. 국민이 주권을 행사하는 한국과 달리 배경도 왕조시대다. 현재 상황과 전혀 관련성이 없을 것 같은데 안 그렇다. 겹치는 지점이 꽤 많다. 그중 하나는 한미동맹을 대하는 태도다. 옷을 안 입은 것처럼 보이면 질문을 던져야 하는데 안 그랬다.

한국도 다르지 않다. 한미동맹은 정말 좋기만 할까? 만약 한미동맹이 그렇게 좋은 것이라면 왜 다른 국가는 안 할까? 엄청난 행운이었다면 한국은 도대체 무슨 복이 있어 미국으로부터 이런 선물을 받았을까? 미국이 한국만 특별하게 사랑하고, 아끼고, 보호하고, 아낌없이 나눠 줄 이유가 있을까? 미국은 애초 왜 한국에 개입했을까? 미국은 아낌없이 주는 나무였고 한국만 은혜를 입었을까? 불평등한 동맹이었다는 점에서 좀 다른 형태의 식민지는 아니었을까? 동맹이 있어 북한이라는 적을 막아낸 게 아니라, 동맹으로 인해 한반도에서 전쟁 공포가 계속되는 건 아닐까? 적이 없으면 지속할 수 없는 동맹의 본질로 인해 없는 적이 만들어져왔고, 앞으로도 계속 새로운 적이 등장하게 되는 것은 아닐까? 미국의 힘이 약해지는 상황에서 동맹으로서 한국이 짊어질 책임과 의

무는 오히려 더 늘어나지 않을까? 당장, 한국은 앞으로 주한미군 방위비 분담금을 얼마나 늘려야 할까? 소련을 대신해 중국이 들어선 신냉전 국면에서 한국이 다시 최전선에 서는 선택이 과연 옳은 것일까?

만약 성역만 아니라면 이 정도 질문은 편하게 할 수 있어야 한다. 그러나 한국 사회는 이를 용납하지 않는다. "임금님은 벌거숭이"라고 마지막 순간까지 아무도 말하지 않았던 것과 크게 다르지 않다. '왕이 벌거벗은 것 아냐'라고 말하는 것조차 금지사항이 된다. 동화와 현실의 또 다른 유사점이다.

「'北核 리스크' 안보라인에 '문정인 리스크'」. 2017년 9월 29일자 『조선일보』의 기사 제목이다. 남북화해로 대북정책의 방향을 바꾼 문재인 정부를 비판하는 연장선에서 나왔다. "한미동맹이 깨지는 한이 있더라도 전쟁은 안 된다"라는 발언에 대해 "동맹의 균열을 가져오는" 요인이라고 비난한다. 문재인 정부에 대해 "미국이 엄청나게 불쾌해 했고 당시 틸러슨Rex Tillerson 미 국무장관이 강경화 외교장관에게 강력히 항의"했다는 말을 전함으로써 미국의 심기를 경호하는 모습도 보인다. 뜻이 같은 집단을 동원해 멍석말이하는 정황도 있다. "야3당은 이날 일제히 문 특보를 비난했다"라고 말하면서 "경악을 넘어 소름이 끼친다" "외교·안보 라인에 금언령(禁言令)을 내려야 한다" "전면 교체 수준의 보강과 강화가 필요하다"는 등의 발언을 인용했다. 정부의 책임 있는 자리에 있는 인사가 함부로 한미동맹에 대해 말하지 말라는 경고였다. 국립외교원장을 지낸 김준형 교수를 겨냥한 비난도 닮은꼴이다.

발단은 그가 2021년에 발표한 『영원한 동맹이라는 역설』이라는 책. "미국은 35년 (일본) 제국주의를 벗어나게 해 준 '해방자'라기보다 실제로는 식민지인을 대하는 새로운 '점령군'에 가까웠다"는 내용이 포함되어 있다. "한국은 한·미 동맹에 중독돼 왔다. 압도적인 상대에 의한 가스라이팅• 현상과 닮아 있다"는 얘기도 담았다. 곧바로 비판이 이어졌다. 『중앙일보』는 「국립외교원장의 부적절한 한·미 동맹관」이라는 제목의 사설을 냈다. "동맹의 한쪽 당사자인 미국 조야에서는 한국에 대한 불신이 지속적으로 높아지고 있다. 이런 상황에서 김 원장의 저서는 불신의 골을 더욱 깊게 할 것임이 틀림없다"라는 지적이다.

샬롬을꿈꾸는나비행동이라는 단체는 더 단호했다. 논평을 냈는데 『교회연합신문』『크리스챤데일리』《고신뉴스》와 같은 개신교계 언론사에 일제히 실렸다. "김준형 원장의 발언은 2만 8천 명의 미군을 반세기 이상 주둔시키고 있는 우방 미국 정부에 대한 외교 결례일 뿐 아니라 한미동맹을 균열시키고 주한 미군 철수 언급으로 북한 공산군의 제2남침을 자극하는 위험스러운 발언이라 아니할 수 없다"라는 얘기다.[5]

• 영국의 극작가면서 소설가인 패트릭 해밀튼(Patrick Hamilton)이 쓴 〈가스등 Gaslight〉이란 연극에서 유래했다. 절도 범죄를 하던 남편이 자신의 아내를 정신병자로 몰아가는 한편, 자신만 의존하도록 심리적으로 조정한 데서 나온 개념이다. 권력의 차이, 반복적인 세뇌, 자존감 파괴, 맹목적 의존 등이 포함되어 있다.

국제정세도 모르면서, 북한의 실체도 모르면서 떠벌리지 말라는 논리다. 만약 누군가 이런 주장을 계속하면 어떻게 할까? 그때는 미국이라는 외부의 권위를 갖고 온다. 미국의 유명한 대학과 연구소를 들먹이면서 '무식하면 용감하다'라고 꾸짖는다. '당신이 브루킹스연구소, 랜드재단, 해리티지재단, 하버드대의 전문가보다 똑똑해?'라는 압박이다. 때리는 시어머니보다 말리는 시누이가 더 밉다는 말처럼 국내 전문가도 힘을 보탠다. 전직 장관·총장·대학교수 등의 화려한 경력을 자랑하는 사람들이다.

그렇게 한국 사회는 한미동맹에 대해서는 '눈 뜬 장님'이 된다. 동화 속에서 모두가 '옷'에 대해 침묵했던 모습과 지금 우리 모습이 겹친다고 하면 억측일까? 한바탕 웃음으로 동화가 끝났다는 점 역시 남의 얘기가 아니다. 누가 강제하지 않았는데 자발적으로 이 상태가 유지된다. 덕분에 영원한 강철 같은 동맹을 위해 한국이 치러야 하는 비용에 대해서는 무감각하다.

왕은 한번 창피를 당하는 게 전부다. 작업을 감독하던 신하와 관련자들도 죄송하다고 말하면 끝난다. 죽어나는 건 백성이다. 같은 일이 반복되지 말라는 법이 없다. 진실 앞에서는 다시금 침묵을 강요당할 가능성이 크다. 눈에 보이는 대로 '벌거벗었다'라고 말하면 해결될 일이었다. 만약 다수가 그렇게 말했다면 왕의 우스꽝스러운 행차는 막을 수 있었다.

진실은 좀 복잡한 한미동맹이라도 마찬가지다. 정말 좋은 건지 한번 따져보면 된다. 미국이 보고 들으라는 것을 넘어서 우리 자신의 눈과 귀로 확인하는 작업이다. 누군가 옷을 제대로 입고 있는지 검증하는 것조차 못하게 막는다면 왜 그런지 물어봐야 한다. 앞장서 말문을 막는 집단이 지난 70년 이상 분단과 적대 관계로 부와 명성을 누렸다는 점에서 그렇다. 미국을 제국주의로 욕하는 북한이 혹시 진실을 말하는 어린아이일 수 있다는 가능성조차 열어두는 것도 필요하다. 누구도 진실을 독점하지 못한다는 점에서 다양한 관점을 접하는 건 나쁜 게 아니다. 나체 행진 정도가 아니라 한반도에 사는 7721만 명 정도의 운명이 달린 문제라 더 그렇다. 한미동맹의 빛과 어둠을 탐색하는 작업은 그 첫 출발점이다.

빛과
어둠

"전쟁에서 승리한 본관 휘하의 군대는 오늘부터 북위 38도 이남을 점령할 것이다. (…) 점령 지역과 주민에 대한 모든 통제권은 지금부터 본관이 행사한다." 미국 태평양 방면 최고사령관 더글러스 맥아더가 1945년 9월 9일 발표한 포고령 제1호의 내용이다. 한미동맹의 출발점이다. 대한민국 정부가 출범할 수 있었던 것 역시 미국의 보호막 덕분이었다. 전쟁이 시작된 지 겨우 이틀이 지난 1950년 6월 27일에 미국은 이미 한국의 군사적 동맹국이 됐다. 동맹의 주도권은 전쟁 후 20일 정도가 지난 7월 10일 완전히 미국으로 넘어갔다. 대통령 이승만이 한국 군대에 대한 작전지휘권을 맥아더 사령관에게 선물로 넘겼기 때문이다. 1950년 6월 시작한 전쟁은 1953년 7월에 휴전으로 끝났다. 한미상호방위조약이 체결된 건 그때부터 3개월 정도가 지난 10월 1일이다. 조약 제2항을 통해 "당사국 중 어느 일국의 정치적 독립 또는 안전이 외부로부터의 무력 공격에 의하여 위협을 받고 있다고 어느 당사국이든 인정할 때에는 언제든지 당사국은 서로 협의한다"라고 밝혔다.

한국은 무려 70년에 이르는 시간을 이 상태로 살았다. 그래서 동맹이 없는 상태를 감히 상상하지 못한다. 동맹은 꼭 필요한지? 동맹으로 인해 얻고 잃는 게 무엇인지? 한미동맹처럼 좋은 걸 왜 다른 나라는 안 하는지 등과 같은 질문 자체를 피한다. 물론 한국의 지금을 보면 분명 긍정적으로 작용한 지점은 있다. 한국의 경제력과 군사력은 이미 선진국 단계에 들어섰다. 국제사회에서 한류의 인기는 그 어느 때보다 높고, 우리 국민은 높은 수준의 언론자유와 민주주의를 누린다. 그게 모두 동맹 덕분인지는 고민할 지점이다. 전쟁을 비롯해 군사 쿠데타, 지금도 계속되는 분단으로 희생된 목숨값이 너무 크기 때문이다. 지금껏 순기능을 했다고 앞으로도 그럴 것이라고 믿는 것 역시 순진한 발상이다. 당장 곪아가는 상처가 꽤 많다. 눈여겨봐야 할 어둠의 지점으로 최소 네 개 정도를 꼽아볼 수 있겠다. 그 첫번째는 동맹을 맺고 유지하는 데 따르는 기회비용이다.

기회비용

"한국 사람들은 동맹은 친한 사람들이 맺는 것으로 생각하는데 동맹은 친한 국가들이 맺는 게 원래 아닙니다. 뭐냐면 동맹은 비록 친하지 않더라도 적이 같은 나라가 맺는 것입니다. 공통의 적을 가지고 있는 나라가 그 공통의 적에 대해서 군사적으로 우리 협력하자 하고 맺는 약속이거든요." 앞에 잠깐 나왔던 이춘근 박사가 지난 2021년 12월 29일《에포크타임스》인터뷰에서 한 말이다. 동맹의 본질은 '친구'가 아니라 '적이 같은 관계'라는 게 핵심이다.

동맹은 그래서 평화로울 때가 아닌 전쟁 때 꼭 필요한 존재가 된다. 제국주의 간의 충돌이었던 제1차와 제2차 세계대전 때 동맹이 형성되었던 것을 기억하면 된다. 자본주의와 공산주의 간 냉전이 벌어졌을 때도 누군가의 동맹이 되는 건 피할 수 없었다. 미국이든 소련이든 특정 진영에 속하지 않으면 생명과 재산을 지킬 수 없었기 때문이다. 그러나 그때도 다수 국가는 어떻게든 동맹에 편입되는 것을 피하려고 했다. 자본주의 진영에 속하는 국가를 중심으로 한 제1세계, 소련과 동유럽 등 공산권 국가의 제2세계, 나머지 이쪽에도 저쪽에도 포함되지 않는 제3세계로 세상이 나뉜 건 이런 까닭에서다.

1955년 인도네시아 반둥에서 아시아와 아프리카의 신생 독립국 다수가 '비동맹'을 선언했음을 기억하면 된다. 여기엔 명백한 이유가 있다. 특정 진영(즉 미국 또는 소련)에 속하면 얻는 게 있지만 잃을 것도 많다. 정치적으로, 경제적으로, 군사적으로 '홀로서기' 할 능력이 없는 국가로서는 누구와도 적대적 관계를 맺지 않는 게 더 좋다. 장점이 많다.

가령, 한쪽을 선택하지 않아도 된다면 수출을 더 많이 할 수 있다. 필요한 원재료를 더 낮은 가격으로, 안정적으로, 유리한 조건으로 얻는 것도 가능하다. 국민은 어느 쪽이나 편하게 왕래할 수 있고, 필요한 지식과 정보도 이쪽저쪽 모두에서 얻을 수 있다. 유럽의 스위스·핀란드·스웨덴 등이 이런 중립국 전략의 모범 사례다.● 동맹을 맺으면 이런 선택의 상당 부분을 포기해야 한다. 필요한 게 있어도, 물건을 팔고 싶어도, 어디를 가고 싶어도 한쪽만 가능하다. 냉전이 계속되는 동안 한국 정부가 소련·러시아·북한·동유럽 등과 정상적인 거래를 하지 못했던 게 그 증거다. 냉전 초기 설립되어 1994년 폐지된 대공산권수출통제위원회COCOM, Coordinating Committee for Multilateral Export Controls도 있다. 미국 주도로 서유럽 17개국이 가입해 소련과 동유럽 국가에 대한 수출을 규제했다.

규제 대상에는 뭐가 들어갈까? 적의 군대를 강하게 만들 수 있는 거의 모든 것이라 보면 된다. 과학·의료·첨단기계·화학 등이 모두 포함된다. 2022년 시작된 러시아-우크라이나 전쟁에서도 드러났다. 미국과 영국의 거듭된 압박에도 불구하고 인도는 러시아

● 2022년 우크라이나 전쟁으로 핀란드와 스웨덴은 중립국 정책을 포기하고 NATO 회원국을 신청했다. 전쟁이 없었다면 굳이 하지 않아도 될 선택이었다. 동맹의 기회비용이 앞으로 어떻게 계산될지 지켜볼 일이지만, 당장 상당한 규모의 국방비를 지출하고 불필요한 군사적 긴장 상태가 지속된다는 반대급부가 있다. 미국에 대한 군사적 의존도가 더 높아지고 이 과정에서 군산복합체의 주식은 폭등했다.

원유와 군수품을 여전히 수입한다. 브릭스BRICS 회원국인 브라질과 남아프리카공화국·아르헨티나와 멕시코도 특정 진영을 편들지 않았다. 덕분에 국익을 고스란히 지켰다. 미국과 유럽으로 수출되지 못하는 러시아 원유와 천연가스 등을 더 저렴한 가격에 장기계약으로 확보했다. 동맹이 일방적인 수혜가 아니라 기회비용을 동반한다는 건 한반도를 둘러싼 최근 변화에서 더 명확해진다.

2000년 6월 15일. 역사적인 김대중-김정일 남북정상회담이 열렸다. 2003년 노무현 정부가 탄생하면서 금강산 육로관광이 시작되었고, 개성공단도 착공이 이루어졌다. 한반도는 모처럼 봄을 맞았다. 그러나 미국의 부시 행정부가 들어서면서 분위기가 급변했다. 핵을 포기하는 대가로 경수로를 지어주기로 어렵게 합의했던 1994년의 북미 제네바협정은 끝내 폐기됐다. 북한은 핵실험에 나섰고, 2008년에는 보수 성향의 이명박 정부가 들어섰다. 2010년 3월에는 천안함 사건이 터졌고, 남북협력을 전면적으로 금지하는 5·24조치가 시행됐다. 문재인 정부가 들어선 후 한반도에는 다시 평화가 왔지만 오래 못 갔다.

북한이 핵과 미사일 실험을 계속하는 동안 한국과 일본이 기댈 곳은 미국밖에 없었다. 공짜로라도 군사기지를 빌려줘야 하고, 미군 주둔에 필요한 분담금을 더 내고, 막대한 돈을 들여 최신 미사일 방어 시스템을 들여와야 할 상황으로 내몰렸다. 주한미군 방위비 분담금도 큰 폭으로 늘었다. 지난 2002년에 5368억 원을 냈는데 2018년에는 9602억 원으로 대폭 늘었다. 매년 13%씩 2025년까지 인상하기로 합의했기 때문에 그때가 되면 1조5000억 원을 부담하게 된다.

한국은 또 미국산 무기 수입의 큰 손이 됐다. 한반도 위기가 다시 찾아온 2008년부터 2017년까지 10년 동안 67억 달러(7조 6000억 원)를 사들였다. 106억 달러의 사우디아라비아와 72억 달러의 호주에 이어 3위다. 일본은 37억 달러로 7위다. 전 세계 무기거래량이 줄어들었던 2017년부터 2021년 기간에도 한국은 65억 달러, 일본은 36억 달러를 수입했다. 증가율은 한국이 71%, 일본은 152%다.[6] 경제적인 손실도 명백하다. 단순하게 봤을 때 남북경협을 통해 얻을 수 있는 수익이 모두 날아갔다. 개성공단 폐쇄에 따른 손실만 해도 1조5000억 원이 넘는다.[7] 중국과 관련한 비용도 급격하게 늘었다.

1992년 공식 수교 이후 한중관계는 한때 수어지교水魚之交라는 말까지 나왔다. 물과 고기가 서로 사귀는 것처럼 누군가 일방적으로 희생하는 관계가 아닌 상생相生하는 관계로 발전했다는 의미였다. 중국은 한국의 최대 무역흑자국이 됐고, 양국을 오가는 시민과 유학생도 크게 늘었다. 그런데 한국이 사드를 배치한 2017년 이후 급격히 달라지기 시작했다. 2022년 가을, 한국은 급기야 30년 만에 처음으로 중국에 대해 큰 폭의 무역적자를 기록했다. 앞으로가 더 문제다. 12월 1일자 『세계일보』가 보도한 "대중 수출이 1년 전보다 25.5%나 빠졌다. 이미 누적 무역적자가 426억 달러로 역대 최고였던 1996년(206억 달러)의 두 배를 넘긴 가운데

올 전체로는 500억 달러를 초과할 것으로 예상된다"는 전망을 통해 알 수 있다. 한국에 대한 경제보복, 코로나19, 중국의 정책 변화 등 원인은 많지만, 한중관계가 나빠진 것도 그중의 하나다.

미국이 주도하는 인도태평양 경제프레임워크IPEF와 반도체 4자동맹Chip4 ●이 실현되면 상황은 더 나빠질 수밖에 없다. 중국을 대신해 국제사회에서 다른 시장을 개척해야 한다는 얘기가 나오는 배경이다. 장차 세계 경제를 주도할 것으로 예상되는 중국을 버리고 다시 광야로 떠나자는 제안이다. 원치 않는 전쟁이나 분쟁에 휘말리는 부작용이 생길 수 있다는 것도 문제다. 이것이 두번째 어둠이다.

부작용

"중국의 대만 침공 시 주한미군 투입은 가능하다. 작전 수행 과정에서 어떤 병력을 결정하는 것은 미국이다." 로버트 에이브럼스 전 주한미군사령관이 2022년 9월 27일 자유아시아방송RFA에서 밝힌 얘기다. 지난 2004년 5월에는 주한미군 4000명이 이라

● IPEF는 인도·태평양 지역에서 중국이 RCEP(역내 포괄적 경제동반자협정)를 주도하며 영향력을 키워가자, 이를 억제하고자 미국 대통령 바이든의 제안으로 2022년 5월 출범한 다자 경제협력체다. Chip4는 반도체 관련 기술의 중국 이전을 막고 공급망은 안정적으로 확보하려고 미국이 한국·대만·일본을 묶어 추진하는 반도체 공급망 협의체다. 둘 다 중국 배제, 억제, 적대의 성격이 강해, 한국으로선 중국과의 마찰이란 부담을 안을 수밖에 없는 사안들이다.

크로 보내진 적도 있었다. 이런 미국의 결정에 대해 한국 정부는 아무 말도 못 했다. 매년 1조 원이 넘는 주한미군 방위비 분담금과 국민의 혈세를 투입해 건설한 평택 미군기지의 용도가 북한 견제가 아닐 수 있는 데도 꿀 먹은 벙어리 신세다. 방위조약 제4조에 발목이 잡혀 있기 때문이다. "한국은 대한민국의 영토 내부와 그 부근 지역에 미국의 육군, 공군, 해군 등을 전개할 수 있는 권리를 선물로 주고(grant) 미국은 이를 수락(accept)한다"는 내용이다. 그래서 미국은 고고도미사일방어체계인 사드THAAD를 한국에 배치하고 대북 선제공격과 지도부 암살을 목표로 하는 '작전계획 5027' 등을 일방적으로 수립하고, 핵잠수함과 같은 전술무기를 한반도 주변에서 자유롭게 전개하는 데 있어 한국 정부와 협의할 의무가 없다.

제3조 역시 문제다. "한미 양국의 행정적 지배를 받는 태평양지역에 대한 무력 공격에 대해 자국의 평화와 안전을 위태롭게 하는 것이라고 인정하고 공통된 위협에 대처하기 위하여 각자의 헌법상의 절차에 따라 행동할 것을 선언한다"는 내용이다. 미국이든 한국이든 한쪽이 필요하다고 결정하면 서로 돕기로 했다는 정도로 해석하면 된다. 이때 한국의 작전권은 미국이 행사한다. 평시 작전권은 한국 정부가 갖고 있다고 반문할지 모르지만 그건 농담에 가깝다. 방어준비태세Defense Readiness Condition라는 데프콘이 허점이다. 한국은 휴전 상태라 평소에도 전체 5단계(정상 평화상태에서 핵전쟁 같은 심각상태까지) 중 둘째 단계인 데프콘4가 발령되

어 있다. 안보와 관련한 급변사태가 나면 곧바로 데프콘3가 발령되고, 그때부터 직진권은 한미연합사령부가 갖는다. 2023년 현재 책임자는 미국 육군 소속 대장 폴 러캐머라Paul J. LeCamera다. 주한미군사령관을 겸직한다.

전쟁이 나면 어떤 상황이 벌어질까? 전직 국방대 교수였던 문장렬은 이를 "연합사령관은 직속 상관인 미국 인도태평양사령관의 지휘를 받아 한반도에서 전쟁 진입 단계부터 종결까지 '책임'을 진다. 7명의 한국군 4성 장군 중 6명은 연합사령관의 작전통제 아래로 들어가고 나머지 1명(합참의장)은 '전쟁지도'에 참여는 하겠지만 주로 전황을 보고 받는 일을 할 것"이라고 설명한다(한겨레, 2023.6.3). 사실상 한반도에서의 전쟁이 한국군의 주도적 통제 없이 치러지게 될 수 있단 얘기다.

동맹 유지를 위해 필요 이상의 인력과 예산을 국방에 투입한다는 것 역시 불편한 지점이다.

2022년 정부재정 대비 국방예산은 13%로 54조6000억 원이 넘는다. GDP 대비 국방비 지출 규모로 봤을 때 세계 5위 수준이다. 사우디아라비아·이스라엘·러시아와 미국 다음이다(한겨레, 2020.12.14). 분단 상황이 아니고 북한과 적대적 관계가 아니라면 이 정도를 유지할 이유는 없다. 미국의 군사무기 실험실이 된다는 것 역시 심각한 문제다. 주피터(연합주한미군 포털 및 통합위험인식 Joint USFK Portal and Integrated Threat Recognition) 프로그램을 통해 알려 졌다. 2015년 오산에 있는 미군 공군기지에 세균실험 목적의 탄저균이 노출된 사건이다. 부산으로 이전한 미해군 사령부에서도 유사한 실험을 해왔다는 것과, 리신·포도상구균·보툴리눔 등 맹독성 생화학물질 3종이 부산항으로 반입되었다는 것도 밝혀졌다 (시사IN, 2021.5.5). 한미관계에서 지적해야 할 세번째 어둠은 평등한 관계가 아닌 서열이 있다는 점이다.

서열

평생을 변치 않고 사랑하는 연인은 참 아름답다. 목숨을 위협받는 순간에도 의리를 지키는 친구를 가진다는 것 역시 축복이다. 그렇지만 이런 관계에는 숨겨진 전제조건이 하나 있다. 관계가 평등하고 자유의사에 의한 것이라야 한다는 점이다. 한쪽이 압도적으로 많은 돈, 높은 지위, 풍부한 지식을 갖고 있는 관계라면 진정성이 의심을 받는다. 겉으로는 자발적이고 100% 동의에 의한 것처럼 보여도 권력이 어떤 형식으로든 개입했을 가능성이 있기 때문이다.

한미동맹은 그런 점에서 심각한 결함이 있다. 무슨 잣대를 들이대도 한국과 미국은 평등한 관계가 아니다. 미국은 보호자고 한국은 그 울타리를 못 벗어난다. 자립할 능력이 없는 자녀와 부모의 관계에 더 가깝다. 언제라도 버릴 수 있고 또 버려질 수 있다는 심리가 작동한다. 미국은 언제나 갑이다. 원하지 않으면 언제라도 주한미군을 철수하겠다고 큰소리친다. 그게 싫으면 무기를 더 구입해주고, 군사기지를 신축하고, 또 방위비 분담금을 늘리라고 한다.

한국은 정반대다. 미국이 없으면 당장 북한이나 중국에 먹힐 것 같다는 공포가 일상이다. 미국에 내는 돈은 어쩌면 문제가 아니다. 알량한 자존심보다는 미국의 비위를 맞추는 게 더 급하다. 과장이 아닌가 싶겠지만 그렇지 않다. 이런 정서는 현장에서 이를 목격한 노무현 대통령의 입을 통해 밝혀지기도 했다. 2006년 민주평화통일자문회의에서 그는 "무슨 일이 있을 때 미국이 호주머니 손 넣고 '그러면 우리 군대 뺍니다', 이렇게 나올 때 이 나라의 대통령이 미국하고 당당하게 '그러지 마십시오' 하든지 '예 빼십시오' 하든지 말이 될 것 아니겠습니까? '난 나가요' 하면 다 까무러지는 판인데, 대통령 혼자서 어떻게 미국하고 대등한 대결을 할 수 있겠냐?"라고 말했다. 문제는 심리적 의존상태라고 말하면서 "(주한미군) 2개 사단 빠지면 다 죽는다고 국민들이 와들와들 사시나무처럼 떠는 나라에서 무슨 대통령이, 외교부 장관이 미국의 공무원들하고 만나서 대등하게 대화를 할 수 있겠냐?"라는 말도 덧붙였다.

사실 이 관계의 압축판은 따로 있다. 한미행정협정, 즉 주한미군이 갖는 지위에 관한 협정(일명 SOFA)이다. 제2조에 "대한민국 안의 시설과 구역의 사용을 공여받는다"가 나온다. "시설과 구역 안에서 이러한 시설과 구역의 설정, 운영, 경호 및 관리에 필요한 모든 조치를 취할 수 있다"는 얘기는 제3조에 있다. 민감한 형사재판권은 제22조에 명시되어 있는데 "합중국 군당국은, 합중국 군대의 구성원, 군속 및 그들의 가족에 대하여, 합중국 법령이 부여한 모든 형사재판권 및 징계권을 대한민국 안에서 행사할 권리를 가진다"는 내용이다.

2001년 일부 내용이 개정되어 한국 정부가 일부 범죄에 대해 재판권을 행사할 수는 있다. 그렇지만 "공무집행 중의 작위 또는 부작위(act or omission)에 의한 범죄"는 제외된다. 「미군범죄 처벌 아직도 'So far'」(시사IN, 2011.10.25)라는 기사에 그 내용이 잘 정리되어 있다.

살인·강간 등을 저지른 흉악범일 경우도 예외가 아니다. △증거인멸 및 도주 우려가 있을 때 △공정한 재판의 기회가 보장될 때와 같은 조건이 충족되어야만 한국 쪽에서 피의자 구금(구치소나 교도소 등에 가두어 수사)을 요청할 수 있다. 행여 이 조건이 다 갖춰졌다고 하더라도 구속은 또 다른 차원의 문제다. 한국 경찰이 '구속 수사' 의견을 내는 경우가 드물기 때문이다. 민주당 장세환 의원이 입수한 경찰청 자료를 보면, 2006년부터 올해 8월 말까지 지난 5년간 범죄를 저지른 주한미군에 대해 경찰이 구속 수사 의견을 낸 경우는 전체 1463명 중 4명이다. 0.27%에 불과하다.

평소에는 잘 드러나지 않아도 이런 권력관계의 민낯이 대중에게 알려질 때도 있다. 미국 트럼프 대통령의 발언이 그랬다. 2018년 한국 정부가 남북화해를 위해 5·24조치 해제를 검토한다고 발표했을 때 "그들(한국)은 우리(미국)의 승인 없이는 그렇게 안 할 것"이라고 말했다. '승인approval'이라는 단어를 사용했다는 게 핵심이다. 문재인 정부가 금강산 개별관광을 추진하겠다고 했을 때는 주미대사 해리슨이 그랬다. "미국과 협의부터 해야 한다. (…) 향후 제재를 촉발할 수 있는 오해를 피하려면 한미워킹그룹을 통해서 다루는 것이 낫다"고 공개적으로 경고했다. 한국 정부는 곧바로 꼬리를 내렸다. 한국만 그런 게 아니다. 미국과 동맹관계에 있는, 그렇지만 평등한 관계는 아닌, 많은 국가의 공동 운명이다.

그런 사례 중 하나로 프리즘PRISM이 있다. 미국 국가정보원NSA이 전 세계를 대상으로 불법으로 감시하고 도청한 사건이다. 2013년 에드워드 스노든Edward Snowden의 폭로를 통해 밝혀졌다. 독일의 메르켈 수상이 "동맹국 사이에 용납할 수 없는 일"이라고 비난했지만, 미국의 관행을 끝내지는 못했다. 2023년에 다시 불거졌다.

한국의 윤석열 대통령과 외교안보실도 속된 말로 완전히 털렸다. 그래도 한국은 아무 말도 못 했다. 국가안보실 김태효 차장은 "미국이 악의를 갖고 했다는 정황이 없다"고 말하면서 오히려 미국을 편들었다(한겨레, 2023.4.12). "미국은 실제로 독일·일본·한국 그리고 다른 나라들을 계속 점령하고 있으면서 말로만 그 나라들을 평등한 동맹이라고 냉소적으로 부릅니다. 이것 보세요, 이게 무슨 동맹입니까?"라고 푸틴 대통령이 조롱하는 이유다.[8] 또 눈여겨봐야 할 제4의 어둠은 '동맹의 역설'이다.

역설

동맹끼리 아무리 사이가 좋아도 같은 '적'이 없으면 존재할 필요성이 사라진다. 동맹을 유지하는 게 더 중요한 것이라면 없는 적이라도 만들어야 할 상황이 생긴다. 과거의 적은 더 사악하고 위협적인 존재가 되어야 한다. 동맹이 강해질수록 적도 강해지고 더 많아진다는 역설이 이런 이유로 생긴다. 한미동맹의 적이 진화해온 과정에서 잘 드러난다. 적을 만들거나 규정하는 몫은 미국이었고 한국은 이를 수동적으로 좇았다. 한미관계가 좋아질수록 북한과 중국은 더 악마화되고 있다.

적의 탄생은 미국이 냉전을 공식적으로 알린 1947년 정도로 거슬러 올라간다. 전쟁 중에는 함께 싸웠던 소련이 독일과 일본을 대신해 악마가 된 때다. 1950년 전쟁을 거치면서 적은 더 명확해졌다. 한미방위조약이 체결되었던 1953년 10월 1일에는 적이 누구라고 굳이 가르칠 필요가 없었다. 북한과 소련을 언급하는 것조차 허용되지 않았다. 당시 널리 불렸던 〈6·25의 노래〉에 그 정서가 잘 반영되어 있다.

아아 잊으랴 어찌 우리 이날을/ 조국을 원수들이 짓밟아 오던 날을/ 맨주먹 붉은 피로 원수를 막아내어/ 발을 굴러 땅을 치며 의분에 떤 날을/ 이제야 갚으리. 그날의 원수를/ 쫓기는 적의 무리 쫓고 또 쫓아/ 원수의 하나까지 쳐서 무찔러/ 이제야 빛내리 이 나라 이 겨레 절대 공존할 수 없는, 완전히 뿌리를 뽑아야 하는 멸절滅絶의 대상이 된 공산주의 세력 덕분에 혈맹으로 진화했다. 그러다 '악의 제국' 소련이 붕괴하고 공산주의가 이데올로기 투쟁에서 패하면서 문제가 복잡해졌다.

1989년 일본계 미국인 프랜시스 후쿠야마의 논문 「역사의 종언The End of History and the Last Man」이 발표된다. "마르크스-레닌주의가 사라지고 있는 과정과 죽음은 세계사적 의미"를 갖는 것으로 "전 세계의 시장이 하나의 공동 시장으로 되고, 민주주의 정치체제 속에서 살아가게 되는 세계에서 거대한 역사적 투쟁은 사라지고 (…) 오로지 영원한 평화의 시대가 도래하게 되었다"라는 주장을 담았다. 하지만 냉전 이후의 국제사회가 진행된 방향은 그의 생각과 달랐다. '불량국가Rogue State'라는 낯선 명칭이 다시 등장했다. 1993년이다. 최초의 목격자는 클린턴 행정부에서 NSC 자문위원을 하던 안소니 레이크Anthony Lake다. 불량국가의 특징으로 국제사회의 규범을 지키지 않고, 자국민을 핍박하면서, 대량살상무기를 개발하고, 또 주변 국가의 안보를 위협한다는 점을 꼽았다.[9] 대상자는 이란·이라크·리비아·북한·쿠바였다. 미국의 우방이거나 군대가 주둔하고 있거나, 전략적 필요성이 있는 국가는 문제가 있어도 모두 빠졌다.

2001년 9·11 테러가 벌어진 다음에는 '악의 축Axis of Evil'으로 발전한다. 2002년 조지 부시 대통령의 연설을 통해 알려졌다. 대량살상무기를 개발하면서, 테러리즘을 지원하는, 국제사회의 암적 존재라는 뜻으로 쓰였다. 윤석열 대통령이 미국에서 주장했던 '가치동맹'도 그 연장선에 있다. "자유민주주의와 시장경제라는 보편적 가치"에 반대하는 세력이 이번에는 '적'으로 분류됐다. 누가 여기에 해당할까? 민주주의 정상회의Summit for Democracy에 답이 있다. 2021년 12월 9일. 미국 조 바이든 대통령의 초대로 전 세계 100개국이 참여한 모임이다. 중국·러시아·북한 등은 초청 대상에서 뺐다. 권위주의, 부정부패, 인권유린 등이 이유였다. 전형적인 이중잣대를 들이댄 행사였다. 최소 두 가지 문제가 두드러진다.

하나는, 미국이 인권과 관련해 내세울 게 없다는 점이다. 2003년 이라크 전쟁이 대표적 사례 중 하나다. 대량살상무기가 있다는 것은 조작된 정보로 밝혀졌다. 전쟁을 주도했던 부시 대통령과 럼스펠드 국방부 장관 등이 모두 인정했다. 공식적으로 알려진 사망자만 10만 명을 넘고, 국토는 완전히 파괴되었으며, 이라크는 현재도 내란으로 혼란스럽다.

2004년 이라크의 아부그레이브 교도소에서는 또 잔혹한 인권유린 사태가 벌어졌다. 미군이 이라크 포로를 나체로 포개고 집단성교를 하는 장면을 연출시켰다. 공정한 재판과 변호인 접견권 등을 보장해야 하는 국내법의 적용을 피해 펜타곤과 CIA가 해외에 세운 비밀수용소도 많다. 지금까지 알려진 곳만 해도 이런 곳이 8개 정도가 된다. 널리 알려진 쿠바의 관타나모 기지를 비롯해 폴란드·루마니아·헝가리·리투아니아·에스토니아·조지아·태국 등에 있다.[10]

약소국을 침략하고 필요하면 내정에 간섭하는 것 역시 미국의 특기다. 중국이 2021년 발간한 보고서에 잘 정리되어 있다. 제목은 「위선에 가득한 미국이 주도하는 민주주의 정상회의Summit for Democracy driven by The US is full of Hypocrisy」다. 민주주의와 인권을 수출해온 미국이 세계평화와 발전을 오히려 방해하고 있다는 고발이다. 미국이 군사개입을 한 횟수는 1880년부터 2017년 기간에만 무려 392회라고 전한다. 냉전이 끝난 1992년 이후에는 더 잦아졌다. 결과는? 파괴와 살육, 대량 난민을 남겼다.

전 세계 80개국과 식민지에 건설한 방대한 군사기지도 주목할 필요가 있다. 2021년 10월 기준으로 무려 750개다. 2017년에 나온 『기지 국가: 미국의 해외 군사기지는 어떻게 미국과 세계에 해를 끼치는가』라는 책에 관련 얘기가 나온다. 저자는 아메리칸대학의 데이비드 바인David Vine 교수다. 막대한 군사비의 최대 수혜자는 미국 관료들과 결탁한 "정치가, 군 장성, 무기산업체, 석유업체, 무수히 많은 미국 주둔국의 부패한 정치인, 관료, 기업"이라는 얘기다. 그들이 천문학적 이익을 누리는 동안 "대다수 사람은 정치·경제·사회적 부패와 독재정권의 상기집권, 환경파괴, 만연한 성폭력과 성매매로 치명적 손해를 감내해야 하는 피해자"가 된다는 견해다. 흔히 생각하는 것처럼 미군기지로 인해 더 평화로워지는 것이 아니라 반대로 긴장을 높이고, 전쟁 가능성을 높이며, 군비경쟁을 부추긴다는 분석이 담겨 있다.[11]

또 하나는, 국제사회의 여론이 우리가 생각하는 것과 사뭇 다르다는 점이다. 영국 캠브리지대의 민주주의 미래센터Centre for the Furute of Democracy에서 2022년 12월 15일 발표한 자료를 보면, 전체 인구 75억 명이 속한 135개국을 대상으로 했을 때 중국에 대한 호감도는 55%나 된다. 미국은 62%로 여전히 1위지만 큰 차이가 안 난다. 대략 64억 명의 인구가 거주하는 개도국만 놓고 봤을 때는 중국이 62%로 미국의 61%를 앞질렀다. 한국의 처지는 고약하다. 미국이 경쟁자인 중국과 러시아를 '적'으로 설정하는 건 그럴 수 있다. 그러나 한국의 이해관계는 다르다. 국제사회 다수를 '친구'로 두고 있는 이들을 굳이 적으로 만들어 좋을 게 없다. 장차 누가 승자가 될지 알겠는가. 그렇지만 '영원하고 강철 같은' 동맹을 위해서는 다른 선택지가 없다. 동맹의 적은 나의 적이어야 한다. 명나라와 청나라가 천하를 두고 다투던 17세기 상황과 닮았다. 굳이 한쪽 편을 들지 않았더라면 국토가 불에 타고 백성이 도륙되는 일은 없어도 됐다. 승자를 택했다면 전리품이라도 챙겼을 텐데 못 그랬다. 한국이 현재 마주한 상황이다.

북한과 중국이 악마가 되는 것 역시 문제투성이다. 없는 적이 만들어지고 있다. 국내 보수언론에서 북한은 항상 악마다. 논설위원이 앞장선다. 약방의 감초처럼 동원되는 주장은 '불량국가, 위장 전술, 핵 앵벌이' 등이다. 다음과 같은 논리다.[12]

그(김정일)는 우리의 반쪽인 2,200만 북한 인민을 굶주림과 참혹한 인권유린으로 몰고 간 국사범입니다. 더불어 그는 아웅산 테러

사건이나 KAL기 폭파사건의 주모자 혐의를 받고 있습니다. (…) 김정일과 이라크의 후세인 가운데 누가 더 죄질이 나쁜지를 판단하기란 쉽지 않습니다. (문화일보, 이신우, 2006.12.29)

김정일 정권은 박(근혜) 전 대표를 환대하는 동안에도, 두 차례 남북정상회담과 6자회담을 진행하면서도 뒤에서는 핵 개발과 도발을 멈추지 않았다. (…) 천안함을 폭파시키고, 연평도에 포격을 퍼부었다. (…) 심각한 경제난, 3대 세습과 왕조 국가화(化) 경향도 뚜렷해지면서 자유민주주의 통일 이외에 어떠한 대안도 없음이 더 분명해졌다. (문화일보, 이용식, 2011.3.7)

김정남 살해 이틀 후 아버지 김정일 생일을 기리는 광명성절 기념식에 등장한 김정은 모습은 섬뜩했다. 눈빛은 어둡고 얼굴은 사신에 가위눌린 듯했다. 아흔 살 노인 최고인민회의의장 김영남이 몸전체를 돌려 박수를 보내는데도 눈길 한번 주지 않고 퇴장했다. 분명 정상이 아니었다. (강천석, 조선일보, 2017.9.19)

일상에서 접하는 뉴스도 이런 이미지와 잘 어울린다. 「리설주, '포르노 불륜' 추문도 모자라 장성택 실각 원인? '미녀 시절' 사진도 화제」「카트먼 특사, '北 금창리 지하시설 핵 관련 증거있다'」「이슈 추적, 북한산 위조달러의 진상, 北, 조폐창에서 '슈퍼 노트' 찍는다」 등이다. 진실이라면 북한은 정말 한심한 국가로 보는 게 맞다. 변명을 해주는 게 나쁜 짓이다. 그렇지만 이들 뉴스의 많은 부분은 허위다. 《뉴스타파》에서 2021년 7월 초부터 방송한 기획물 「북한뉴스해부」를 통해 밝혀졌다. 2020년 4월부터 2021년 3월까지 국내 22개 언론사에서 보도한 북한 관련 뉴스 8만 개를 분석했다. "미국 정부 예산으로 운영되는 '미국의소리'(VOA)와 '자유아시아방송'(RFA), 두 매체가 국내 언론이 북한 관련 기사를 생산할 때 가장 많이 인용하는 매체"라는 게 결론이다. 보도 주제는 '북한 비판형'이 66.3%로 가장 많았고 '미국 국익 대변'은 16.9%로 그다음으로 많다. '북한 긍정형' 보도는 1.6%에 불과했다. 북한을 부정적으로 보게 만들겠다는 의도가 있는 익명 정보원을 인용한 비중도 매우 높다. "관계자, 당국자, 소식통" 등으로 등장한다. 미국 CIA나 국정원 등에서 얻은 정보로 누군가 보도를 하면 다른 언론사가 확대하는 방식이 일반적이다.

중국에 대한 혐오로 치닫는 국내 여론도 달리 생각할 부분이 많다. 2022년에 나온 김희교의 『짱깨주의의 탄생 – 누구나 함부로 말하는 중국, 아무도 말하지 않는 중국』에 친절하게 설명되어 있다. 「한국인 81%, 중국에 부정적… 56개국 중 '반중정서' 1위」, 2022년 12월 27일 국내 언론에 일제히 소개된 뉴스다. 미국 외교 전문매체 《디플로맷》에서 조사한 자료다. 몇 가지 흥미로운 지점이 있다. 한국의 변화가 극적이라는 게 우선 주목할 부분이다. 미국 퓨리서치센터가 발표한 2002년 조사에서 중국을 부정적으로 바라보는 비중은 31%에 불과했다. 30%를 갓 넘었던 부정적 시각이 지금은 80%에 달한다.[13] 미국에 대한 호감도가 높아지는 만큼 중국은 나빠졌다. 스포츠 경기처럼 한쪽이 이기면 다른 쪽은 지는 제로섬 관계다. 한국의 변화가 일부 국가와 정확하게 겹친다는 것도 흥미롭다. 지난 20년간 중국과 대립각을 꾸준히 세우고 있는 국가들이 모두 여기에 해당한다. 대표적인 곳은 '영국연방 세력권'으로 번역되는 앵글로스피어Anglosphere 국가다.

영국을 중심으로 미국·캐나다·호주·뉴질랜드 5개국이다. 접두어에 해당하는 앵글로Anglo는 영국 땅에 최초로 정착한 사람들이 독일과 덴마크에 걸쳐 있는 앵글리아반도 출신이라서 붙은 이름이다. 뒤에 나오는 스피어sphere는 물리적 공간이나 상징적 테두리를 뜻한다. 대영제국에 뿌리를 둔 국가로 정보공동체로 알려진 '파이브아이즈Five Eyes 동맹' 구성원이라는 공통점이 있다. 미국을 빼면 한국과 이해관계가 거의 없다. 그들은 중국을 적대적으로 대할 만한 이유가 있다. 중국의 힘이 세지면 자신들의 몫이 줄어든다.

중국과 한국의 관계는 꼭 그렇지 않다. 그런데 왜 한국은 이들과 함께하는 것일까? 한국은 왜 한미동맹이 품고 있는 어둠을 애써 외면하는 것일까? '못' 보는 걸까, 아니면 '안' 보는 걸까? 알고도 외면하는 것일까? 그게 아니면 정말 모르는 것일까? 만약 어둠을 못 보고 있다면 그렇게 된 이유는 무엇일까? 동맹이 작동하는 방식에 대한 몇 가지 가설을 적용해보면 궁금증을 풀 수 있다.

게임의
법칙

한미동맹은 일종의 게임이다. 합의에 따른 것으로 강제성은 없다. 앞으로 계속할지 중단할지는 결국 당사자가 결정할 몫이다. 당장은 게임이 계속될 것을 의심할 필요는 전혀 없다. 한국만 짝사랑하는 게 아니라 미국도 한국을 좋게 본다. 100점 만점에 60점이다. K-방역으로까지 불린 성공적인 코로나 대책, 한류 드라마와 K-팝의 인기, 영화 〈기생충〉의 아카데미상 수상 등이 점수를 높였다. 1978년 첫 조사 때는 47점에 불과했다.[14] 물론 동맹이 공짜가 아니라는 건 고민거리다. 빛이 강한 이상으로 어둠이 짙다.

그러나 한국은 이에 별로 개의치 않는다. 그렇게 볼 근거가 몇 가지 있다. 그중 하나는 남북관계와 한미동맹이 제로섬이라는 점이다. 전쟁이라는 유령이 한반도를 떠도는 깜깜한 밤이라야 미국이라는 별은 더 빛나고 거기에 더 의존하게 되는 모순이다. 무려 70년이나 그렇게 미국의 보호를 받고 있어 미국 없는 세상을 꿈조차 못 꾼다는 게 또 하나다. 한국은 미국의 언론을 통해서 세상을 보고 이해한다. 미국이 불량국가라는 낙인을 찍으면 곧바로 행동에 옮긴다. 그렇게 해서 이란·베네수엘라·시리아·이라크 등과 남보다 못한 남이 됐다. 국가이익이라는 게 엄연히 있는데도 감히 '다른' 목소리를 못 낸다. 게다가 남북문제도 혼자서 풀 생각을 못 한다. 뭐든지 미국에 물어보고, 행여 미국이 싫은 눈치를 주면 알아서 긴다. 미국의 대통령, 주미대사, 주한사령관이 국내 문제에 간섭해도 제대로 항의조차 못 한다. 지렁이도 밟으면 꿈틀하는데 한국은 오히려 심기 경호에 나선다. 왜 그럴까? 이에 대해선 본능·타협·훈육 등 세 가지 접근법이 가능하다.

본능

한국이 미국을 만나는 지점은 다양하다. 일반인은 영화나 언론 등을 통해 간접적인 경험을 한다. 전쟁을 겪어본 세대는 엄청난 속도로 날아다니면서 폭탄을 쏟아붓는 폭격기를 봤을 가능성도 있다. 전쟁 구호품도 빠지지 않는다. 미국은 식량이나 전쟁 구호품을 보내면서 항상 'Made in USA'라는 상표를 부착했고 전후 세대 상당수가 이를 목격했다. 일부 사회지도층은 유학이나 견학, 또는 단순 방문을 통해 미국을 겪었다. 방대한 국토, 잘 정비된 인프라, 풍요로운 경제, 앞선 과학기술과 의료 등에 압도당한다.

대한민국 군대의 최고 지휘관도 유학파다. 국무총리를 했던 김종필, 대통령을 지낸 전두환과 노태우, 국방부 장관 다수가 이 길을 걸었다. 미군 장교와 1년 정도 같은 기숙사에서 살면서 호흡을 맞춘다. 같은 군사교재를 보고, 지휘체계를 배우고, 그들이 사용하는 군사무기를 익힌다. 정부관료·언론인·법조인·예술가·대학교수 등도 미국을 잘 아는 부류에 속한다. 그들 중 일부는 미국 정부의 초청을 받았다. 일부는 각자 알아서 갔다. 미국을 배우고자 하는 동기가 충만한 부류다. 미국에 대해 갖는 경외감과 공포심, 존경심이 자연스럽다. 미국처럼 잘살 수만 있다면 더 바랄 게 없다고 꿈꾼다. 미국의 앞선 전투기술, 작전능력, 첨단무기를 보면서 장교들은 무엇을 느꼈을까? 한편으로는 주눅이 들고, 한편으로는 공포를 느끼고, 한편으로는 동맹이라는 자부심을 키우게 된다.

지식인도 다르지 않다. 미국에 머무는 동안 그들은 주로 대학을 중심으로 형성된 작은 도시에서 지낸다. 돈도 시간도 없어 미국을 두루 경험하기는 어렵다. 미국인 중 일부만 만나고, 일상의 부분만 보고, 방문하는 곳도 몇 안 된다. 미국을 배우는 주요 통로는 그래서 미디어가 된다. TV에서 자주 볼 수 있는 미식축구에 빠지고 『뉴욕타임스』나 지역 신문이 내보내는 뉴스를 보면서 세계관을 정립한다. 교수와 학생의 관계로 미국을 경험한다는 것 또한 주목할 부분이다. 지도교수는 자신의 운명을 좌우하는 힘이 있다. 자칫하면 수업에서 낙제점을 받거나 논문을 못 쓰고 쫓겨난다. 다른 학교로 갈 수도 있지만, 그런 상황에선 대부분 빈손으로 귀국한다. 이러니 없던 존경심이 생길 수밖에 없고, 무엇보다 교수의 권위에 도전할 생각을 하지 않는다. 그들의 눈에 들어 어떻게든 인정받고자 하는 욕망이 자연스럽게 성장한다.

김종영 교수가 쓴 『지배받는 지배자: 미국 유학과 한국 엘리트의 탄생』이란 책에 잘 나와 있다. 미국에서 유학한 지도층 인사 150명을 인터뷰한 결과물이다. 그들은 누구인지, 유학을 나간 동기는 무엇인지, 공부하는 동안 무엇을 보고 들었는지, 또 귀국한 후 미국과 어떤 관계를 맺는지 등을 살폈다. '본능'이 뿌리를 내리고 열매를 맺는 토양이 된다. 다음의 인용문은 이 본능이 어떤 논리와 연결되고 있는지 보여준다. 일반인이 봤을 때는 권위도 있고 전문성도 갖춘 엘리트의 시각이다.

필자가 한미연합사(CFC, Combined Forces Command)에서 경험한 바에 의하면, 미국의 첨단 무기와 장비, 국방시스템, 세계전략은 가히 가공할 만한 것이라고 말할 수 있다. 친구를 사귀어도 신사다운 친구, 멋진 친구, 강한 친구와 사귀어야 나의 이익과 번영이 보장되는 것이다. 그런 측면에서도 중국은 우리 입장에서 여전히 미국과는 비교할 수 없는 약한 존재일 수밖에 없다. (채연석, 한미우호협회 사무국장)

우리가 믿을 수 있는 동맹국은 미국이고, 한국의 안보와 번영을 위해서는 한미동맹이 절대적으로 필요하다는 점을 깨달아야 한다. 세계에서 가장 큰 영향력을 가진 미국의 외교적 힘을 활용해야 현재의 안전과 번영을 지속할 수 있다는 점을 알아야 한다. 미국의 거대한 시장이 필요할 뿐만 아니라 무엇보다 북한의 핵 위협으로부터 우리를 지키는 데 한미동맹은 필수적인 요소임을 인식해야 한다. (박휘락, 국민대 교수)

객관적 지표로 봤을 때 미국의 힘을 부정할 사람은 없다. 무엇보다 본능은 평가 대상이 아니다. 전쟁을 겪었고, 미국에 저항하던 이라크·시리아·리비아가 어떤 험한 일을 당하는지도 봤다. 중국과 일본과 러시아라는 고래 앞에서 한국은 여전히 새우라는 인식이 근거가 없는 게 아니다. 그렇지만 변화하는 현실을 온전히 반영하지 못하고 있다는 건 약점이다. 미국이 강한 건 맞지만 한국도 전쟁 직후의 핏덩이는 아니다. 정치·경제와 군사력을 합쳤을 때 한국은 세계 6위다. 『US뉴스&월드리포트』가 2022년 10월 7일에 발표한 자료에 나온다. 미국·중국·러시아·독일·영국에는 뒤졌어도 일본은 앞질렀다. 스톡홀름국제평화연구소SIPRI가 발표한 군사력 순위에서는 9위를 차지했다.

2022년 기준으로 국방예산 1위는 미국으로 8770억 달러다. 한국은 464억 달러로 영국(685억 달러), 독일(585억 달러), 프랑스(536억 달러)보다 조금 적다. 일본보다는 많다(SBS, 2023.4.24). 국방예산에 더해 인구·병력과 무기 등을 종합적으로 계산하는 글로벌파이어파워GFP의 2022년 순위는 더 높다. 무려 6위다. 프랑스와 영국·이탈리아와 독일보다 높다. 경제력은 어떨까? 2023년 4월 추정치를 기준으로 했을 때 명목 GDP에서 한국은 세계 12위다. 미국에 대한 공포감을 느낄 정도는 아니라는 뜻이다.

'절대권력은 절대 부패한다'는 교훈도 적용해볼 수 있겠다. 미국은 그간 너무 오랫동안 패권을 누렸다. 불법으로 약소국을 짓밟은 경우도 많다. 당장 최근만 하더라도 이라크·리비아·아프가니스탄 등이 제물이 됐다. 중국을 중심으로 강력한 경쟁자가 등장하고 있다는 것 역시 변수다. 미국이 모든 것을 혼자서 결정할 수 있었던 '단극 질서'가 무너지고 있다. 미국과 서유럽이 몇 번이나 러시아에 대한 경제적 처벌을 했지만 별 타격을 못 췄다. 러시아에 대한 제재에 동참하라는 압박에도 불구하고 인도와 튀르키예 등 많은 국가는 제 길을 간다. 우방국이었던 사우디아라비아조차 말을 잘 안 듣는다. 원유 거래에서 중국의 위안화 비중을 늘렸고 미국의 반대에도 불구하고 이란과 화해했다. 게다가 미국이 직면하고 있는 이런 문제는 이제 쉽게 못 감춘다. 인터넷으로, SNS로, 블로거 등으로 순식간에 퍼진다. 미국이라는 거인이 굴욕을 당하는 장면은 눈요깃감이다. 미국의 위상과 현실 사이에서 한국이 타협하고 있다는 가설이 제기되는 배경이다.

타협

『한겨레』가 보도한 기사 중 "한국인에게 미국은 어떤 나라일까"에 대한 조사결과가 있다. 대상자는 전쟁을 겪었거나 그 이후에 태어난 성인 남녀 23명이었다. 연령대는 20대에서 70대까지, 남녀 성비는 비슷했다. 한국인의 집단의식을 추측해볼 수 있는 자료였다. 50대의 남성 한 분은 "미국 하면… 무지하게 세죠. 천조국. 천조를 무기에 쓰잖아요. 우리는 을의 입장이죠"라고 말했다. 60대 여성분의 견해도 같다. "우리나라는 약해요. 그래서 우리가 미국을 등에 업어야 힘이 되고. 북한이 미사일 쏘잖아요. 미국에서 (우릴) 버리면 즉각 쳐들어올걸요? 그래서 한-미 동맹이 굉장히 중요하다고 생각합니다"라는 얘기다. 일반인도 이런 공감대를 갖고 있다는 것을 볼 때 본능 가설이 맞는 것 같다.

그렇지만 이런 인식과 함께 미국을 부정적으로 바라보는 관점도 뚜렷했다. 다수 한국인에게 있어 미국은 '우방과 깡패국가' 중간에 있다. "동맹은 우리가 안고 가는 손해가 있더라도 돈독히 해야 한다고 생각합니다"(20대 남성) 또는 "자주국방을 하지 못한다는 측면에선 슬픈 얘기지만 분단국가에서 현실적으로 달리 대안이 있어 보이지 않아요"(50대 남성) 같은 의견에서 엿볼 수 있다. 특히 한국 사회의 허리에 해당하는 중년 남성에서는 미국을 비판하는 목소리가 높다. 그들에게 미국은 "모든 전쟁에 개입하는 깡패국가, 무기를 팔아먹기 위해서는 어떠한 짓도 서슴지 않는 국가"였다. 동맹이지만 "미국 자신을 위한 것"이고 "공생하는 관계"는 아니라고 봤다.[15] "잘못하는 게 많아도 현실이니까"라는 타협 가설에 고개를 끄덕이게 되는 지점이다. 여기엔 동맹을 통해 얻은 게 더 많았다는 손익계산도 작용한다. 한국이 이만큼 먹고 살게 된 게 미국 덕분인데 굳이 이 동맹을 마다할 이유가 없다고 본다. 그렇게 볼 만한 근거는 당연히 있다.

군사력과 경제력에서 한국은 이미 선진국에 진입했다는 건 앞에서도 얘기했다. 한국의 문화 위상이 얼마나 성장했는지 엿볼 수 있는 지표를 보자. 2023년 1월에 발표된 넷플릭스 역대 시청 순위 100위 드라마에 한국 작품은 15편이나 포함되어 있다. 〈오징어게임〉을 선두로 〈이상한 변호사 우영우〉〈지금 우리 학교는〉〈갯마을 차차차〉와 〈사내 맞선〉 등이다. 영화 〈기생충〉의 감독 봉준호(2020년)와 〈미나리〉의 주연 배우 윤여정(2021년) 등은 미국 오스카상을 받았다. 감독상과 여우조연상이다. 외국인에게는 거의 안 주는 상이다. 대중음악의 영향력을 알 수 있는 '빌보드 200'에 이름을 올린 K-팝 그룹도 많다. 2018년의 방탄소년단BTS를 시작으로 슈퍼엠(2019년), 스트레이키즈와 블랙키즈(2022년), 또 2023년에는 투모로우투게더TXT 등이다. 미국이 없었다면 지금의 이런 한국이 있을까? 다음의 인용문을 보면 이 질문에 대한 답이 나온다.

미국은 한국전에서 전사 3만 7000, 부상 9만, 행방불명 8000의 고귀한 희생과 1조 달러에 이르는 국민 혈세를 투입해서 우리를 공산화 침략으로부터 구해 주었다. 오로지 세계의 자유와 평화를 지키기 위한 것일 뿐, 영토적 야심이나 경제적 실리를 추구한 적이 없다. 또한 미국은 2000억 달러에 이르는 돈을 한국의 전후 복구와 경제

개발에 아낌없이 투입했다. '한강의 기적'은 실로 한-미 양 국민의 피와 땀과 눈물과 노력으로 이루어진 것이다. 미국의 전방위적 지원에 힘입어 한국은 '무임승차'하다시피 한정된 국가 예산을 경제 발전에 투입할 수 있었다.

위 글의 필자는 김명배다. 황해도 사리원에서 태어나 공군 장교를 지냈고 청와대 외교특보실 등에서 근무한 외교전문가다. 내용은 제목 그대로 「미국의 은혜를 잊지 말자」다(한국기독공보, 2015. 7.1). 김태효 국가안보실 차장도 이렇게 본다. "지금과 같은 격변기에 방향을 아예 잘 못 잡거나 옳은 길을 알더라도 선택의 시점을 놓치면 국제사회의 주류 대열에서 낙오하게 된다. 더구나 한국은 6.25 전쟁의 폐허와 잿더미에서 세계 10위권의 발전국가로 도약하기까지 자유민주주의와 시장경제 가치가 결정적 역할을 수행했음을 기억해야 한다"라는 발언에서 드러난다.[16]

이는 몇 가지 논리와 맞물린다. 미국의 대외정책은 한국이 평가할 문제가 아니라는 게 그중 하나다. 강대국은 누구나 자신의 이익을 앞세운다. 죄라면 힘이 없는 것이지 그것을 행사하는 걸 탓할 수 없다. 또한 미국이 갑이고 한국이 을이라는 것도 받아들여야 한다. 약육강식의 법칙이 지배하는 국제사회에서 대등하거나 평등한 동맹은 없다. 불법 도청을 당하는 것도 우리가 조심하지 않은 게 잘못이다. 재발하지 않도록 집안 단속을 잘 하는 게 더 현명한 처사가 된다. 과거 70년간 좋은 결과를 낳은 동맹에 대한 대체재가 없고, 굳이 대체비용을 낼 필요가 없다는 게 세번째다.

자유민주주의에 맞춰진 체질이 권위주의 중국 모델에 어울리지 않는다는 것 역시 문제다. 미국 스탠포드대에 있는 신기욱 교수의 주장이 대표적이다. "국제질서가 '권위주의 대 민주주의'로 급격히 재편된다면 전략적 모호성이나 안미경중(안보는 미국, 경제는 중국), 대북 중재자/운전자와 같은 패러다임이나 환상이 더는 통할 수 없다. 경제적 이해가 중요하고 남북관계라는 특수성을 고려한다 해도 인권·민주주의·주권 등 국제규범과 가치에 기반을 둔 외교안보정책을 펴야 한다"라고 말한다(신동아, 2022.5.20).

그밖에 '똥이 무서워서 피하나 더러워서 피하지'라는 속담도 고려할 필요가 있다. 한국 사회에서 미국을 비판하는 건 위험한 행위다. 반미反美는 곧 북한을 이롭게 하는 행위가 된다. 국가보안법 제7조 1항에 의해 처벌 받을 수 있다. "국가의 존립·안전이나 자유민주적 기본질서를 위태롭게 한다는 점을 알면서 반국가단체나 그 구성원 또는 그 지령을 받은 자의 활동을 찬양·고무·선전 또는 이에 동조하거나 국가변란을 선전·선동한 자는 7년 이하의 징역에 처한다"는 내용이다. 관련법으로 사형을 당하거나 징역살이를 한 사람이 정말 많다. 진짜 억울한 건 최근에 무죄가 확정되고 있다는 점이다. 한 인간의 망가진 삶과 가족의 고통을 되돌릴 방법도 없다.

미국 위스콘신대학에서 박사 학위를 받고 동국대에서 교수로 지냈던 강정구 사건이 대표적이다. "미국이란 생명의 은인이 아니라 생명을 앗아간 원수일 것이다. 왜냐면 만약 남의 집안싸움인 통일 내전에 미국이 개입하지 않았다면 전쟁은 한 달 이내 끝났을 것" 또 "그(맥아더 사령관)는 1·4후퇴 당시인 1950년 11~12월 전선이 37도선으로 후퇴하자 중국과 북한에 26개의 원자탄을 투하해 코발트 사선을 형성하고는 중국과 전면전으로 전쟁을 확장하려 했다" 등의 발언을 했다.

국제문제를 다루는 전문가들 사이에서는 잘 알려진 얘기다. 학자로서 이 정도 말도 못 한다는 건 민주주의가 아니다. 광기에 가까운 반공주의가 그를 덮쳤고 "징역 2년 및 자격정지 2년에 집행유예 3년"을 받았다. 학교에서는 직위해제를 당했다. 대학교수도 피하지 못하는 칼날을 보면서 평범한 국민은 어떻게 생각했을까? 한미동맹에 대한 타협 가설이 제기되는 건 이런 까닭에서다. 타협설에 약점이 없는 건 아니다. 적어도 세 개 정도가 꼽힌다. 정보가 비대칭 상황이라는 것, 한국과 미국은 특수관계였다는 것, 또 권력에 의한 집단정체성의 왜곡 가능성이다.

타협은 거래다. 시장에서 가격을 흥정하는 상황을 생각하면 된다. 인간은 모두 이기적이라 누구도 손해를 보고 싶어 하지 않는다. 정보가 거래 당사자 모두에게 공평하게 주어진 상황에서는 그게 가능하다. 한쪽은 정보를 많이 갖고 있는데 다른 쪽은 그렇지 못하다면 사기를 당할 수 있다. 어른과 어린애가 가격 흥정을 하는 상황이 된다. 한미관계는 이런 관계에 가깝다. 미국은 한국을 잘 안다. 얼마 전 도청 사건에 그 흔적이 잠깐 드러났다. 미국은

1945년 해방 직후부터 한국에 관한 정보를 다양한 방식으로 모았다. 정보기관의 규모 자체가 비교가 안 된다. 미국이 보여주는 것만 봤고 들려주는 것만 들었다. 그 탓에 우리는 미국에 대해서는 잘 모른다. 미국이 알려주지 않는 것에 대한 호기심도 없었다. 덕분에 미국은 천사고 아낌없이 주는 나무가 됐다.

초대 대통령이었던 이승만부터가 그렇게 생각한 사람 중 한 명이다. "미국은 결코 침략국이 아니다. 미국 사람들은 곤란에 처해 있는 모든 국가들을 돕고자 하고 있으며, 그 대가로서 영토나 또는 기타 보수를 바라지 않는다. (…) (필리핀 점령은) 해방과 원조를 목적한 것이지 침략을 뜻하지 않았다. 필리핀 사람을 교육시켜 도와주어서 독립권 얻기로 목적한 것을 잊어버릴 사람은 없을 것이다"라고 말했다.[17] 그때 인식이 지금도 남아 있다. 일종의 통념으로 굳어졌다.

'한국은 미국이 만들었다'는 특별한 상황도 타협설을 적용하기 힘든 또 다른 요소다.(2019년에 펴낸 졸저 『지식패권』에 잘 나와 있다.) 미국의 도움이 없었다면 대한민국 정부는 탄생할 수 없었다. 국제연합UN을 움직여 남한 지역에서 단독선거를 할 수 있도록 도왔다. 정부가 제 기능을 할 수 있도록 군대와 경찰, 행정조직, 공보처 등을 만든 것도 미국이다. 한국 정부의 권력집단 역시 대부분 미국과 깊은 인연이 있다. 내무장관 윤치영, 재무장관 김도연, 상공장관 임영신, 외무장관 임병직, 내부장관 조병옥, 과도정부 수반 허정, 문교부장관 백낙준와 오천석, 공보처장을 지낸 이철원,

갈홍기, 김활란 등이다. 미국은 또 1946년 1월에는 국내 치안과 경비를 담당할 목적으로 국방경비대를, 4월에는 장교 양성을 위한 남조선 국방경비사관학교(지금의 육군사관학교)를 세웠다. 국립 서울대학교를 만든 것도 미국이다. 제1대 총장이 미국의 현역 군인이었던 해리 엔스테드Harry Ansted 대위다. 필리핀 미군기지에서 군대 목사로 근무하던 중 총장이 됐다.

전쟁이 끝난 뒤에는 무려 10만 명 정도가 되는 전쟁고아가 미국 가정에 입양됐다. 당시 대통령이었던 아이젠하워와 미국 개신교 단체가 앞장섰다. "미국은 한국의 양부모"라는 말이 그냥 나온 게 아니다. 미국을 상대로 '타협'했을 것이라는 가설이 흔들리는 것은 이 때문이다. '팔은 안으로 굽는다'는 말처럼 미국이 뭘 해도 한국으로서는 '가족'의 일이다. 냉정하게 판단하기 어렵다. 웬만한 잘못은 외면하는 한편으로, 좋은 쪽만 보려는 심리상태가 된다.

현재 상황을 타협의 산물로 보기 힘든 세번째 요인은 권력관계다. 앞서 동맹의 어둠에서 다루었던 문제다. 겉보기엔 타협이지만 본질은 '알아서 기는 것'이라는 관점이다. 왜 그럴까? 공포심을 비롯해 존경심, 애정, 의존성 등은 사회적으로 만들어질 수 있기 때문이다. 예를 들어, 한국처럼 전쟁을 겪은 국민은 트라우마가 있다. '자라 보고 놀란 가슴 솥뚜껑 보고 놀란다'는 집단심리를 갖는다. 잿더미에 섰던 경험은 또 당시의 절박함에 대한 집단기억으로 남는다. 전쟁이 왜 일어났을까를 묻기보다는 먹을 것과 입을 것을 준 누군가를 그냥 '은인'으로 받아들인다. 부모의 죽음에 책임이 있는 누군가를 따라가 그에게 충성하는 자객이 되는 영화 스토리와 닮았다.

무방비 상태로 버려질 수 있다는 공포도 자아 형성에 영향을 미친다. 보호자의 눈치를 지나치게 살피면서, 불편하게 만들 수 있는 말과 행동은 미리 차단한다. 적극적인 '심기 경호'로 보면 된다. 부모인 미국이 한국을 '훈육'했을 가능성이 제기되는 건 이 지점에서다. 미국을 추앙할 수밖에 없도록 한국을 통제하고, 회유하고, 때로는 겁주면서 키웠다는 의심이다.

훈육

한국은 자존심이 세다. 영화나 드라마에서 한국인을 비하하는 장면이 나오면 거칠게 항의한다. 외국 언론이 쓴소리 해도 그냥 넘어가지 않는다. 물론 한국에 대한 이미지도 정말 좋아졌다. 해외문화홍보원이 2021년 발표한 '국가 이미지' 조사보고서는 해외 23개 국가에서 1만1500명을 인터뷰한 결과물이다. 미국과 서유럽·브릭스, 동남아시아의 태국·베트남·인도네시아 등이다. 중국·일본·호주도 당연히 포함되어 있다. 한국에 대한 호감도가 상당히 높다. 한국의 전통문화를 체험해보고 싶다(83.4%), 향후 한국을 방문해보고 싶다(81.1%), 최근에 한류 콘텐츠를 접해봤다(75.0%), 한국인과 친구를 하고 싶다(76.2%) 등이다. 한국에 대해 긍정적인 이미지를 갖는 비중은 74.5%에 달했다. 좋게 생각하는 분야로는 K-POP가수, 한식, 문화(유산), 기업브랜드, 기술력/첨단

기술, 드라마/영화, 스포츠, K-뷰티, 경제(발전), 수도(서울) 등을 꼽았다. 한국인에 대한 호감도는 5점 만점에 4.02점으로 "친절하다, 신뢰할 수 있다, 성실하다, 개방적이다"라는 이미지가 강했다.

모두가 이 관점에 동의하는 건 아니다. 정반대로 보는 쪽도 꽤 많다. 특히 주권을 제대로 행사하지 못한다는 점을 안 좋게 본다. 튀르키예의 한 언론은 한국을 "미국의 프로젝트 국가" 또는 "미국의 점령 아래 있는 나라"라고 비웃는다.[18] 중국에서도 그런 관점이 많다. "체스판 위에 있는 '강대국의 졸'"에 빗댄다.[19] 미국의 권유로 북대서양조약기구NATO 모임에 참가하고, 민주주의 정상회의 주최국이 됐을 때다. 북한의 시선은 훨씬 단호하다. "미국은 남조선을 한갓 식민지 노복, 머슴꾼, 하수인"으로 생각하고 있다며 한국은 "예속의 멍에를 과감히 벗어던져야 한다"고 말할 정도다.[20]

그런 핀잔을 들어도 할 말이 없을 때가 분명 있었다. 한 예로, 지난 2004년 미국의 요청으로 이루어진 이라크 파병이 있다. 미국에 할 말은 하겠다고 했던 노무현 대통령이 참전을 자원했다. 전투병이 아닌 공병부대를 보냈어도 나쁜 짓에 가담한 건 맞다. 강정구 교수는 이런 심리를 '자발적 노예주의'라고 말한다. "자발적 노예주의성은 일부 관료들만의 전유물이 아니다. 위계질서를 조직원리로 하는 관료들이 이 지경이니 다른 부류는 뻔한 것이다. 이 땅의 주류정치인, 주류언론인, 주류지식인, 주류관료, 주류기독교인 대부분에 걸친 보편적 현상인 듯하다"라고 진단했다.[21] 한국은 왜 이렇게 되었을까? '훈육' 가설은 그 답을 집단정체성에서 찾는다. 한국 스스로 만든 게 아니라 미국의 권력이 관통한 결과물이다.

인간은 태어날 때 백지에 가깝다. 나이가 들면서 정체성을 만들어간다. 친구도 사귀고 불편한 인연도 만든다. 좋아하는 취미와 두려워하는 뭔가도 생긴다. 주변 사람을 만나면서 장차 어떤 사람이 되고 싶은지에 대한 꿈도 키운다. 기억도 선택적으로 관리한다. 아름답고 행복한 건 추억으로 간직하고, 그렇지 않은 건 무의식 밑으로 가둔다. 하지만 모든 것을 혼자, 독립적으로 하는 건 아니다. 정체성이 온전히 형성되기 전에는 외부의 영향을 많이 받는다. 부모를 모방하는 건 어릴 때 특징이다. 학교에 다니면 선생님을 따라 한다. 교과서를 통해 옳고 그른 것에 대해, 선한 것과 악한 것에 대해, 소중히 여길 것과 버릴 것을 배운다. TV·영화·만화·신문과 잡지와 같은 미디어에도 영향을 받는다. 1948년 8월 15일 국적을 처음 갖게 된 대한민국도 다르지 않았다. 집단으로서 한국이 가장 많은 영향을 받은 대상은 미국이다.

조선이 주인으로 섬겼던 일본을 물리친 게 미국이다. 점령군으로 미국이 가진 권력은 무제한에 가까웠다. 전쟁을 겪으면서 미국은 감히 범접할 수 없는 존재가 됐다. 인류 역사상 가장 강력한 군사력을 가진 미국의 실체를 두 눈으로 확인했다. 전쟁 후에는 천사로 만났다. 먹을 것을 주고, 입을 옷을 주고, 학교와 다리를 세워줬다. 미국을 다녀온 사람도 많았다. 공짜로 먹여주고 재워주면서 교육까지 해주는 미국에 존경심이 생길 수밖에 없다. 미국이 거의 공짜나 다름없이 제공해준 영화·책·신문과 잡지도 가뭄의 단비였다. 영화에서 본 미국은 너무 멋진 곳이었고, 미국 사회는 너무 정의로웠고, 남녀 주인공의 매력은 넘쳐났다. 훈육이 어떻게 가능했을까를 짐작할 수 있는 정황이다.

그러나 착각하지 말아야 할 부분이 있다. 미국이 회초리를 들고 한국을 교육한 게 아니다. 한국이 자발적으로 배웠다. 미국이 자신을 존경하라고, 추앙하라고 한 게 아니었다. 한국이 미국을 모범사례로 삼았을 뿐이다. 한국은 왜 이렇게 되었을까? 집단으로서 이런 상태가 된다는 게 가능할까? 다른 국민은 몰라도 한국은 그럴 수 있다. 일본 식민지를 거치면서 황국신민이 되어본 경험이 있기 때문이다.

황국신민

데자뷔Déjà Vu. 프랑스 말로 '이미 본' 것을 뜻한다. 번역하면 기시감既視感이 된다. 분명 처음 겪는 일, 처음 방문한 장소, 처음 만난 사람인데 낯설지 않고 익숙한 느낌이 들 때 사용한다. 한국의 일상 풍경이다. 미국은 숭배의 대상이다. 그러나 해방 직전만 하더라도 정반대의 모습이었다. 1942년 3월 발표된 김동환의 「내외 동포에 호소함」이라는 글에 나온다. 그는 우선 일본이 싸워야 할 대상을 루스벨트·처칠·장개석으로 규정한다. "(아시아는) 루스벨트가 강제하는 미 침략주의의 식량창고로까지 되어 버렸다. 필리핀과 진주만이 있지 않는가. 또 처칠로 표상되는 영 제국주의의 노복 공노비로 허덕이는 인도, 이란, 버마의 모습이 있지 않은가. 그리고 미, 영은 그 자원과 노복을 역이용하여 그것으로 아시아를 위협하고, 동아시아의 평화를 파괴"하기 때문이었다.

그런데 갑자기 달라졌다. 천황의 자랑스러운 신민이 되고자 했던 것처럼 한국은 미국의 인정을 받기 위한 투쟁에 나섰다. 그래서 장세진 교수는 "박찬호, 박세리, 박지성, 박태환, 김연아 그리고 지금의 손연재에 이르기까지, 이들에게 바쳐지는 국민의 관심과 인기에는 이들이 백인들이 주도하는 종목이나 미국에서 성공한 인물이라는 뚜렷한 이유가 존재한다. 이들의 인기 비결과 지금의 싸이 열풍에는 백인에 대한 콤플렉스, 미국에 대한 동경 그리고 서양에 인정받고자 하는 간절한 마음이 뒤섞여 있다"라고 말한다.[22] 귀중한 생명과 재산을 보호하는 길도 오직 한 곳 한미동맹에서 찾는다. 거의 신성불가침의 영역이다.

일본 천황이 "미국, 영국, 중국, 소련 4개국에 대하여 그 공동선언을 수락할 뜻을 통보했다"라는 내용의 조서를 발표한 날은 1945년 8월 14일이다. 당시 한반도는 패전국 일본의 일부였다. 전쟁의 승자였던 미국과 소련이 봤을 때 한국은 일본과 함께 자신들과 싸운 당사자였고, 한반도는 당연히 전리품이었다. 강점기 36년을 거치면서 조선의 집단정체성도 거의 일본인이 된 상태였다.

미나미 지로 총독이 밝힌 통치 목적이 달성된 것에 가까웠다. 그가 목표로 삼은 첫번째는 "조선인들이 일본 천황을 우러러 받들도록 정신을 개조함으로써 충량한 황국신민이 되게 하는 것"이었다. 1938년부터 시행된 자원병에 지원한 조선인들이 "절대로 총구를 일본 쪽으로 돌리지 않고 아무 사심도 없이 천황을 위해서 죽어갈 수 있도록" 만드는 게 두번째다.[23] 일본과 조선이 하나라는 뜻을 가진 내선일체內鮮一體가 세번째다. 소설가 김동인은 1942년 1월 23일 『매일신보』 기고를 통해 "한 천황폐하의 아래서 생사를 같이하고 영고를 함께할 백성일 뿐이다. '내지'와 '조선'의 구별적 존재를 허락지 않는 '하나'의 민족일 뿐이다. 역사적으로 종족으로 캐자면 다를지 모르나 일본인과 조선인은 지금은 합체된 단일 민족이다"라고 말할 정도였다.

일본의 강요에 못 이겨 전쟁터에 끌려갔다는 것도 절반의 진실이다. 억압받은 식민지는 맞는데 해방 직전 상황은 자발적 협력에 가까웠다. 일본이 1938년 '육군특별지원병제도'를 실시했을 때 동원된 조선인은 1만6830명에 불과했다. 그러나 지원자는 무려 80만 명이 넘어 경쟁률이 70:1 정도였다.[24] 일본 군대에 지원할 수 있도록 허락해 달라고 요청하는 조선인도 많았다. 군대에 가는 것 자체가 제국 내에서 내지인과 조선인의 차별을 없애고 조선인의 정치적 지위를 높이는 방안이라고 믿었다.

해방 후 연세대학교와 이화여대 총장을 지낸 백낙준과 김활란을 비롯해 『동아일보』와 『조선일보』 사장을 지낸 김성수와 방응모 등 대부분의 사회지도층 인식이기도 했다. 다음은 보성전문학교 교장이었던 김성수가 1943년 8월 5일 『매일신보』에 실은 논설문의 일부다.[25]

징병제 실시로 인하야 우리가 이제야 명실상부한 황국신민의 자격을 얻게 된 것은 일방을 전 반도 청년의 영예인 동시에 반천 년 문약의 분위기 중에서 신음하던 모든 병근(病根)을 일거에 쾌치(快治)하고 거일(去日) 신생(新生)할 제2의 양질(良質)을 얻은 것이다. 어찌 반갑지 아니하며 어찌 감격치 아니 하리요.

일본도 그렇게 생각하고 있었다. 1942년 당시 조선의 부총독을 지냈던 다나카 다케오田中武雄의 발언에 나온다.[26] 그는 "[독립을 추구하기보다는] 일본과 협력하고 일본인이 되어 조화되어 사는 것이 훨씬 더 나을 것이라고 생각하는 조선인들이 상당히 있었다고 생각한다. 진정한 일본인이 되는 것이 조선인들의 행복에 더 좋을 것이라고 생각한 것이다. 이러한 생각이 반드시 비합리적인 것은 아니다. 심지어 하와이에 있는 일본인 2세들을 생각해보면, 비록 자신들의 조국이 일본이고, 일본에 경의를 표하면서도 그들은 미국에게 충성을 맹세한다. 하와이 출신 2세-이것은 엄청난 것이다"라고 말했다.

이광일 또한 "'제국주의와의 동일화'는 단순히 일제에 의해 강제된 것만이 아니다. 그것은 한말 근대화를 둘러싼 긴장과 갈등 속에서 조선의 엘리트들이 수용, 내면화시킨 '근대화의 꿈'이 일제를 매개로 일정하게 재현된 것이다"라고 말한다.[27] 여기서 일본 대신 미국을 넣으면 어떨까?

강화된 한미동맹은 다르게 말하면 '동일화'다. 불가침의 신념이 된 자유주의 국제질서는 천황제와 닮았다. 과거 귀축영미鬼畜英美, 즉 '짐승과 마귀'였던 미국과 영국을 대신해 지금은 러시아와 중국이 들어섰다. 북한·이란·시리아 등은 그 똘마니다. 태평양전쟁은 지금까지 싸웠던 냉전의 연장전이다. 날로 강해지는 악마에 맞서 동맹 강화, 내부 단결과 전쟁 대비는 불가피한 선택이 되고 있다. 이렇게 진영논리가 강화되면서 '우리 편에 서지 않으면 적이다'라는 목소리가 높아진다. '대한독립 만세'의 추억을 묻어버리고 '황국신민'이 된 것과 매우 닮았다.

장세진이 자신의 책 『상상된 아메리카: 1945년 8월 이후 한국의 네이션 서사는 어떻게 만들어졌는가』에서 주목하는 것도 이 지점이다. 그는 "적어도 '해방' 이후 한국의 자기 정체성을 논하는 자리라면, 다른 무엇보다 먼저 미국을 이야기해야 하지 않을까 하는 점이다. 우리는 어떤 식으로 글로벌 타자인 미국을 상상했고, 또 미국을 매개로 어떻게 우리 스스로의 이미지를 그리며 미래를 설계해 왔을까"라고 묻는다. '황국신민'의 후속편에 해당하는 미국의 '2등 시민'일 수 있다는 의문을 제기하는 건 이런 까닭에서다. 전혀 사실관계에도 맞지 않고, 또 그렇게 믿을 근거도 없는 미국에 관한 환상을 품고 산다는 점에서 그렇다.

한국은 그동안 미국이 정말 아무것도 바라지 않고 피를 흘렸는지, 악마로부터 한국을 지켜준 천사였는지, 한국의 민주화와 경제발전이 정말 미국 덕분인지 등을 따져보지 않았다. 미국을 부모로 생각하는 것도 그렇다. 그냥 받아들였다. 왜? 미국이 그렇게 말했고, 틀린 것 같지 않았고, 그것을 거부할 이유도 없었다. 학습의 결과였는데 그것을 몰랐다. 우리가 똑똑해서 스스로 내린 결론이라고 착각하고 살았다. '자식이 생선을 달라고 하는 데 뱀을 줄 부모는 없다'라고 믿었기 때문이다.

제2장

우상 숭배

구원의 손길을 펴신 하나님 아버지. 미국을 동원하여 한반도가 적화되는 절체절명의 위기를 넘기게 하신 것을 감사드립니다. 휴전 후에도 막대한 비용을 부담하며 한반도 평화에 기여하는 한미동맹이 유지될 수 있도록 역사하심을 감사드립니다. (…) 하나님 아버지! 하나님의 섭리로 맺어진 혈맹의 은혜를 적의 간계에 빠져 원수로 여기는 어리석음에 젖어 있는 위정자들과 이 백성을 용서하여 주시옵소서.

이한석 목사, 기도문, 2006.9.2

● 우상(偶像)은 신처럼 숭배의 대상이 되는 물건이나 사람을 뜻한다. 미국에 관한 믿음 중 많은 부분은 비판을 받아들이지 않는 성역이 되었다는 점에서 이 개념을 빌려왔다.

미필적
고의

퀴 보노Cui bono. '누가 이익을 보고 누가 값을 치렀을까?'란 뜻이다. 얽히고설킨 문제라 진실을 찾기 어려울 때 매우 유용하다. 지혜로운 왕 솔로몬의 재판에서 따왔다. 왕은 갓 태어난 아기를 두고 서로 자신이 진짜 엄마라고 우기는 두 여인을 만났다. 둘 다 너무나 그럴듯한 논리와 근거를 주장해 진실을 가리는 게 너무 어려웠다. 왕은 할 수 없이 아이를 둘로 나눠 절반씩 가지라고 명령한다. 한 여인은 그렇게 하겠다고 말했지만, 다른 여인은 자기 아기를 죽일 수 없으니 양보하겠다고 말했다. 왕은 그제야 진짜 엄마는 아기를 아낀 쪽이라고 최종 판단을 내렸다. 진실보다 더 확실한 게 이해관계라는 걸 잘 보여준다.

한미관계에 적용해보면 어떨까? 한국전쟁을 통한 손익계산서는 어떤 모습일까? 한국과 북한이 수혜자가 아닌 건 분명하다. 중국도 얻은 게 없다. 귀한 생명과 자원을 잃었다. 겉으로는 미국도 잃은 것 같다. 진실은 좀 다르다.

분명 미국의 국민은 희생을 치렀다. 그러나 자본가·군대·군수업체·정치인 등 핵심 지배층은 그렇지 않다. 전쟁을 통해 공산주의라는 적은 더욱 분명해졌다. 특정한 진영에 참가하는 것을 머뭇거렸던 다수가 미국을 중심으로 한 자유주의 진영에 모였다. 전쟁 이후 자칫 높아질 수 있는 내부 불만도 잠재웠다. 전쟁 중에 자신의 정부를 욕할 수는 없다. 방대한 해외 군사기지를 유지하는 데 필요한 인력과 예산도 확보했다. 경제도 연착륙했다. 전쟁 중 세계의 공장을 자임했던 미국은 잠깐 흔들렸다. 군수품을 만드는 공장에서는 전쟁 중 큰 폭으로 늘린 노동자를 해고할 수밖에 없는 상황이었다.

그런데 한국전쟁이 구명보트가 됐다. 군수산업의 호황이 당분간 더 지속됐다. 제대 군인의 일자리 부족도 걱정할 필요가 없어졌다. 일부는 다시 군대로 복귀했고, 남은 인력은 가정으로 돌아간 여성의 몫을 채웠다. 미필적 고의라는 의심이 제기되는 것은 이 때문이다. 한국에서 전쟁이 일어날 것을 알고 있었지만, 굳이 말리지 않았고 오히려 이를 이용했다는 의심이다.

한국전쟁은 왜 일어났을까? 북한이 먼저 공격했고 그 배후에 소련이 있었다는 건 누구나 안다. 다만, 그간 제대로 따져보지 못한 의문이 많다는 게 함정이다. 북한은 왜 공격했을까? 북한의 김일성은 소련 스탈린의 하수인에 불과했을까? 전쟁에서 제대로 회복하지도 못한 소련이 자신보다 훨씬 더 막강한 미국이란 보호자가 있는 한국을 왜 공격했을까? 정말 미국이 개입하지 않으리라고 착각한 것일까? 1950년 1월, 미국은 왜 방어선에서 한국을 제외한다고 발표했을까? 미국의 개입은 정말 순수한 의도에서 비롯된 것일까? 한국전쟁을 통해 미국이 얻은 것과 잃은 건 무엇일까?

질문에 대한 실마리 중 하나는 민족 간 내전內戰이었는지 아닌지를 둘러싼 논쟁에 있다. 북한의 전면전이 있기 전에 남한에서 북한을 공격했고 언제 전쟁이 터져도 이상할 게 없는 상황이었다는 얘기다. 1949년 여름부터 38선을 사이에 둔 남북 양쪽의 충돌은 잦았다. 1949년 6월에는 250명의 게릴라가 원산을 공격한 일도 있다.[28] 북한의 공격을 스탈린이 최종 승인하게 된 이유 중 하나는 남한이 먼저 공격할 경우 북한이 위태로워질 것이라는 우려였다.[29] 일부 좌파 학자들만 이렇게 생각하는 게 아니다. 동의하는 학자가 많다.

두 개의 전쟁

"6·25전쟁은 통일전쟁이면서 동시에 내전이었다(물론 외세가 기원한 내전). 곧 당시 외국군이 한반도에 없었기에 집안싸움이었다. 곧 후삼국시대 견훤과 궁예, 왕건 등이 모두 삼한통일의 대의를 위해 서로 전쟁을 했듯이 북한의 지도부가 시도한 통일전쟁이었다"라는 견해다.[30] "6·25전쟁은 조선인민군의 전면적인 공격으로 발발하였고, 조선민주주의인민공화국의 통치영역을 확대함으로써 한반도 전역의 '완정'(完整)을 목표로 한 내전이었다"는 얘기는 국정원장을 지낸 서동만 교수가 했다.[•] 건국대 석좌교수 신복룡 또한 "한국전쟁은 동족 내부의 갈등이었고, 해방 직후 남북한의 내부적 갈등이 파열되어 전쟁으로 발전한 것으로 이 전쟁은 유격전과 국지전의 끝이었을 뿐이다"라고 본다.

이와 같은 관점의 학자는 미국 내에도 많다. 그중 한 명이 브루스 커밍스다. 그는 "대립하는 두 체제의 한국인들이 그들만의 목적을 위해 싸운 전쟁으로 한국인이 한국인을 공격한 내전이었으며 단지 미국이 개입하여 전쟁이 길어진 것에 불과한 것"이라고 규정한다.[31] 찰스 암스트롱도 "남한에서 전개된 게릴라전쟁, 이승만 정권은 정통성이 없다는 남한 내 광범한 인식, 그리고 북한이 선제공격하지 않으면 남한이 공격할 것이라는 북한의 인식 등과 같은 정치적 맥락에서 1950년 6월의 사태를 이해해야 한다"라고 말한다.[32]

집안싸움이라도 국제사회가 간섭할 권리가 있다는 주장도 모순이 있다. 미국은 유엔헌장의 기초가 되었다는 대서양헌장Atlantic Charter을 발표한 당사자다. 독일에 밀리고 있던 1941년 8월 14일에 발표됐다. 화장실에 들어가기 전이라 마음이 급했다. 미국과

[•] '완정'은 북한 김일성이 제안한 개념이다. 한반도 전역을 사회주의 체제로 완전히 통일하는 것을 가리킨다.

영국을 도와준다면 과거의 제국주의는 모두 포기하겠다는 선언이었다. 방대한 식민지를 거느린 영국은 내켜 하지 않았지만, 미국이 밀어붙였다. 미국의 참전이 절실했던 영국이 뭐라고 딴지를 걸 수 있는 상황이 아니었다. 그래서 제1조에 "영토나 기타 어떤 세력 확장도 추구하지 않는다"라는 내용을 담았다.

1917년 나왔던 민족자결론도 확인했다. 제3조에서는 "양국(미국과 영국)은 모든 국민이 그 속에서 영위할 정부 형태를 선택할 권리를 존중한다. 또 양국은 강압적으로 빼앗겼던 주권과 자치정부를 인민들이 다시 찾기를 원한다"라고 밝혔다. 남한과 북한이 전쟁이나 혁명을 통해 자본주의든 사회주의든 중 하나를 선택할 수 있는 권리가 있다는 얘기다.

미국은 이 원칙을 스스로 부정했다. 1946년 그리스 내전에 대한 개입이 시작이었다. 그때는 유엔의 승인도 못 얻었다. 유엔헌장 제2조 7항에 나오는 "본질상 어떤 국가의 국내 관할권 안에 있는 사항에 간섭할 권한을 국제연합에 부여하지 아니하며, 또는 그러한 사항을 이 헌장에 의한 해결에 맡기도록 회원국에 요구하지 아니한다"라는 규정 때문이다. 유엔이 승인한 '발칸반도특별위원회 UNSCOB'와 '그리스치안유지군UNSFG'은 인도적 지원을 위한 것으로, 갈등 당사자 일방에 대한 군사적·경제적 지원 얘기는 없었다. 유엔 안보리의 승인을 얻었다는 점에서 한국 개입은 다르다고 생각할 수 있지만, 그것도 논란의 여지가 있다.

유엔 안전보장이사회는 결의안 83호를 통과시켰다. 한국전쟁이 발발한 지 겨우 이틀이 지난 1950년 6월 27일이다. 국제평화와 안전을 회복하기 위한 군사적 개입을 승인한다는 게 핵심이다. 제41조에 나오는 병력의 사용을 수반하지 아니하는 조치, 즉 "경제 관계 및 철도, 항해, 항공, 우편, 전신, 무선통신 및 다른 교통통신수단의 전부 또는 일부의 중단과 외교 관계의 단절"과 같은 중간단계를 건너뛰었다. "(외교적 압박 등의 조치가) 불충분할 것으로 인정되거나 불충분한 것으로 판명되었다고 인정하는 경우에는 국제평화와 안전의 유지 또는 회복에 필요한 공군·해군 또는 육군에 의한 조치를 취할 수 있다"라는 제42조를 불과 이틀 만에 적용했다.

미국은 또 안보리 결의안 83호를 자의적으로 해석했다는 비판도 받는다. 결의안 82호는 전쟁 당일 소집된 안보리에서는 통과됐다. 북한 당국에 38선 이북으로 군대를 철수하라는 요구였다. 북한이 휴전선 이북으로 물러났는지 확인할 의무도 넣었다. 군사개입의 명분은 북한이 이 요구를 거절했기 때문이다. 결의안 83호에는 적대행위를 중단하지도 않았고 38선 이북으로 군대를 물리지도 않았기 때문이라는 내용이 반복해서 나온다.

유엔이 군대를 파견하는 목표는 두 가지였다. "to repel the armed attack and to restore international peace and security in the area"라는 문장에 담겨 있다. 북한 군대를 휴전선 이북으로 되돌린다는 게 'repel'의 뜻이다. 국제평화와 안전을 회복하는 대상은 'the area'다. 지역을 뜻하는 region이나 반도_{peninsular}가 아니었

다. 질서 회복의 대상은 38선 이남, 즉 남한으로 보는 게 맞다. 한반도 전체가 대상이 되려면 다른 단어를 써야 한다. 적대행위 중단을 결정한 1953년의 협정 명칭도 '남한 회복을 위한 휴전 합의 Armistice Agreement for the Restoration of the South Korea'다.

미국은 이를 무시했다. 대통령 트루먼은 1950년 9월 11일 38선 이북으로 진격하는 결정을 내렸다. 결의안 83호를 넘어서는 행위다. 소련과 중국이 강력하게 반대한 것은 당연했다. 중국 총리 저우언라이周恩來는 주중인도 대사를 통해 "한국만이 북에 침입한다면 개입하지 않는다. 그러나 연합군이 38선을 넘으면 개입할 것"이라는 경고를 보냈다. 그해 10월 19일 중국 군대가 한반도에 들어오게 된 이유다.

당시 안보리 회의도 정상적이지 않았다. 안보리에서 거부권을 가진 5개 국가는 미국·영국·프랑스·중국·소련이었다. 중화인민공화국이 1949년 출범한 상태였지만 미국의 반대로 지금의 대만이 권한을 행사할 때다. 1971년 유엔 총회에서 지금의 중국을 유일한 합법 정부로 인정하면서 정상화된다. 당시 소련은 이에 항의해 안보리 회의에 참석하지 않았고 거부권 자체를 행사하지 못했다. 한국전에 참전한 연합군의 구성도 눈여겨볼 부분이 있다.

유엔군에 합류한 국가는 모두 16개다. 노르웨이·스웨덴·덴마크·인도·이탈리아는 의료진만 보냈다. 군대를 파견한 국가 중에서 미국은 독보적이었다. 178만9000명을 보냈다. 해군력의 86%와 공군력의 93%도 미국이 혼자 맡았다. 앵글로색슨권에 속한 영국(5만6000명), 캐나다(2만5687명), 호주(1만7164명), 뉴질랜드(3794명)와 비교하면 얼마나 대규모인지 드러난다. 겉보기엔 국제사회의 합의로 보여도 실상은 달랐다. 미국의 식민지였던 필리핀, 미국과 군사협정을 맺고 있었던 태국·콜롬비아·에디오피아 등의 참전을 보면 알 수 있다. 공산권을 견제하기 위한 트루먼 독트린의 수혜자였던 튀르키예와 그리스도 미국을 편들 수밖에 없는 국가였다.

국제평화를 위협하는 불량국가에 대한 집단 처벌이 아니라 민족 내부의 갈등에 미국이 왜 개입했느냐는 의문이 등장하는 까닭이다. 미국은 정말 순수하게 세계의 평화와 자유를 지키기 위해, 또 아무런 반대급부 없이, 불쌍한 한국을 위해 그렇게 큰 희생을 치렀을까에 대한 의혹이다. 이는, 그래서 우리가 공산화되었어도 된단 거냐는 공박 이전의 문제다.

양치기 소년

적색 제국주의, 소련의 팽창주의, 북한은 소련의 위성국이며 김일성은 그 대리인. 미국이 전쟁에 참여하면서 주장한 얘기다. 한국 사회의 다수는 지금도 이 논리로 전쟁을 이해한다. 공산주의는 암과 같은 질병이다. 그냥 놔두면 몸 전체(즉 국제사회, 다른 말로 자유주의 세계)로 전염된다. 봉쇄Containment 전략으로 우선 암의 확산을 막아야 한다. 발병의 원인을 없애기 위해서는 격퇴Rollback에 비유되는 외과적 수술도 불가피하다.

냉전의 시작을 알린 이 봉쇄정책은 1947년 주소련 대사 조지 케넌George Kennan이 국무부에 보낸 장문의 전보문을 통해 알려졌다. 미국의 전략적 이해관계가 걸려 있는 지역으로 소련이 침투할 가능성이 크다는 것과, 어떤 식으로든 이를 막아야 한다는 주장이다. 독일과 일본을 상대로 함께 싸웠던 소련은 이때부터 '공공의 적'이 된다. 1947년 3월 12일에는 '트루먼 독트린'이 발표된다. "우리가 자유민들에게 전체주의적인 정권을 강요하려고 하는 침략적인 책동에 대하여 그들의 자유주의적인 제도들과 그들의 민족적 통일을 유지할 수 있도록 그들 자유민을 도와줄 의지가 없는 한 우리의 목표는 실현될 수 없을 것이다. (…) 나는 미국의 정책이 소수의 무장된 세력이나 외부의 압력으로부터 굴복하지 않으려고 투쟁하는 자유민들의 노력을 지원해주는 것이어야 한다고 믿는다"라는 얘기다.

그리스가 첫 시험대가 된다. 공화국이 아닌 왕정이 다시 들어서는 것에 저항했던 공산당 주도의 그리스 임시정부는 트루먼에 의해 "다수결을 부정하고 폭력과 억압, 언론의 통제, 비민주적인 선거 그리고 개인의 자유를 억압하는 전체주의적 정권"이라는 낙인이 찍혔다. 이는 1948년 3월의 유럽부흥계획(일명 마셜플랜)으로 연결된다. 유럽의 재건을 돕는 한편, 전후의 경제적 어려움으로 공산주의 사상이 유럽으로 확산하지 못하도록 하자는 계획이었다. 최대 수혜국은 영국이었고, 프랑스·이탈리아·독일·네덜란드가 그다음으로 많은 지원을 받았다. 그리스와 튀르키예도 당연히 포함됐다. 유럽 본토에 대한 공략도 본격 시작됐다.

　미국·영국·프랑스는 자신들이 점령하고 있던 지역을 통합해 민주주의 국가인 서독을 세웠다. 전쟁에 패한 독일을 중립국으로 남기고자 했던 소련은 당연히 반대했다. 당시 소련은 점령지의 30% 정도만 관리했다. 공동관리 구역이었던 베를린도 같은 방식으로 나뉜 상태였다. 미국의 군사보호를 받는 서독이 달갑지 않았던 소련이다. 미국에 우호적인 정권이 들어선 체코슬로바키아에 개입한 것도 이런 까닭에서다. 최근 우크라이나를 공격하면서 러시아의 푸틴이 내세웠던 논리와 닮았다. 미국과 국경을 맞대고 있는 캐나다와 멕시코에 러시아 군대가 주둔하는 걸 미국이 용납할 수 없는 것처럼 적대국이 된 우크라이나와 국경을 맞대고 싶지 않다는 얘기다.

　북대서양조약기구NATO에 서독이 합류함으로써 소련의 우려는 더 커졌다. 공산주의 위협에 공동으로 대처하는 것을 목표로 1949년 4월 4일에 탄생한 군사동맹이 NATO다. 미국·영국·프랑스를 비롯해 캐나다·포르투갈·이탈리아·노르웨이·덴마크·아이슬란드가 모두 모였다. 제5조를 통해 회원국 누구라도 공격을 당하면 집단으로 대응하겠다는 원칙을 명시했다. 1950년의 한국전쟁은 그 연장선에 있다.

　팽창하는 소련을 억제하기 위해서라는 미국의 관점에서 보면 자연스러운 방어전략으로 보인다. 하지만 지금 와서 돌아보면 미국의 주장은 "늑대다~"라고 거짓말한 양치기와 닮았다. 당시에도 그렇게 주장하는 외교전문가는 있었다. 트루먼 행정부의 공격적인 반공주의자 집단에 의해 배척되었을 뿐이다. 전쟁을 통해서라도 소련을 막아야 한다는 정책을 비판한 인물 중 한 명이 주소련 대사였던 조지 케넌이다. 국무장관이었던 조지 마샬George Marshall의 절대적 신임을 바탕으로 국무부 차관보에 해당하는 정책기획실 초대 실장을 맡았다. 국무부가 만든 싱크탱크다. 폴 호프만Paul Hoffman, 에버렐 해리만Averell Harriman, 윌리엄 클레이톤William Clayton, 윌 크레이턴Will Clayton과 함께 마샬플랜을 준비했다.

그런 그가 미국이 NATO를 만들고 소련과 군사적으로 대립하면서 생각을 바꾼다. 봉쇄는 정치적인 영향력을 억제하자는 얘기였지 군사적으로 격퇴하자는 의미가 아니었다고 주장했다. 미국에서 잘 알려진 소련 전문가였던 찰스 볼렌Charles E. Bohlen의 생각도 같았다. 그는 처음부터 케넌의 봉쇄 정책이 잘못된 가정에서 출발한다고 봤다. 전쟁을 통해 드러난 소련의 안보 불안을 인정해줘야 한다는 점과, 헝가리·체코 등에 대한 소련의 개입은 일종의 방파제를 만들려는 의도라고 봤다.

위험한 제국주의 소련이라는 인식이 객관적 실체가 아닌 정치적 필요 때문에 만들어졌다는 증거도 많다. 그중 하나는 미국의 해외기지와 비교했을 때 소련이 구축하고자 했던 집단안보는 무시해도 될 정도였다는 점이다. 전쟁을 통해 동유럽의 많은 땅을 차지한 소련이지만 남쪽 국경은 여전히 취약했다. 미 국방부의 평가는 더 부정적이었다. 소련이 전쟁 전으로 회복하기까지 길이 멀다는 평가였다. 산업기반과 인력을 충원하는 데 최소 15년, 기술자 보충에 10년, 전략적으로 활용할 수 있는 공군력에 5년에서 10년, 또 해군 현대화를 위해서는 적어도 15년은 걸린다는 평가였다. 장거리 미사일, 철도망, 석유 산업의 취약점을 극복하기 위해 넘어야 할 산이 많다는 점도 알려졌다.[33]

물론 1949년 소련의 핵 개발 성공과, 같은 해 중국 공산당의 승리가 공산주의에 대한 위험수위를 높였을 가능성은 있다. 초-제국으로 성장한 미국이 갑자기 위협을 느낄 정도는 아니었다는 점이 핵심이다. 팽창하는 소련을 막기 위해 한국을 돕는다는 논리가 틀렸을 가능성을 보여준다. 미국은 도대체 왜 막대한 희생을 무릅쓰고 전쟁에 뛰어들었을까? 전쟁이나 위기를 내심 기다리고 있었고, 누군가 이런 미국이 던진 미끼를 문 것은 아닐까?

미끼

북한의 기습공격으로 한국전쟁이 발발했다는 건 상식이다. 그렇지만 북한의 김일성이 왜 그렇게 무모한 공격을 시작했는지는 의문이다. 미국이 개입할 것을 알았다면, 소련과 중국이 김일성의 계획에 동의했을 리 없다. 전 세계 최강의 경제력과 군사력을 가진 미국을 상대로 자살행위를 하라고 부추기지는 않았을 것 같다. 미국의 미끼설이 나오는 건 이런 배경에서다. 당시 상황을 봤을 때 미국이 정말 몰랐을까 하는 의문이 있다. 몇 가지 살펴볼 지점 중 하나는, 남한과 달리 북한에서는 소련이 군대를 철수해도 정권이 무너질 가능성이 적었다는 점이다.

남한은 달랐다. 브루스 커밍스 등이 지적한 것처럼 이승만 정부에 대한 민중의 불만은 높았다. 1948년 제주와 여수 그리고 순천 사건은 전형적인 민중항쟁이다. 미국이 완전히 떠난다면 겨우 수립해놓은 친미 성향의 정권이 위태로운 상황이었다. 당시 한반도 상황이 일종의 내전이었다는 것 역시 미국은 잘 알았다. 국민 다수가 사회주의를 원하는 상황에서 내전이 벌어지면 그 결과는 뻔했다. 국제사회의 눈치를 봐야 했던 미국은 그런 상황에서 군대를 철수했다. 그러면서도 수백 명의 군사고문단KMAG은 남겨졌다. 북한을 겨냥한 비밀작전을 목적으로 하는 15개의 정보기관 지부는 물론 당시만 해도 세계 최대 규모의 대사관을 유지했다.[34] 완전한 철수가 아니라 국제사회에 보여주기였다.

미국의 대외정책을 주도했던 엘리트를 봐도 의혹이 있다. 그들은 약소국 스스로 자신의 정치체제를 선택하는 게 아니라 미국 중심의 국제질서를 확립하는 것에 우선순위를 뒀다. 전쟁 직후라 평화를 요구하는 목소리가 높았지만 이를 무시했다. 한 예로, 1949년 3월 뉴욕에서는 전쟁에 반대하는 문화예술인의 성명서가 발표된다. 릴리안 헬만Liian Hellman, 아롱 코플랜드Aaron Coplan, 아서 밀러Arthur Miller 등 저명한 작가와 예술가들 800명이 뜻을 모았다. 스탈린과 화해하고 더 이상의 전쟁 음모를 중단하라고 요구했다. 미국 정부는 이런 여론을 무시했을 뿐만 아니라 이를 공산주의자들의 위장 전술로 몰아갔다. 당시 대외정책에 가장 큰 영향력을 행사한 인물로 알려진 딘 애치슨Dean Acheson을 통해 익히 추정해볼 수 있다.

대통령은 해리 트루먼인데 왜 국무장관 애치슨이 더 중요할까? 트루먼이 굴러온 돌과 같은 존재였기 때문이다. 미국 역사상 처음이자 마지막으로 4선에 오른 프랭클린 루스벨트의 임기는 1945년 1월 20일 시작되었지만, 불과 3개월 후 4월 12일 사망했다. 권력 승계 원칙에 따라 부통령이었던 트루먼이 대통령이 된다. 루스벨트 대통령 재직 당시 두 사람은 별로 안 친했다. 대외정책을 같이 상의하는 사이가 아니었고, 트루먼은 핵무기 개발을 위해 극비로 진행되었던 '맨해튼 프로젝트'의 존재도 몰랐다. 그가 고등학교만 졸업한 것과 관계가 있다. 당시 대외정책을 주도하던 그룹은 거의 예외 없이 아이비리그로 알려진 북동부 명문대 출신이었다. 대외정책을 제대로 알지도 못했고 영향력도 없었다는 건 그가 직접 임명했던 딘 애치슨, 조지 마샬, 존 맥클로이 등을 통해 알 수 있다. 모두 '전쟁과평화 연구War and Peace Studies'에 깊숙하게 개입했던 인물로, 루스벨트 대통령의 측근이었다.•

루스벨트와 함께 전후질서를 준비했던 영국의 윈스턴 처칠과 외무장관 어니스트 베빈Ernist Bevin 등의 영향도 받았다. 트루먼이

• 전후질서에 대한 청사진을 마련하기 위해 1939년 시작된 모임이다. 미국 정부·재계·군부·학계와 언론계 권위자들이 힘을 보탰다. 록펠러재단은 필요 경비를 지원했다.

추진한 정책의 변화에서 확인된다. 임기 초반만 해도 반공주의와 소련에 대한 그의 경계심은 크지 않지만, 임기가 1년 정도 지난 시점이었던 1946년부터는 달라졌다. 전쟁영웅 처칠이 1946년 3월 미주리주 웨스트민스터 대학에서 '철의 장막' 연설을 할 때도 동행했다. 우연의 일치인지 아니면 같은 생각이라서 그런지 몰라도, 트루먼 행정부의 대외정책 청사진(닉슨 독트린)에 나오는 얘기의 많은 부분이 처칠의 연설과 겹친다.

먼저, 미국과 영국의 민주주의와 달리 소비에트USSR는 극소수의 권력자가 다수를 경찰력으로 압박하는 전체주의라고 규정한다. 독일 나치즘에 제때 대응하지 못해 제2차세계대전으로 발전한 오류를 되풀이하지 않기 위해서는 질병의 원인을 미리 제거해야 한다는 점도 강조된다. "질병을 치료하기보다는 예방이 더 낫다"라는 말로 표현했다. 영어를 말하는 앵글로색슨계는 가장 우수한 종족으로 국제사회를 이끌어야 할 신성한 의무가 있다는 말도 덧붙인다. "영국 연방과 미국이 하늘에서, 바다에서, 땅에서, 과학과 기술 분야에서 힘을 합치면 군사적 모험주의나 영토 확장의 야망을 품게 하는 불안정하고 믿을 수 없는 권력의 균형은 없을 것"이라고 밝혔다.

반면, 딘 애치슨의 학맥은 예일대와 하버드대다. 1949년 국무부 장관에 임명된다. 트루먼 대통령의 절대적 신임을 받았다. 국무부에서 잔뼈가 굵은 인물이었다. 트루먼 행정부가 들어서기 전이었던 1945년에 이미 국무부 차관보였다. 유럽 부흥 프로그램을 기획했던 당시 국무부 장관 조지 마셜과 함께 냉전을 기획했다. 트루먼 독트린의 밑그림을 제시하고 그리스에 대한 군사적·경제적 지원에 앞장섰다. 의회 청문회에 출석해 썩은 사과 하나가 바구니에 든 사과 전체에 영향을 미치는 것처럼 그리스를 잃으면 유럽과 중동과 아시아 3개 대륙이 소련의 영향권에 놓일 것이라고 경고했다. 지금은 틀린 것으로 드러난 도미노이론Domino Theory의 선구자였던 셈이다. 그가 국무부를 책임지고 있던 시기에 분단 독일의 탄생, NATO의 창설, 수소폭탄 개발 논의 및 한국전쟁 등이 일어났다. 국제사회에 대한 미국의 지배력Power과 특권Prestige을 지켜야 한다는 소신이 강했다. 그와 업무상 같이 일했던 인물의 생각도 닮았다. 존 맥클로이John J. McCloy가 그중의 한 명이다.

맥클로이의 경력은 정말 다양하다. 변호사면서 은행가였던 그는 국방부 차관보, 패전 독일점령군 책임자, 세계은행 총재 등을 두루 거쳤다. 록펠러 가문과 스탠다드 오일Standard Oil Company 자매사들의 전속 법률회사인 'Milbank, Tweed, Hadley & McCloy'의 수석 동업자이기도 했다. 그를 키워준 인물이 장관을 3번이나 역임했던 헨리 스팀슨Henry Stimson이다. 앞서 나왔던 '전쟁과평화 연구'의 중심인물이다. 외교협회CFR을 주도했으며 죽을 때까지 회원이었다. 스팀슨은 국방부 장관으로 있을 때는 외교협회 이사회의 일원이기도 했다. 맥클로이는 국방부 차관보로 스팀슨의 오른팔이었다. '동부 해안지역 출신의 대외정책 전문가 집단East Coast Foreign Policy Establishment'의 한 명이다. 헨리 스팀슨과 딘 애치슨을

〈사진2〉 1950년 1월 23일, 자신의 핵심 보좌진 존 맥클로이(가운데), 딘 애치슨(오른쪽)과 함께 트루먼 대통령이 백악관에서 무릎을 맞대고 회의 하는 장면.

포함해 조지 케넌 등이 속해 있다.

한국전쟁 때는 국방장관 조지 마샬과 함께 국방부 차관보를 지낸 로버트 로벳Robert Levett과, 외교협회 회원으로 '전쟁과평화 연구' 프로젝트에 참가했던 맥조지 번디McGeorge Bundy도 포함된다. 제2차세계대전에 미국이 참전하도록 하는 한편, 국제질서를 기획한 주요 인물로 생각하면 된다. 〈사진2〉를 보면 그들의 관계를 짐작하기 어렵지 않다. 맨 왼쪽이 대통령 트루먼이다. 중간에 있는 인물이 맥클로이, 오른쪽은 애치슨이다. 그의 동료 혹은 부하 직원으로 일한 프랭크 위즈너Frank Wisner, 딘 러스크Dean Rusk, 폴 니츠Paul Nitze도 주목 대상이다.

전략기획국OSS 산하의 비밀첩보국Secret Intelligence에서 활동한 인물이 F. 위즈너다. 전쟁 중 트루키예의 이스탄불과 루마니아의 부쿠레슈티 지국장이었다. 딘 애치슨이 그를 국무부로 추천했고 점령지를 담당하는 국무부 부차관보를 지냈다. 1948년에는 CIA 산하 정책조정국OPC의 책임자로 승진했다. 앨런 델라스의 뒤를 이어 작전 담당 부국장DDO까지 올랐다. 1951년이다. 『워싱턴포스트』 사주였던 필립 그레이엄Phillip Graham 부부와 매우 친했고, '작전명 앵무새Operation Mockingbird' 등에 이들을 참여시킨다. 이 작전은 공정하고 객관적으로 보이는 저널리스트를 통해 미국의 대외정책을 홍보하는 게 목적이었다. 한국전쟁과 관련한 홍보에도 깊숙하게 개입할 수밖에 없는 위치였다.

1950년 극동지역 담당 국무부 차관보로 근무했던 딘 러스크도 애치슨의 인맥으로 분류된다. 그는 영국 세실 로즈가 만든 로즈 장학생 출신으로 유학을 통해 영국 엘리트의 세계관을 배웠다. 앞에 나왔던 윈스턴 처칠과 같은 견해라고 보면 틀리지 않다. 국무장관이었던 애치슨과 함께 전장을 중국으로 확대해야 한다고 주장했던 인물이다. 전쟁이 교착 상태에 빠져 있던 1951년에도 "한반도는 남한의 이승만 대통령을 중심으로 통일해야 하고, 중국의 모택동도 이번 기회에 제거해야 한다"라고 공개적으로 발언했다. 장관으로 임명된 애치슨이 조지 케넌을 대신해 정책기획실장으로 임명한 인물이 또 다른 측근으로 분류되는 폴 니츠다. 외교협회 회원이라는 인연이 있다. 병영국가 미국으로 가는 디딤돌이었던 NSC68 보고서의 책임 저자다. 애치슨과 함께 왜 소련을 봉쇄해야 하는지, 국방비와 정보비를 전쟁 수준으로 늘려야 하는 이유가 무엇인지, 공산화 우려가 있는 지역에 어떻게 개입해야 할지 등을 다뤘다.

전리품

미국이 한국을 도운 건 천사의 선행과 거리가 멀다. 그것도 아주 멀다. 영토를 탐내지 않았다는 건 잠꼬대 같은 얘기다. 대서양헌장을 통해 미국은 더는 제국주의를 추구하지 않는다고 공개적으로 약속했다. 영국·프랑스·네덜란드 등이 과거의 식민지에 대한 영향력을 유지하려고 했을 때는 소련과 함께 공개적으로 말렸다. 경제적 지원을 끊겠다는 압박도 마다하지 않았다. 영토가 아니면 뭘까? 미국은 전쟁을 통해 무슨 이익을 얻은 것일까? 공짜는 아니었어도 미국(특히 파워엘리트)이 얻은 과실은 가격을 매길 수 없는 수준이었다. 최소 5개의 금맥이 있다.

첫째는 공산주의 위협에 놓인 많은 국가의 '보호자Protector'가 되었다는 점이다. 전쟁 전 독일을 맞아 유럽 각국이 미국의 도움을 요청하던 상황이 다시 벌어졌다. 막 태어난 NATO라는 안전판에 기댈 수밖에 없는 상황이 됐다. 미국이 사령관을 맡는 건 중요하지 않았다. 유럽에 방대한 군사기지와 인력을 배치해도 '보호'를 받는 처지라 반대할 수 없었다. 진영 내부의 단결이라는 또 다른 선물도 얻었다. 평화로운 시기라면 개별 국가의 이해관계에 따라 단일대오를 형성하기 힘들어도 이제는 달라졌다. 다소 의견 차이가 있더라도 강력한 적에 맞서기 위해서는 양보해야 한다. 진영 구분이 강화되면서 '내 편 아니면 적'이라는 이분법에서 벗어나기 어렵다는 것과 관계가 있다. 경제력·군사력·외교력 등에서 압도적이었던 미국 편이 많아지는 건 당연했다.

국제질서를 유지하는 데 필요한 기반과 명분을 확보할 수 있었다는 게 셋째 성과다.[35] 전쟁 중 미국은 국제사회의 많은 전선에서 전쟁을 치렀다. 전쟁 비용과 물자를 감당할 수 없었던 많은 국가가 군사기지를 내주는 대신 지원을 받았다. 평화가 지속됐다면 반환을 요구하거나 임대료를 높여달라고 할 수 있다. 그러나 악의 제국이 등장하면서 미국이 철수하지 않도록 노심초사해야 하는 상황이 벌어졌다. 독일·일본·이탈리아 등 패전국에서 뺏은 군사기지의 운명도 다르지 않았다. 혼자 힘으로 소련에 맞설 수 없는 상황에서 미국이 와 있는 건 오히려 감사할 일이다. 전 세계에 흩어져 있는 엄청난 규모의 군사기지가 자연스럽게 초-제국의 통치 기반이 된 건 이런 까닭에서다.

국제사회에 개입할 명분도 얻었다. 공산주의 침투를 막기 위해서라는 핑계만 대면 누구도 반대할 수 없다. 미국 기업, 석유와 같은 에너지, 산업에 필요한 희소자원을 지키는 데 있어 이 위협은 너무 유용했다. 제3세계의 민족주의와 사회주의 운동에도 약방의 감초로 사용할 수 있었다. 그들의 요구사항이 뭐든 공산주의 세력의 침투라고 하면 문제가 없다. 소련이 배후에서 조종하는 대리전으로 낙인찍으면 된다.

국내 통치를 효율적으로 할 수 있다는 게 넷째다. NSC68이라는 비밀보고서를 완성한 상태에서 애치슨을 비롯한 지배층은 '기회'만 찾았다.● 공산주의 위협에 대한 방어전이라고 주장할 수 있지만 달리 볼 부분이 있다. 당시 이 문건을 준비하고 추진한 핵심인물 중 다수가 '전쟁과평화 연구' 참여자였다는 점이다. 국제질서를 만들었고 이를 집행하는 데 필요한 예산과 여론의 호응이 필요했던 때에 하필 그 일이 벌어졌다. 1950년 1월 12일, 미국의 방어선에서 한반도는 빠진다고 했던 애치슨 장관의 발표 말이다.[36]

대통령, 해외 지도자, 상원의원 등이 초대받는 전국언론인클럽 National Press Club에서 한 연설이었다. "방어선 바깥에 있는 태평양의 다른 지역에서 군사적 위협이 생겨도 누군가 이에 맞서줄 것이라고 보장해줄 수 없다는 건 명백하다. 분명히 말하지만 그런 안전보장은 실용적인 관계라는 범위 내에서 필수적인 것도 아니고 아무런 의미가 없다"라는 내용이다. 알류산 열도~일본~오키나와~필리핀을 연결하는 선으로, 여기에 한반도와 대만은 빠졌다. 한국의 임병직 외무장관이 주한미국 대사 존 무초를 불러 진의를 밝혀달라고 했지만 아무런 응답도 받지 못했다. 북한의 모험주의를

● NSC는 National Security Council의 준말이다. 대통령 직속의 최고 안보회의다. 정부 부처 핵심 관료가 당연직으로 참석한다. 68은 숫자다. 1947년 처음 설립된 후 68번째 만들어진 보고서라는 뜻이다. 오늘날 미국이 압도적 군사력을 바탕으로 세계 패권국가로 군림하는 데 결정적으로 기여한 설계도였다고 평가되기도 한다.

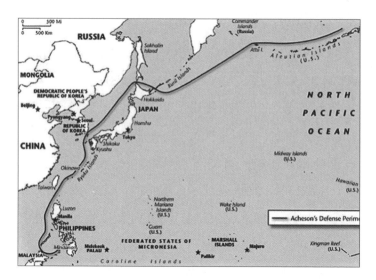

〈사진 3〉 전후의 새로운 국제질서에 대한 설계도를 성안하고(NSC68 보고서), 이를 집행하는데 필요한 예산과 여론 호응이 절실했던 때에 공교롭게도 미국은 한반도가 방어선에서 빠진 '애치슨 라인'을 발표한다.

유도했고, 그것을 평계로 냉전 구도를 만들었다는 지적이 나오는 까닭이다. 애치슨은 이런 의혹을 단호하게 부인했지만 브루스 커밍스 등은 이런 주장을 한다. 평화로울 때는 상상할 수 없는 막대한 국방비를 확보할 수 있었다. 〈사진3〉이 그때 발표한 방어선이다.

과거와 비교할 수 없는 엄청난 적을 마주한 상태라 정치적 자유와 인권 등은 뒤로 밀렸다. 공산주의라는 병균이 어디서 침투할지 모르기 때문에, 예방 차원의 감시도 큰 저항을 받지 않았다. CIA와 FBI 등 정보기관의 인력과 예산도 큰 폭으로 증가한다. 교육과 복지 예산보다는 국가안보와 치안유지 예산이 늘어도 할 말이 없다.

자본주의 체제의 가장 큰 약점이었던 주기적 공황에 대한 해결책을 찾았다는 게 마지막 다섯째 성과였다. 『강철로 만든 산에서 보낸 보고서The Report from Iron Mountain』에 잘 정리되어 있다. 1967년 알려졌는데 저자를 모른다. 정부에서 의도적으로 퍼뜨렸다는 의혹도 있다. 일종의 '대규모 공공사업'에 해당하는 전쟁을 통해 경제성장은 물론 공황을 극복할 수 있다는 논리였다.[37] 틀린 말이 아니다. 군수산업은 불황이 없다. 전쟁만 지속한다면 일정한 규모의 생산을 유지해야 한다. 판매를 걱정하지 않아도 된다. 전쟁에서 이길 수 있다면 못할 게 없다. 브루스 커밍스가 "워싱턴은 한국전쟁을 통해 지구적 차원에서 냉전과 열전의 대가를 치를 수 있는 든든한 방법을 찾아냈다. 군사 케인스주의Military Keynesianism라는 처방전이다"라고 말한 까닭이다. 군산복합체가 자연스럽게 발달할 수밖에 없다.

전쟁이나 분쟁이 있는 한 군수산업은 불황이 없다. 정부로서는 최소한의 경제발전, 세금, 일자리를 확보한다. 펜타곤으로서도 좋다. 국가안전이 걸려 있는 문제라 해외에서 수입하지 않아도 아무런 문제가 없다. 성능 좋은 무기를 구매하거나 차관을 빌려주는 등의 방식으로 국제사회에 개입하기도 쉽다. 의회로서도 좋다. 적에게 노출되지 않도록 군수업체는 가능한 내륙 깊숙한 데 있어야 한다. 유럽이나 아시아로 수출하기 좋은 동쪽이나 서쪽 해안에 있을 필요가 없다. 텍사스·메릴랜드·애리조나·미주리·펜실베이니아·앨라배마·켄터키 등에 주요 군수업체가 자리를 잡는 배경이다.

물론 전쟁에서 뜻하지 않은 수확을 얻었다는 것과 전쟁에 대한 책임이 있다는 건 다른 얘기다. 모든 것을 계획했다기보다는 '도랑도 치고 가재를 잡았다'라고 변명할 수 있다. 하필 그때 전쟁이 났고, 미국은 준비하고 있던 것을 모두 얻을 수 있었다는 게 흥미롭다. 전쟁 중 한국을 다룬 모습도 전혀 천사답지 않았다. 그 대상이 침략자인 북한만이었다고 믿는 것도 착각이다.

전쟁
범죄

「우크라, 러군 장성 2명 전쟁범죄 혐의로 입건」
「푸틴이 전쟁범죄로 처벌받을 조건은 단 하나다」
「러시아 침공으로 어린이 453명 포함 민간이 9천여 명 사망」「獨 외무, 러 전쟁 범죄 처벌 가능한 '특별 재판소' 설립 촉구」「바이든, '미스터 푸틴' 잔인함 보여줘… 전쟁범죄 책임묻겠다」「부차 학살: '전쟁범죄'란 무엇이며, 푸틴 대통령을 기소할 수 있을까?」. 포털사이트 《다음》이나 《네이버》에 들어가 '전쟁범죄 & 푸틴 or 러시아'를 치면 쉽게 접할 수 있는 보도들이다. 악마 러시아가 불쌍한 우크라이나를 대상으로 용서받지 못할 범죄를 저지른다는 얘기다. 군사용이 아닌 민간인 아파트를 대상으로 한 공습, 점령지 주민을 겨냥한 잔혹한 고문, 국제협약에서 금지한 백린탄과 소이탄의 사용 등에 대한 소식도 끊이지 않는다. 미국과 유럽은 문명국답게 이런 만행을 규탄하고 우크라이나 지원에 팔을 걷어붙인 상황이다.

그러나 전쟁범죄에 있어, 그것도 한국에서, 미국은 어떤 기준으로도 러시아에 뒤지지 않는다. 미국 정부, 펜타곤과 언론이 조직적으로 은폐한 덕분에 덜 알려졌을 뿐이다. 진실은 그러나 더디게나마 드러나기 마련이다. 전쟁에서 어떻게든 승리하고자 했던 미국은 장소와 시기를 가리지 않고 치명적인 폭탄을 투하했다. 〈사진4〉는 1951년 5월 10일 북한의 학천이라는 지역에 떨어진 네이팜탄이다. 러시아가 우크라이나를 겨냥해 투하한 백린탄의 한 종류다. 얼핏 봐도 전쟁터는 아니다. 평범한 시골 마을이다. 이게 빙산의 한 조각에 불과하다는 건 인터넷을 조금만 검색해봐도 금방알 수 있다.

진실의 힘

「미국은 우리가 북한에 무슨 짓을 했는지 망각했다Americans have forgotten what we did to North Korea」. 2015년 8월 3일, 디지털 미디어 VOX에 실린 기사다.[38] "미국은 제2차세계대전 당시 태평양 전체에 퍼부은 폭탄보다 더 많은 양을 북한에 쏟아부었다. 3만 2000톤의 네이팜탄을 포함한 융단폭격으로 전투지역을 훨씬 넘어서는 방대한 지역을 완전히 파괴했다. 군사적 목표물만이 아니라 때로는 의도적으로 민간인도 공격대상이 됐다"라는 내용이 나온다. 미국 정부가 이 사실을 모르지 않았다. "대략 3년 만에 우리

〈사진4〉 네이팜탄은 베트남전에서 '불지옥'을 만든 폭탄으로 많이 알려져 있지만, 정작 한반도에서 이미 사용됐던 사실은 잘들 모른다. 1951년 5월 10일, 북한 학천의 고즈넉한 초가 마을 위로 네이팜탄이 쏟아져 터지고 있다.(코리아 히스토리 타임스, 2020.6.27)

는 전체 인구의 20% 정도를 죽였다.” 전쟁 당시 전략공군사령부의 책임자였던 커티스 러메이Curtis LeMay 장군이 1984년 공군역사관에서 증언한 얘기다. 국무장관 애치슨도 “북한 지역에서 움직이는 모든 것과 땅 위에 있는 모든 건물이 표적이었다”라고 말했다. 도심 지역을 완전히 파괴한 다음에는 수력발전소와 관개용 댐을 공격했다. “홍수가 나고 곡물이 침수를 입도록 하는 게 목표였다”라고 VOX 기사에 등장한 인용문에 나온다. 북한 외무성이 유엔에 보낸 긴급외교 전문에도 나온다. 다음과 같은 내용이다.

〈사진5〉 폭격으로 도시의 75% 이상이 파괴된 1953년 평양 시내 모습.

평양에 대한 미국 공군 편대의 공격은 1951년 아침 10시 30분에 이루어졌다. 수백 톤의 폭탄과 인화성 물질이 도시 전체에 동시다발로 쏟아졌고 곳곳에서 불이 났다. 24시간 동안 시차를 두고 터진 폭탄으로 인해 누구도 거리로 나오지 못했고 화재 진압도 불가능했다. 대략 48시간 동안 도시 전체가 불탔고 화염에 휩싸였다. 평양 시내에 군사적 목표물이 전혀 없다는 건 미국도 잘 알았다. 폭탄 세례로 인해 산 채로 불에 타죽거나 질식한 사람의 숫자는 얼마나 되는지 파악할 수 없다. 전쟁 전 50만 명이 살았던 이 도시에 남은 인구는 겨우 5만이다.

폭격의 정황은 〈사진5〉를 통해 알 수 있다. 1953년 평양의 모습이다. 전체의 75%가 파괴된 것으로 알려졌다. 북한의 공식 통계에 따르면 폭격으로 8700개의 공장, 3000개의 학교, 1000개의

병원과 60만 채의 집이 사라졌다.[39]

펜타곤과 미국 정부는 이런 주장에 대해 증거가 없다는 관점을 바꾸지 않는다. 그러나 보수 진영에서도 사실 자체를 부정하지는 않는다. 한 예로, 『미국 보수당The American Conservative』이라는 잡지의 2020년 6월 26일 보도를 통해 확인된다.[40] 제목은 「누구도 말하고 싶지 않은 한국전쟁의 잔혹상The Korean War Atrocities No One Wants to Talk About」이다. 전쟁이 끝난 지 70년이 지났는데도 미국 정부가 여전히 전쟁범죄를 숨기고 있다는 비판이 기사 앞부분에 나온다. 위에서 나온 몇 가지 의혹을 확인하는 내용으로 연결된다.

한 예로, 1950년 하반기 중국 군대에 미군이 밀리면서 민간인 대량학살이 관행이 되었다고 말한다. 총사령관 맥아더 장군이 북한군이 장악한 지역을 "사막"으로 만들라고 지시했으며 "적이나 보급품을 숨길만 한 모든 구조물을 파괴하는 수준으로 확대했다"는 얘기도 전한다. "우리는 북한의 모든 마을을 불태웠다. 남한의 일부도 포함해서"라는 커티스 러메이 장군의 인터뷰도 있다. 폭격 이후를 생생하게 보여주는 〈사진6〉이 나오게 된 배경이다.

이것이 우발적인 일이 아니라 군사작전이었다는 것, 잠재적 부역자가 될 수 있는 민간인을 겨냥했다는 점, 또 은신처가 될 수 없도록 지상의 모든 건물을 일부러 붕괴시켰다는 걸 잘 보여준다.[41] 미국 정부가 감추고자 했던 민간인 대량학살도 밝혀지고 있다.

미국의 AP통신은 1999년 9월 30일 「한국인 대량학살에 관한 전반적 조사」란 제목의 기사를 내보냈다. 전쟁 직후였던 1950년

〈사진6〉 미군의 폭격으로 무너진 집을 바라보는 여인과 손자.(1950년경 평양)

6월 충북 영동 근처 노근리에서 벌어진 민간인 학살에 관한 탐사 보도였다. 미군의 기관총 발포로 부녀자·노인·아동 등 400명 이상이 살해된 사건이다. 펜타곤은 우발적인 사고였다고 발표했지만, 정식으로 사살 명령이 내려졌다는 것도 드러났다. 한국에서는 모르는 얘기가 아니었다. 일찍이 1950년 8월 10일자 『조선일보』에 「폭격과 기총 소사의 대상으로 평화주민 400명을 학살, 미국놈들 황간에서도 또 만행」이라는 제목으로 나왔다.

　노근리에서 다섯 살 난 아들과 두 살배기 딸을 잃은 정은용 씨가 『그대 우리의 아픔을 아는가』라는 책을 낸 것도 1994년이다. 월간 『말』지는 그 해 7월호에서 130여 명의 사망자 명단까지 밝혔다. 미국 언론이 주목하고 펜타곤 기밀서류가 공개되면서 국제사회도 알게 된 경우다. 끝이 아니었다. 영국의 BBC 방송이 2011년 2월 17일 보도한 「모두 죽여: 한국전쟁의 미군」이라는 기사에 소개되어 있다.[42]

"반복하지 않겠다. 피난민 행렬이 전선을 건너지 못하도록 하라. 단체로 움직이는 모든 한국인의 이동을 제압하라"고 했던 미8군 사령부의 명령이 나온다. 지시가 떨어지고 얼마 지나지 않아 노근리 학살이 벌어졌다. 당시 현장에 있었던 참전 용사의 증언도 담았다. "모두 죽여. 정신 나간 것처럼 장교 한 명이 소리쳤다. 그들이 군인인지 아닌지 몰랐다. 애들도 있었다. 눈을 가리고 무릎을 꿇고 있는 80명 정도를 총으로 쐈다"라는 얘기다. 미국 정부의 기밀서류가 공개되면서 더 많은 사례가 밝혀지고 있다는 얘기도 덧붙였다.

1950년 8월, 80명 정도가 죽은 곡간리와 1950년 포항 해변에서 400명의 민간인이 해군 포격으로 숨진 사건을 비롯해 61건이 새로 드러났다. 뒤늦게 한국 정부도 나섰다. 2005년 12월 1일부터 시작한 '진실·화해를위한과거사정리위원회'를 통해서다. 모두 8651건의 사례가 조사되었는데 그중에서 미군과 관련된 사건은 340건 정도로 전체의 4%에 달했다.

진상이 어느 정도 밝혀진 사건 가운데 하나가 경북 예천군 산성동 폭격이다. 도진순이 2005년 발표한 「1951년 1월 산성동 폭격과 미 10군단의 조직적 파괴 정책」에 자세한 설명이 담겨 있다.

먼저 중국의 개입으로 수세에 몰린 미국이 1950년 11월부터 이듬해 2월까지 네이팜탄을 대량으로 사용했다는 얘기가 나온다. 명령권자는 12월 26일 부임한 매튜 리지웨이Matthew Ridgway 장군이다.

북한 지역은 물론 의정부·원주 등에서 네이팜탄으로 마을을 소각하는 '초토화 작전'을 지시했다. "게릴라들과 모든 수단을 다해 싸워야 한다. 네이팜으로 공중 폭격을 하는 것은 게릴라 부대를 파괴할 뿐만 아니라, 그들이 숨을 수 있는 은신처나 마을을 파괴하기 때문에 가장 효과적인 방법이다"라는 논리였다. "명령을 수신한 부대들은 작전 지역에서 우군(友軍)으로 확인되지 않는 모든 집단, 군대, 장소에 대해 지상 무력과 공중 폭격을 동원해야 한다"와 같은 명령이 내려진 배경이다.

공중 폭격은 1951년 1월 19일 시작된다. 14시 50분, 15시 40분, 15시 55분 등 세 차례에 걸친 작전이었다. 폭격으로 인한 민간인 피해도 충분히 예상된 상황이었다. "좌표 DR6457은 882고지 일대이며, 고지들 사이에 있는 마을들은 파괴될 것으로 예상했다. 마을은 적의 피신처이고, 적을 도운 것으로 판단되었기 때문에 이러한 조치는 사령부의 정책과 일치한다"는 보고서를 통해 알 수 있다.

죽거나 다친 사람은 136명이다. 그중 여자는 80명으로 남자 50명보다 더 많았다. 성인 남자들은 산에 나무를 하러 갔고 노인과 어린이만 있었다. 마을에서 모여 명주를 짜던 여자들 다수가 희생됐다.

전남 영암의 냉천마을 사건도 비슷한 시기에 발생했다. 남쪽으로 내려가는 피난길이 막히고 공중 폭격과 소각 작전으로 마을이 불타면서 계곡으로 피신한 주민 다수가 사망한 사건이다. 무려 200명 이상이 죽임을 당했다. 희생자 중 19세 이하 청소년과 어린이의 비중은 62%, 여성의 비율도 52%였다. 1951년 1월 20일에 발생한 충북 단양 곡계굴의 비극도 같은 성격이다. 미군 F-51과 F-80 등의 전투기 11~13대가 주변 지역을 폭격했다. 계곡에 숨어 있던 주민 360명 정도가 불에 타거나 질식해 숨졌다. 계곡 밖으로 도망친 사람들은 미군이 쏘는 기관총에 맞아 쓰러졌다. 진상을 밝히지는 못했지만, 더 충격적인 사건도 다뤘다. 이런 내용이다.[43]

1951년 1월 중순 경 단양 ○○리에서는 초토화 작전을 하면서 마을 소각을 위해 들어온 미군이 주민 신○○(19)을 성폭행했다(진실화해위, 2010f: 852). 1951년 3월 24일 원주에서는 미군 2명이 한 여성을 성폭행하려 했고, 시모(52)가 이를 밀리다가 미군에게 사살됐다. 시모가 사살된 후 며느리는 사건의 충격으로 정신이상이 되어 집을 나가 행방불명됐다(진실화해위, 2010g: 715). 1951년 4월 2일 춘천에서는 미군 2명이 민가에 들어와 홍○○(남)의 아내를 성폭행하려 하자, 홍○○이 저항하다가 사살됐다(진실화해위, 2010g: 716). 1951년 10월 25일 횡성에서는 김○○(25)의 집에 미군 2명이 들어

와 임신 9개월이던 김○○을 성폭행하려 했고, 그와 남편이 저항하
자 둘 다 사살했다(진실화해위, 2010g: 717).

인간사냥

일부 일탈 군인에 의한 것으로 변명할 여지는 있다. 집단범죄로
봐야 할 게 더 있다는 게 주목할 지점이다. 그중 하나는 황해도 신
천에서 발생한 학살 사건이다. 한모니까의 2013년 논문 「봉기와
학살의 간극: 황해도 신천사건」에 자세한 내용이 나온다. 북한의
주장에 따르면 희생자는 3만5383명으로 그중 어린이·노인·부녀
자가 1만6234명에 달한다. 미8군은 평양을 향해 황해도를 지나
는 중이었고 공군의 지원 폭격이 쏟아질 때였다. 폭격으로 사방에
시체가 널려 있었지만 사람 죽는 게 개미 죽는 것처럼 느껴졌다고
한다.

1950년 10월 17일 미국의 24보병사단과 1기병사단 또 영국의
27여단이 신천에 진입했다. 그들의 공통임무는 정찰 및 정보 수
집, 도로 차단 및 봉쇄, 북한군에 대한 소탕작전과 포로 검거 등이
었다. 반공우익 인사, 남한에서 파견된 반공청년단과 종교인 등이
치안을 맡았다. 당연히 미군의 보호를 받았고 미군은 그들의 행적
을 모르지 않았다. 단순한 관리 소홀에 따른 비극이라는 건 평계
다. 학살 책임이 있는 반공치안대를 훈련하고, 무기를 지급하고,
학살을 방관한 정황이 많다. 북한 출신으로 반공의식이 투철한
청년을 모아 반공무장대를 조직한 곳은 미8군 휘하의 8086부대

〈사진7〉 한국전쟁을 소재로 피카소가 그린, 화폭 2m의 대작 〈한국에서의 학살〉(1951년작)
이 완성 70년 만에 피카소 탄생 140년 특별전으로 한국을 찾았었다.(한겨레, 2021.5.5.)

다.[44] 파블로 피카소는 1951년에 이 사건을 알았다. 전쟁범죄를 고발하겠다는 마음으로 이런 그림을 남겼다. 제목은 〈한국에서의 학살Massacre in Korea〉이다.

　전쟁 발발 직후였던 1950년 6월 27일에 벌어진 '보도연맹' 학살 사건을 봐도 미국의 개입 정황을 엿볼 수 있다. 방식이 상당히 닮았다. 표면적으로 봤을 때 학살자는 한국 군인이다. 미군이 직접 사형을 집행하지 않는다. 혹시 나중에 밝혀지더라도 전쟁범죄 혐의를 벗을 수 있도록 하기 위해서다. 대신 학살을 승인하고, 무

7천명 학살 '골령골' 참상…"출근 중 끌려간 아버지 죽음 밝히고파"

한국전쟁 '골령골' 민간인 학살 희생자 유족의 눈물

〈사진8〉(위) 1950년 대전 골령골에서 대전교도소 수감자와 보도연맹원들에 대한 집단학살이
벌어졌다. 당시 미군에 의해 촬영된 장면. (아래) 적어도 미군의 방조 아래 이뤄진 골령골 학살
사건의 참상은 지난 16년간 1441구의 유해 발굴로 확인되고 있다.(한겨레, 2023. 6. 28)

기를 지원하고, 책임을 묻지 않는다. 정확한 숫자를 알 수 없지만 적어도 20만 명, 많게는 50만 명이 학살됐다. 점령군으로 미군이 주둔한 이후 반복해서 드러난 양상이다. 미군을 도와 일종의 설거지를 했던 단체로는 조선민족청년단(단장 이범석), 서북청년단(위원장 문봉제), 대한민주청년동맹(회장 유진산), 한국광복청년회(회장 오광선), 대동청년단(단장 지청천), 대한독립청년단 등이 있다.[45] 1946년 9월 총파업과 10월 항쟁, 그리고 제주와 여수 항쟁 때 미군과 함께 행동했다. 〈사진8〉과 같은 자료가 증거다.

1950년 이전부터 한국에 파견되어 있던 미군사고문단KMAG이 찍어 본국으로 보냈다. 범행 현장에 같이 있었고, 통제하지 않았고, 문제라고 생각하지 않았다는 걸 보여준다. 일본과 전쟁을 시작한 직후였던 1941년 미국 서부지역과 남부지역에서 약 12만 명의 일본계 미국인을 강제수용했던 것과 같은 이유다. 공산주의 활동을 했거나 의혹이 있는 인물이 장차 북한을 도울 수 있다는 게 학살의 이유였다.[46] 또 다른 사례는 세균전과 심리전이다. 제국주의가 한창일 때 백인이 흑인 노예를 다룬 방식을 연상시킨다.

표본실의 청개구리

북한 169개 지역에서 박테리아균과 화학무기를 사용했다. 1952년 1월부터 3월까지다. 1952년 3월 1일 「한국내 미국 범죄 보고서Report on U.S. Crimes in Korea」(일명 '니덤보고서')를 통해 드러났다. 현장을 조사한 단체는 진보적 성향의 국제민주법률가협회

Commission of International Association of Democratic Lawyers다. 영국 캠브리지대학의 조지프 니덤Joseph Needham 박사가 조사 책임자였고, 일본의 731부대를 이끌었던 생체전문가들이 미군을 도왔다는 것도 확인됐다. 그때도 지금도 미국은 이를 인정하지 않는다. 제2차 세계대전이 끝날 무렵 식용작물을 대상으로 세균전을 준비한 전력이 있다는 게 정황 증거다.[47] 2018년 3월 2일에 나온 중동지역 위성방송 《알자지라》의 다큐멘터리 「추악한 작은 비밀들」도 증거를 제시했다. 과거 731부대원이었던 일본인이 직접 나와 자신들이 미군을 도왔다고 증언했다. 미국이 숨겨온 자료는 국립문서보관서에서 찾았는데 "페스트, 콜레라균 등이 인체에 얼마나 효과를 발휘하는지 알아보기 위한 대규모 현장 실험"에 관한 문건이다.

작전 계획이 작성된 때는 1951년 9월 21일이다. 합동참모본부는 얼마 후 10월에 미8군 사령관 리지 장군에게 세균전 전문가를 파견했다. 북한에서 관련 사례가 보고되기 시작한 건 1952년 1월부터 3월 기간이다. 전쟁포로를 대상으로 생체실험을 한 정황도 있다. 강정구 교수의 「한국전쟁과 양민학살」이라는 논문에 소개되어 있다.[48] 경남 거제의 포로수용소 부근 농지에서 발견된 문건에 "미군이 북한 포로들을 일렬로 세워 놓고 총기 성능시험을 하고 있다" "세균무기실험 등 생체 실험을 하고 있다"는 내용이 있다는 얘기였다. 인민군 전쟁포로 일동이 쓴 것으로 되어 있다.

당시 미국이 포로를 대상으로 독가스와 세균무기를 실험했다는 건 다른 경로를 통해서도 확인된다. 1952년 5월 포로수용소 소장이었던 프랜시스 도드Francis Dodd 준장이 인민군 포로들에게 억류된 사건을 통해서다. 76명의 포로가 공동으로 요구한 사항 중에는 "폭행, 모욕, 고문에 의한 심문, 혈서의 강요를 중지하고 위협, 강제 구금, 총과 기관총을 사용한 대량 사살, 독가스, 세균무기와 원자폭탄 실험의 중지, 그리고 국제법에 의한 전쟁포로의 인권과 생명의 보장"이 들어 있다.[49]

중국과 북한 출신의 포로를 대상으로 대규모 사상전을 펼친 것도 기억할 필요가 있다. 1951년 6월부터 진행된, 포로를 대상으로 한 재교육 프로그램 얘기다. 맥아더사령부의 일본인 개조 작업이 배경이다. 책임 부서는 '민간인 정보 및 교육 분과CIE'다. 미국이 내세우고 있었던 개인주의·자유·평등 등의 가치를 일본의 일상 풍경이 되도록 만들었던 곳이다. 한국 CIE에는 미국인 장교 3명과 한국인 30명으로 각각 구성된 한국반과 중국반이 있었는데, 모두 도쿄에서 일했다. 한국에서 활동하는 분과는 '현지작전 팀'으로, 교육을 진행할 교육자와 교재 준비 등을 맡았다. 책임자는 전직 고등학교 교장이었던 도널드 누젠트Donald Nugent 중령이었다. 미군 점령기 한국과 중국의 역사가 주된 교육내용이었다. 특히 민주주의와 전체주의 차이가 뭔지, 또 한국과 중국의 재건 과정에서 문제가 생긴 원인이 뭔지 등을 가르쳤다.

그러던 중에 전쟁포로 송환 논의가 시작되면서 문제가 불거졌다. 본국 송환을 거부하는 규모가 크면 재교육이 성공한 것으로 인정되는 분위기였다. 제62 수용소에 있던 포로들이 집단으로 자격심사를 거부했다. 군대가 진압에 나섰고 77명에서 102명의 포로가 사살됐다. 1952년 2월 18일이다.[50]

"전쟁에서 유일한 목표는 승리다." 한국전쟁에서 연합군 사령관을 지냈던 맥아더 장군이 자주 했던 말이라고 한다. 중국의 개입으로 패전의 위기에 몰렸던 미8군 사령관으로 새로 부임했던 매튜 리지웨이 장군의 생각도 일치했다. 전쟁에서 승리하기 위해서라면 모든 것을 용납하는 분위기였다. 미군의 융단폭격이나 전쟁범죄는 그런 점에서 정당화될 수 있다고 지금도 많은 이들이 믿는다. 전쟁 후 미국이 한국에 베푼 지원의 진정성과 규모로 충분히 용서받을 수 있다는 생각이다.

공짜 점심은
없다!

전쟁은 1953년 7월 27일 휴전으로 끝났다. 대통령 아이젠하워는 의회에 한국 재건 비용 2억 달러를 요구했다. 휴전으로 생긴 국방비의 여윳돈 중 일부를 활용하겠다고 밝혔다.

며칠 후 31일에는 국방부·국무부와 미8군 사령부에 다음과 같은 내용의 편지를 보낸다.

한국을 재건할 수 있다는 건 흔하지 않은 일입니다. 해외에 주둔하고 있는 미군이 직접 나서 효과적으로 전쟁의 상처를 치료한다는 건 기회입니다. 한 국가를 재건하고 재활시킨다는 점, 군대가 앞장서 건설적이면서 힘든 일을 맡는다는 점, 또 인류의 가치를 파괴하는 게 아니라 보존하고 강화하는 데 헌신한다는 점에서 그렇습니다.[51]

국방부 예산 중 1.5억 달러가 한국 지원을 위한 미군 프로그램 AFAK, Armed Forces Aid to Korea에 전달됐다. 교회·학교·병원·집·도로·다리·피난처 등을 건설하는 데 쓰였다. 전투에 참여했던 미8군 병사들도 성금을 냈다. 100만 명에 달했던 피난민과 10만 명 정도의 고아, 또 아프거나 다친 사람을 위해서였다. 전쟁 직후부터 시작되어 1954년 중순까지 모인 돈은 무려 183만 달러에 달했다. 그중 120만 달러가 보육원을 짓거나 전쟁고아를 돕는 데 쓰였다. 전쟁 직전 7000개에 불과했던 보육원은 1951년에는 1만821개, 1952년에는 2만5839개, 1953년에는 4만3625개, 1954년에는 5만936개로 늘었다.[52] 전쟁 이후 1960년대까지 미국은 경제원조로 38억 달러를, 또 군사원조로 28억 달러 정도를 한국에 줬다.

전쟁이 끝났지만 대략 4만 명이 넘는 주한미군이 남았다. 1969년 기준으로 미군이 사용했던 기지·훈련장·탄약고 등은 전국 277곳이나 됐다. 용산·동두천·의정부·오산·군산·부산·대구·왜관 등 전국에 흩어져 있었다. 1954년 11월 17일에는 「미국의 대한 경제 및 군사원조에 관한 합의 의사록」이 체결된다. 몇 가지 중요한 결정이 담겼다. 1955년에 경제 및 군사원조로 7억 달러를 제공한다는 것, 예비군 창설 등 한국군의 증강계획을 지원한다는 것, 작전통제권을 제외한 국군에 대한 지휘권을 회복시킨다는 것 등이다. 전체 국방비에서 미국이 부담하는 비중은 1954년 34.5%에서 1955년에는 81.2%, 1957년에는 80.6%, 또 1958년에는 79.9%로 늘었다.[53] '한강의 기적'이라 불리는 경제발전과 민주주의는 미국의 군사적 방패와 경제적 지원 및 (외교적) 지지 없이는 불가능했을 것이라는 말도 맞다. 그러나 빛이 있으면 어둠도 있지 않을까? 미국의 지원이 가장 많았던 1950년부터 1960년까지를 보면 '공든 탑이 무너졌다'가 더 어울린다.

병영국가

민주주의는 3·15 부정선거로 훼손됐다. 이승만을 비롯한 정치인은 부패했고 무능했다. 원조 물자 덕분에 먹고는 살았어도 홀로서기를 할 만한 경제기반은 전혀 없었다. 전체 구성원 중 자본가계급은 1.2%에 불과했다. 정부에 아무런 영향력도 행사하지 못하는 기생적 존재에 불과했다. 도시 중간계급은 13.3%, 농민은 67.5%, 또 노동계급은 18%였다. 1961년 기준으로 서울 시민의 23%만 취업 상태였다.[54] 막대한 군사비 지원과 전쟁 덕분에 공룡이 된 군부가 쿠데타를 할 수 있는 조건도 갖춰진 상태였다.

군대조직을 본떠 미국이 창설한 국립경찰은 독재자의 하수인이 될 수밖에 없었다. 1945년 12월 27일에 미군정청이 공표한 '국립경찰의 조직에 관한 건'이 출발점이다. 최고 책임자는 주한미군 사령관이다. 직속 부하가 군정청장이 된다. 지방의 경찰행정권을 도지사의 권한으로부터 분리해 전국의 경찰 지휘와 감독을 경무국장이 직접 담당하게 했다. 이로써 예산이나 인사 등 가장 중요한 사항에 대해 지방자치단체의 기관장은 아무런 권한이 없다.

1960년 4·19혁명의 발단이 된 것도 경찰이다. 대학교수단이 4월 25일 발표한 시국선언문에 많은 얘기가 담겨 있다. 먼저, 국민 저항의 성격을 "주권을 빼앗긴 울분을 대신하여 궐기한 학생들의 순진한 정의감의 발호이며 부정불의에 항거하는 민족정기의 표현이다"라고 말한다. 1948년 제정된 헌법 제1조 "대한민국은 민주공화국이다"와 제2조 "대한민국의 주권은 국민에게 있고 모든 권력은 국민으로부터 나온다"가 존중되지 않는 현실을 받아들이지 못하겠다는 목소리로 봤다. 교수들은 또 "공적 지위를 이용한 부정"에 대한 처벌과 "경찰의 중립화와 학원의 자유"도 요구했다. 당시의 한국 상황을 극소수의 권력자가 자신의 욕심과 생각을 다수에게 강요하는 '전체주의'로 봤다는 얘기다.

"공포와 억압, 신문과 라디오의 통제, 기획 선거, 자유의 통제"가 일상이 된 국가로부터 트루먼 대통령이 전쟁을 통해서라도 막고자 했던 바로 그 질병이다. 미국은 말과 달리 행동으로 그런 사회를 만들었다. 대통령 이승만은 국민이 선출했어도 정지작업을 한 건 미국 정부다. 공산주의를 막는다는 핑계로 언론의 자유를 부정했고, 반공단체를 키워 정치적 후견자가 되도록 배려했다. 반공을 위한 전초기지로 제 역할만 해준다면 독재와 부정은 괜찮다고 봤다.

한국을 경찰국가로 만든 1958년의 국가보안법에 대해서도 한쪽 눈을 감았다. 정부가 자의적으로 해석할 수 있는 국가기밀의 범위를 넓히고, "중요시설의 파괴와 같은 범죄행위"를 "국헌을 위배하여"라는 모호한 문구로 바꾼 법이다. 위반자에 대한 형량을 "사형

또는 무기징역, 징역 7년 이상"으로 높였다. 덕분에 정치적 경쟁자였던 진보당 대표 조봉암을 간첩으로 몰아 사형시킬 수 있었다. 그가 만든 진보당의 강령 1호는 "공산독재는 물론 자본가와 부패 분자의 독재도 배격하고 민주주의 체제를 확립하여 책임 있는 혁신 정치를 실현한다"였다. 그는 이후 2011년 대법원의 확정판결을 통해 무죄로 밝혀졌다.• 당시의 보안법은 또 "적을 이롭게 할 목적으로"라는 모호한 규정을 통해 정부가 하는 거의 모든 분야에 대한 정보를 막았다. "국가기밀"(11조) "국가의 정치, 경제, 사회, 문화, 군사에 관한 정보"(12조 1항) "관공서, 정당, 단체 또는 개인에 관한 정보"(12조 2항) 등이다. "국가기밀 또는 정보라는 점을 알면서 이를 적에게 교부, 전달, 또는 중개한 자"(13조)와 "실행을 협의, 선동 또는 선전한 자"(17조 2항) "문서, 녹음반, 도화 기타의 표현물을 보관, 취득, 운반 또는 휴대한 자"도 처벌한다고 밝혔다.

정부가 하는 일을 알려고도 하지 말고, 간섭도 말고, 언론을 통해 보도할 생각도 하지 말라는 얘기였다. 1960년 3·15 부정선거의 발판이 됐다. 군부 쿠데타에 대한 미국의 정책도 크게 다르지 않다. 혹시 뭔가 잘못된 일이 생겨도 내가 상관할 바 아니라는 '미

• 국가보안법과 1961년 쿠데타 이후 제정된 반공법은 그 후에도 정부가 민주주의를 탄압하고 언론의 자유를 통제하는 유용한 수단이 됐다. 박정희 정권 때는 『민족일보』의 조용수 사장이 사형을 당했고, 인혁당과 민청학련 사건이 터졌다. 전두환 정부 때는 부림사건을 비롯해 많은 간첩 조작 사건이 일어났다. 대부분 무죄 판결이 났다는 것도 닮은꼴이다.

필적 고의'에 가까운 태도였다.[55] 내정간섭이 될 수 있어 모르는 체했다는 건 핑계다. 「한국의 실패Failure in Korea」라는 글에 나온다. 박정희 군사혁명이 일어난 1961년 10월에 『포린어페어』에 실렸다. 미국 대외정책의 주요 현안이 논의되는 가장 중요한 매체로, 외교협회 기관지다. 글쓴이는 에드워드 와그너Edward Wagner로 한국을 잘 아는 하버드대 교수였다.

"질서 유지와 군사적 반공주의에 현혹되어 전체주의 사회가 들어서는 것"을 무시했다는 얘기가 우선 나온다. 1946년 제주도와 1948년 여수에서 무자비한 폭력을 동원하기 전에 그들이 왜 분노하는지 돌아보지 않았다는 반성도 있다. 한국에 대한 미국의 인식은 독재자 이승만을 "위대한 인간, 엄청난 애국자, 건국의 아버지, 그러나 말년에 접어들어 사소한 몇 가지 실수를 한 지도자"라고 추켜세운 아이젠하워 대통령의 연설에 반영되어 있다고 봤다. 한국의 주권을 존중하기 위해 간섭하지 않았다는 것에 대해서도 그는 "그간 한국에 투자한 그 많은 경제와 군사적 지원은 간섭이 아니고 무엇이었는지" 또 "몇 년만 일찍 조치했다면 군부 독재와 비참한 경제 상황에 직면하지는 않았을 것"이라고 말했다. 미국 정부는 일부가 제기한 이런 문제의식에 별로 개의치 않았다. 쿠데타에 대한 미국의 대응에서 드러난다.

미국은 우선 경고를 무시했다. 알고도 방관했다는 의혹이 있다. 한 예로, 한국 CIA 책임자였던 피어 더 실바Peer de Silva 지부장은 미8군 사령관 카터 매그루더Carter Magruder에게 관련 동향을 여러 번 알렸다. 육군 정보부CIC 책임자였던 제임스 하우스만James Hausman도 "나는 한국군 내에 쿠데타 기도가 있음을 상부에 보고했다. 매그루더 사령관과 장도영 총장에게 적어도 한 차례 이상 '군 내부의 쿠데타 기도를 주의하라'고 경고했다"라고 밝혔다.[56] 그렇지만 이런 보고는 매그루더, 미 육군 수뇌부 혹은 정부 차원에서 외면했거나 진지하게 다뤄지지 않았다. 미국 국무부가 공개하고 있는 유엔사령부 전보문에 나온다. 5월 16일 새벽 3시경, 육군참모총장이었던 장도영 장군이 매그루더 장군에게 전화를 걸어 상황을 알렸지만, 진압을 거부했다는 내용이다.[57] 1951년 8군 사령관으로 근무한 경력을 가진 밴 플리트Van Fleet 장군은 한 발 더 나가서 "(군부 쿠데타는) 한국 천년 역사에서 발생한 가장 좋은 일이다. (…) 미국이나 영국과 같은 위대한 국가와 달리 한국과 같은 저개발 국가에서 군부가 정부를 대신하는 건 괜찮다"고 주장했다.[58]

케네디 대통령의 생각도 다르지 않았다. 박정희 장군을 미국으로 초대한 건 군사혁명을 공식적으로 승인한다는 의미였다.• 미국이 민주주의를 가르쳤다거나 미국 덕분에 민주화가 되었다는 게 엉터리라는 것을 잘 보여준다. 미국의 기획과 달리, 우리가 군부 독재에 저항하면서 민주주의를 쟁취했다고 보는 게 더 맞다.

• 미국은 1979년 12월 12일 발생한 군사쿠데타에 대해서도 같은 방식으로 대응했다. 1980년 광주에서 발생한 민간인 학살을 문제 삼지 않았다. 1981년 1월 28일, 전두환은 레이건 대통령의 초대를 받아 미국을 방문했다. 해외 국가원수 중 최초의 방문이었다.

그렇다면 민주주의는 몰라도 미국이 경제부흥에 필요한 밑거름은 제공하지 않았을까? 그것도 절반의 진실에 가깝다.

공범 혹은 용병

일부 특혜 자본만이 미국 원조 물자에 기생하여 고도의 부와 번영을 누릴 수 있었던 반면에 대부분의 주민들은 '보릿고개', '쌀고개'로 불리는 굶주림에 시달리는 생활을 하고 있었다. 이와 같은 사회경제적 상황 속에서 일반 국민들은 절대적 빈곤뿐만 아니라 소수의 관료와 자본가들이 원조에 기생하여 현저히 부를 과시하고 있는 것에 대한 상대적 빈곤도 느끼게 되었다.

국사편찬위원회가 1988년에 정리해놓은 보고서의 한 대목이다.[59] 국민의 먹거리를 해결하는 과제에서 이승만 정부가 실패했다는 것을 보여준다. 최소 두 가지 문제가 있었다. 과도한 국방비가 그중 하나다. 정부 예산 중 국방비가 차지하는 비중은 1957년부터 1962년까지 평균 30.6%였다. 복지·교육·노동과 같은 사회개발 예산은 20.9%, 또 경제개발 비중은 27%에 불과했다. 1960년 민주당 정부에서 재무부 장관을 역임했던 김영선이 "현재와 같은 거대한 국방비 부담을 계속하면서 경제건설을 꾀한다는 것은 거의 불가능할 것이라 함은 국민의 상식이다"라고 말할 정도였다.

미국의 지원이 충분하지 않았다는 게 또 하나의 이유다. 박태균의 논문 「한국전쟁 이후 이승만 정부의 경제부흥전략」(2007)에 자세한 설명이 나온다. 1956년 '경제부흥 5개년 계획'의 실패에 관한 얘기다. 정부가 필요했던 재원은 모두 23억 달러 정도였다. 그중 10억 달러를 발전설비, 교통통신, 주택, 관개와 도로 등 사회간접자본과 제조업, 철강산업과 선박공업에 투자하기로 했다. 미국 관리들은 이 계획을 "통합된 전략이라기보다는 많은 구매리스트를 보여주는 것"이라고 혹평했다. 경제원조 규모도 문제였는데, 가장 많았던 1957년 기준으로 3억8290만 달러에 불과했다. 그나마 1958년부터 원조는 줄어들기 시작했고, 1959년에는 정점과 비교했을 때 60%에도 못 미치는 2억2220만 달러만 지원됐다. 제대로 집행도 못 해본 채 결국 흐지부지되고 말았다. 자립경제 확립을 목표로 1959년 12월에 다시 조정해 발표한 '경제개발 3개년 계획'의 운명도 다르지 않았다.

한국 정부의 실망은 컸다. 대통령 이승만은 1960년 초 연설을 통해 "미국 정부에 보낸 한국의 개발계획에 있어서 가장 큰 장애물은 바로 자본의 부족입니다. 안타깝게도 작년에 미국의 원조기금이 축소됨으로 인해 실질적으로 우리 경제의 생산부문에서 사용할 수 있는 기금이 줄어들었습니다. 따라서 이로 인해 우리의 기본적인 산업화의 발전 속도가 주춤했습니다"라고 말했다. 미국의 역할은 극심한 빈곤이나 불안으로 공산화가 되지 않도록 하는 '구명보트' 역할이었다는 걸 잘 보여준다.

미국도 이 사실을 모르지 않았다. 1957년 1월 14일에 보고된 NSC5702에는 "한국은 미국의 경제지원을 군사적 목적을 위해 탕진하고 있다. (…) 수입의 과다로 과도한 소비가 조장되고 있다. (…) 앞으로 미국이 한국에 대한 경제 지원을 하지 않는다면 한국은 화폐를 증발할 것이고, 증발된 화폐는 한국군 유지와 경제 투자 가운데 군 유지에 사용될 것이다. 이는 경제투자의 위축을 가져오게 될 것이다"라는 내용이 담겨 있다.[60] 미국의 목표가 "5~7개년 정도의 계획하에 큰 자본이 투여되는 규모, 그리고 산업, 농업, 커뮤니케이션 등의 다양한 영역에서 개발이 이루어지는" '높은 수준의 근대화'가 아니라 농업, 보건위생, 기초교육 등에 초점을 맞추는 '낮은 수준의 근대화'였다고 말하는 이유다.[61]

　물론 미국의 정책 목표는 박정희 군사정부가 들어선 이후 경제자립을 지원하는 쪽으로 달라졌다. 1965년에는 개발차관 1억 5000만 달러 제공에 합의했고 미국 시장에 대한 한국의 수출을 지원했다. 1966년에는 미국의 바텔연구소Battelle Memorial Institution의 기술자문으로 한국과학기술원KIST도 들어섰다. 오늘날 한국이 핸드폰·TV·자동차 등에서 세계적인 경쟁력을 갖추는 데 많은 도움을 줬다. 한국이 1967년 관세와 무역에 관한 일반협정인 '가트GATT'에 가입할 수 있도록 도운 것도 미국이다. 미국의 도움이 없었다면 '한강의 기적'은 없었을 것이라고 믿는 건 이런 배경에서다. 단, 반대급부가 있었다는 게 놓쳐서는 안 될 지점이다.

　특히 주목해야 할 사건은 베트남전쟁이다. 많은 국민이 목숨을 바쳤으며 불법 침략에 힘을 보탰다. 1966년 3월 4일에 작성한 「브라운 각서Brown Memorandum」에 그 내막이 잘 적혀 있다. 당시 주미 대사였던 윈스럽 브라운Winthrop Brown이 한국의 이동원 외무부 장관에게 보냈다. "월남에 대한 전투부대 제공"에 대한 보상으로 "한국방위와 경제적 발전이 더욱 증진되기 위한" 조처를 할 용의가 있다고 밝혔다. 원조 내용에는 "한국군의 현대화 계획을 위하여 상당량의 장비를 제공"한다는 것, "최소한 2개 사단병력이 월남에 주둔하는 동안에는 군사원조 중단 조치를 하지 않을 것"과 또 "수출을 진흥시키기 위한 모든 분야에서 한국에 대한 기술 원조를 강화한다" 등이 포함됐다.• 한국은 1964년부터 10년간 31만 명의 군대를 파견했다. 대략 5000 명이 죽었고, 부상자는 2만 명, 고엽제 환자도 5000명이 넘는다.[62]

덕분에 한국은 수출 주력 상품으로 성장하는 중화학공업에 필요한 종잣돈과 기술을 얻었다. 하지만 공짜가 아니라 핏값이었다는 사실은 변하지 않는다. 우리에게 아무런 해코지도 하지 않은 베트남 민중을 학살했다.•• 불법 전쟁에 초대받은 덕분에 뒷돈을

• 1992년 한국과 베트남은 공식 외교관계를 맺는다. 전쟁 참여와 관련해 베트남 정부는 굳이 사과를 요구하지 않았다. 그러나 김대중, 노무현, 문재인 대통령 등은 사과의 발언을 했다. 한 예로, 김대중 대통령은 2001년 "불행한 전쟁에 참여해 본의 아니게 베트남인에게 고통을 준 데 대해 미안하게 생각한다"라고 밝힌 바 있다.

•• 전쟁 때 한국 군인이 민간인을 무고하게 학살했다는 증거는 넘쳐난다. 법원은 2023년 2월 7일, 베트남인 응우옌티탄이 한국 정부를 상대로 낸 손해배상소송에서 원고의 손을 들어줬다. 청룡부대가 17개 마을에서 103명의 민간인을 학살한 사건이다.

받았다. 용병이었다고 손가락질을 받아도 할 말이 없다. 박태균 교수가 "남의 나라 전쟁터에서 한국의 젊은이들, 그리고 그 나라 민간인들의 피를 보면서 번 돈이 과연 얼마나 떳떳한 돈이 될까? 미래의 세대들이 베트남 전쟁터에서 벌어온 돈으로 한국이 이렇게 발전했다고 한다면 자랑스러워할까?"라고 묻는 이유다.[63] 무슨 소리냐고, 그때가 찬밥 더운밥 가릴 때였냐고 따진다면 할 말은 없다. 미국도 일이 이렇게 커질 줄 몰랐고 '누이 좋고 매부 좋은' 거래였다고 보는 사람도 있다.

문제는 더 있다. 믿었던 부모가 자녀의 사고방식을 교묘하게 조작했을 가능성이다. 좋게 말하면 홍보지만 나쁘게 보면 세뇌다.

세뇌

국제사회를 대상으로 한 홍보 분야에서 미국의 적수는 별로 없다. 역사가 깊다. 제1차세계대전이 출발점이다. 1917년 4월 13일, 우드로 윌슨 대통령이 "모든 전쟁을 끝내기 위한 전쟁"을 선언한 이튿날 공공정보위원회Committee of Public Information가 문을 연다. 언론인 출신으로 선거 캠프에서 일했던 조지 크릴George Creel의 제안이었다. 반전 여론을 무조건 억압하는 대신 '옹호'하는 의견을 적극적으로 생산해 '사상의 자유경쟁'에서 이겨야 한다는 게 그의 생각이었다.

공략 지점은 크게 두 곳이다. 한쪽은 국민의 애국심을 북돋는 일이다. "만약 당신이 애국자라면 전쟁을 지지해야 하고, 전쟁 채권을 사야 하고, 유럽의 전쟁에 무관심해서는 안 된다"라는 메시지였다. 다른 쪽은 전쟁 반대 목소리를 감시하고 이를 반박하는 내용이다. 국민 개개인을 공략 대상으로 몇 번씩 반복해서 메시지를 전달했다. 모든 채널이 동원된다. 신문·잡지·유인물·영화는 기본이다. 특히 성공적이었던 건 '4분 연설Four Minute Men'이라는 프로그램이다. 18개월 동안 7만5000명의 민간 자원봉사자들이 공공정보위원회가 배정한 주제를 교회·행사장 등 정부가 접근할 수 있는 모든 공공장소에 나가 연설하게 했다. 인류 역사에서 가장 성공적인 홍보였다고 평가될 만큼 효과가 컸다. 당시의 경험치는 제2차세계대전에서 더욱 빛난다.

경험치

1941년 7월 30일, 대통령 명령으로 '미주협력국Office of the Coordinator of Inter-American Affairs'이 출범한다. 전쟁을 반대하거나 미국에 대해 부정적으로 묘사하는 정보는 차단하는 한편, 독일과 이탈리아를 악마로 만드는 게 목표였다. 크릴의 위원회에서 효과가 검증되었던 온갖 수단의 채널이 동원됐다. 예산과 인력도 부족하지 않았다. 무려 3800만 달러의 예산이 배정되었고 직원만 1500명이 넘었다. 전쟁이 진행되면서 정부-민간-군대라는 구분이 사라졌다. 미국과 연합국의 승리를 위해 모두가 힘을 합쳐야 한다는 공감대가 형성된 덕분이다. 국내 역량을 하나로 모으고 적을 공략한다는 목표가 명확한 심리전이 시작된다. 작전상황실 역할을 하는 조직이 만들어졌다. 장차 CIA로 발전하게 되는 전략기획국OSS이 1942년 6월 13일 탄생한다. 전쟁에서 승리하는 게 목표라 합동참모본부의 통제를 받았다. 적에 대한 정보를 수집하는 일, 파괴공작sabotage, 특수군사작전Special Operations과 무기 개발 등 다양한 분과를 뒀다. 국제사회를 대상으로 한 설득 작업은 '전쟁사기관리부Morale Operations Branch'와 '기밀서류검열부Censorship and Documents Branch'가 맡았다.

가장 효과적인 수단은 영화였다. 대중이 설득당한다는 의심 없이 단순한 오락물로 소비할 때 효과가 크다는 점이 고려된 전략이다. 소련의 최고 실력자 스탈린도 "미국 영화라는 매체를 통제할 수 있었다면 세계를 공산화하는 데 다른 게 필요치 않았을 것"이라고 말할 정도였다.[64] 민간을 대상으로 한 프로파간다는 국무부의 전쟁정보국Office of War Information이 맡았다. 대표적인 매체가 1942년 출범한 VOA('미국의 소리' 방송)다. 1949년에는 '자유라디오유럽Radio Free Europe'이 활동을 시작한다. 전쟁이 끝나면서 이들이 실력 발휘할 기회가 줄었는데 그걸 뒤집은 게 한반도의 전쟁이다.

1948년 2000만 달러에 불과했던 예산은 1952년 1억1500만 달러로 늘었다. 거의 여섯 배 수준이다. 관련 조직도 만들었다. 1951년에는 '심리전략위원회PSB'가 발족한다. 소련의 영향권에 있는 동유럽을 비롯해 서유럽·아시아·중동을 겨냥한 은밀한 파괴공작과 프로파간다 관련 활동을 조율하기 위한 조직이다. 위원에는 국무부 차관보, 국방부 차관, CIA 국장과 여타 부처의 책임자 등이 포함된다.

전쟁이 교착 상태에 빠졌던 1952년 대통령선거에서도 심리전은 뜨거운 감자였다. 공화당 후보 아이젠하워가 앞장섰다. 1941년 아프리카와 1944년 노르망디 상륙작전에서 심리전을 직접 지휘했던 경험을 지닌 인물이었다. 합동참모본부 사령관으로 있었던 1945년부터 1948년까지는 전쟁 중 두드러진 활약상을 보였던 군 내부의 정보 자산을 어떻게든 보존하고자 했다. 1950년에 맡았던 NATO 사령관 경험에서도 영향을 받았다. 동맹에 속한 유럽 국가에서 공산주의 프로파간다가 확산하는 것을 목격했고, 자유세계를 단결시키는 데 있어 얼마나 효과적인지도 잘 알았다.

"공산주의와 자유 진영의 투쟁은 아이디어 싸움이다." "미국은 활용 가능한 모든 심리전 자원을 충분히 발전시켜야 한다." 1953년 대통령에 취임한 아이젠하워의 신념이었다.[65] 전쟁 때보다 평화로울 때 더 중요하다고 믿었다. 대외정책에 온전히 통합된 심리전 전략을 구축했다. PSB에 그의 최측근을 보내는 게 시작이었다. 찰스 잭슨Charles D. Jaskson이라는 인물이다. 전략기획국 경력을 갖고 있으면서 『타임-라이프』 잡지 본부장을 지냈다. 자유유럽위원회EFC 위원장도 지낸 인물로, 대선 때는 아이젠하워의 연설문 담당자였다. 그가 주도한 작업 중 하나가 '국제정보활동위원회Committee on International Information Activities'다. 미국이 진행했던 심리전 전반을 분석했고, 두 가지 정책을 제안했다. 그중 하나가 미공보처USIA의 탄생으로 이어졌다. 책정된 예산은 1년에 20억 달러다. 전달하고자 하는 메시지도 뚜렷했다.

메시지의 핵심은 크게 4가지 정도다. 미군은 파괴자가 아니라

보호자면서 후원자라는 게 첫번째다. '인본주의적 군대Humanitarian Military'로 압축된다. 국제사회에 대한 미국의 개입은 선의에 의한 것으로 미국은 다른 제국과 근본적으로 다르다는 게 두번째다. '미국 예외주의America Exceptionalism'다. 종교가 개입하는 영역이 세번째다. 공산주의라는 악마의 희생자가 된 한국을 돕는 건 하나님이 미국인에게 준 신성한 의무라는 의식이다. '미국 개신교주의 American Christianity'로 불린다. 한국은 뒤처지고 문명이 제대로 발전하지 못한 사회로 미국의 도움을 통해서만 정상적인 국가로 회복할 수 있다는 게 마지막 네번째다. 동양에 대한 차별을 당연하게 받아들이면서 서구 문명을 통해 이들을 계몽해야 한다는 인종주의다.[66] 결과만 놓고 봤을 때 미국의 이런 목표는 모두 달성됐다. 한국에서 미국은 구세주가 됐다. 직접 목격한 미국의 행동이 그렇게 보였고 영화·잡지·신문을 통해서도 확인할 수 있었다.

부모의 탄생

"민주주의와 자유의 수호자" "서구 문명과 민주주의 수호자" 미국이 재현되는 방식이다. 반대편에는 북한과 중국이 있다. "문명을 파괴하려는 야만인" "이성과 윤리가 없는 이방인" "광신적이고 무자비한 집단" 등이다. 영화를 통해 반복해서 전달됐다. 그런 예들 중 하나는 1951년에 나온 〈철모Steel Helmet〉라는 작품이다. 잭이라는 이름의 하사가 한국의 전쟁고아에게 도움을 받고 포위망을 뚫고 탈출한다는 내용. 함께 포로가 된 동료들은 북한군에 의해 대량으로 학살됐다. 〈대나무 감옥Bamboo Prison〉(1954)이라는 영화도 있다. 포로수용소에서 진행된 세뇌 작업을 폭로했다. 1959년의 〈세뇌당한 허수아비Manchurian Candidate〉란 영화로도 나왔다. 그 밖에도 북한 군대가 집중해서 방어하고 있던 다리를 공격하는 해군 파일럿의 얘기를 담은 〈도코리의 다리Bridges at Toko-Ri〉(1954)와 〈타깃 제로Target Zero〉〈포로Prisoner of War〉〈배틀 서커스Battle Circus〉〈맥코넬 스토리The McConnell Story〉 등이 있다. 미군의 선행과 미담은 『뉴욕타임스』와 『워싱턴포스트』와 같은 신문,『라이프』『타임』『내셔널지오그래피』와 같은 잡지·라디오·영화 등을 통해서도 알려졌다.

「미군 병사와 한국의 어린이The GI and the Kids of Korea」, 월간 『내셔널지오그래픽』이 1953년 5월호에 게재했다. 해병대 기술병과 하사였던 로버트 모시에르Robert Mosier의 글이다. 15세 된 한국인 고아 김Kim을 입양한 얘기로 시작한다. 그의 부모를 찾아 함께 홍천으로 여행한 추억, 한국 민간인이 말하는, 의기소침하고 음식을 구걸하는 중공군의 모습, 휴전선 근처인 강릉에서 한 무리의 고아를 비행기로 데려온 '작전명 아동 구하기Operation Kid-lift' 등의 내용도 소개한다. 한반도 남쪽에 있는 작은 섬에서 남자아이 130명과 여자아이 30명이 운영한다는 '친우도Island of True Friends' 얘기도 전한다. UN 산하 시민지원단 소속 존 킬리John Keele 중령이 민주주의를 훈련하기 위해 설립한 모임이다. 미국 시민이 조금씩 도운다면 한국에 정말 큰 도움이 될 것이며, 한국인은 이 은혜를 쉽게 잊지 않을 것이라는 의견으로 이 글은 마무리된다. 전투함 로스앤젤레스호에 전달된 "전쟁으로 많은 불쌍한 아이들이 부모와 헤어져 차가운 밤거리를 헤매고 있습니다. 우리 보육원은 다행스럽게도 당신과 같은 친절한 미군을 만났습니다. 밤과 낮으로 당신의 친절에 감사하고 있습니다"라는 편지와 함께. 닮은꼴 보도가 쏟아진다.

「한국인을 돕는 현지 군인The G. I's give a hand to the Koreans」, 『뉴욕타임스』의 하워드 러스크Howard Rusk 기자가 1953년 10월 11일에 쓴 기사다. 전쟁으로 폐허가 된 한국을 위해 미군들이 무려 50만 달러에 달하는 성금을 모았고, 그 돈으로 병원·보육원·학교·교회를 짓고 있다는 얘기다. 제8군단 사령관 맥스웰 테일러Maxwell Taylor 장군이 휘하 장병들에게 한국의 재건과 재활을 위해 최선을 다하라고 당부했다는 내용도 있다. 한국인을 비하하던 '국gook'이라는 용어가 사라졌다는 것과, 한국은 이제 미군의 진정한 형제가 되었다는 설명도 나온다.• 현장을 잘 보여주는 〈사진9〉와 같은 장면들도 함께 실었다.

맨 왼쪽에 있는 사진의 제목은 〈친구Friends〉다. 현지 병사의 구호 활동에는 한국에 대한 존중과 애정이 잘 반영되어 있고, 한국

• 국(gook)이라는 호칭의 유래는 미국의 필리핀 식민지 시절로 거슬러 올라간다. 미군을 상대로 하는 필리핀 매춘 여성을 경멸하고 차별하는 말로 쓰였다. 전쟁을 거치면서 동남아 사람들 전반으로 확대됐고, 한국에서도 미군이 즐겨 사용했다.

〈사진9〉 미군의 구호 및 재건 활동은 언론을 통해 전세계로 전파되었는데, 미국 내의 여론 환기는 물론 한국민에게 '양부모' 같은 존재로서의 미국을 각인시켜 주었다. (NYT, 1953.10.11. 보도사진)

사람들은 여기에 깊이 감동했다는 설명이 보태졌다. 오른쪽 위에 있는 사진은 부대원이 낸 성금으로 완성된 의정부 성당이다. 그 아래에 있는 건 양주에서 짓고 있는 학교로 비용의 절반을 군인들이 부담했다는 내용이다.[67]

정부·군대·종교단체와 일반인이 한마음으로 한국을 도왔다. 미국의 지원은 1945년부터 1948년까지 이어진 군정 시기로 거슬러 올라간다. 점령지역 행정구호계획GARIOA과 점령지역 경제재건계획EROA을 통해서다. 한국을 도운 '어린이재단' '컴패션Compassion' '월드비전' 등 민간단체의 본부도 미국이다. 월드비전은 밥 피어스Bob Pierce 목사가 주도했고, 컴패션은 그와 함께 일했던 에버렛 스완슨 목사가 핵심이다. 1961년까지 전국에 108개의 고아원과 가정을 지원한 것으로 알려진다. 어린이재단은 미국 버지니아주

리치몬드 출신의 캘빗 클락Calvitt Clarke 목사가 세운 기독교아동복리회Christian Children's Fund의 지원으로 출발했다. 1955년 아동전문병원 부산보건원을 세운 단체다.[68] '평화를 위한 식량Peace for Food' 프로그램 역시 굶주린 한국인에게는 '만나'와 같은 존재였다.• 법적 근거는 1954년 미국의 아이젠하워 정부가 서명한 '농산물 교류 발전 및 지원법Agricultural Trade Development and Assistance Act'인데, '공공법안 480'으로 잘 알려져 있다. 미국에서 소비하고 남는 농산물을 해당 국가의 통화로 구매해 식량난을 도울 수 있도록 하는 게 목표였다. 그밖에, 유엔한국재건위원단UNKRA과 유엔민간원조사령부UNCACK 등과 같은 국제단체도 미국 정부의 예산과 군대의 지원을 받았다.[69] 그리고 이를 언론을 통해 전 세계에 알렸다.

미국의 여론이 먼저 움직였다. 마중물을 제공한 대표적인 인물이 밥 피어스 목사다. 미국 아이오아주 출신의 선교사였던 그가 한국으로 오게 된 계기는 중화인민공화국의 수립이다. 중국 선교가 막히면서 한국으로 올 수밖에 없었고, 때마침 전쟁이 터지면서 이 운동에 뛰어들게 된다. 활동무대는 그가 1953년에 세운 '한국 월드비전'(당시는 한국선명회)이다. 한경직 목사는 초대 이사장을, 또 선교사 출신의 어윈 레이츠 목사는 초대 회장을 맡았다. 전쟁

• 이집트에서 탈출한 이스라엘 백성이 광야를 헤매는 40년 동안 하나님이 내려주신 것으로 알려진 식량이 만나(Manna)다. 일주일 중 일요일만 뺀 6일 동안 하늘에서 내렸다고 전해진다. 꿀과 젖이 흐르는 가나안 땅에 들어간 이후에는 그쳤다.

고아, 전쟁미망인, 한센병 환자, 장애아동 등을 돕고 아동결연사업을 시작했다. "당신의 입양을 소망하는 한국 고아가 있습니다" 혹은 "당신도 '존경하는 후원자'님이 될 수 있습니다. 당신의 도움을 받은 애들이 쓴 감동적인 편지와 그들의 기도 속에 당신의 이름이 등장하게 해주세요"라는 내용이 적힌 홍보물을 전달했다. 전쟁고아를 찍은 사진과 〈안식년의 사자〉 〈38선〉 〈화염〉 〈휴가병의 죽음〉 등의 기록영화도 제작했다.

국내에서 이 역할은 교회에서 발행하는 잡지가 맡았다. 대한예수교장로회의 『기독공보』, 장로교 면려청년회의에서 발행하는 『기독청년』, 성결교 활천사의 『활천』, 감리교회의 『감리회보』 『기독교교육연구』와 『감리교생활』, 그리고 대한성서공회의 『성서한국』 등이다. 미국은 "철저한 기독교 신앙을 바탕으로 공산주의에 대항하는 자유 민주주의 수호자"면서 "전쟁에서 대한민국을 공산주의 침략으로부터 구출해주었을 뿐만 아니라 한국 재건에 지속적인 도움을 주는 고마운 존재"다. 미국의 선교사들은 "한국을 위해 평생을 바친 (⋯) 한국의 은인"이다. 평범한 미국 사람들도 "한국에 자비와 긍휼을 베푼 고마운 미국 기독교인" 혹은 "예배당 건축이나 교회 비품 기증, 고아 후원, 사회사업, 전도에 이르기까지 헌신적인 노력을 보여주는 천사"가 됐다.[70]

이는 미국정보국United States Information Service이 1962년 6월 발표한 여론조사 결과를 통해 객관적으로 확인됐다. 미국을 좋게 생각하는 비중은 72%였고, 소련에 대한 적대감은 64%였다.[71] 놀라운

변화다. 해방 직후 조사에서는 사회주의에 대한 호감도가 70%를 넘었다는 걸 감안하면, 전쟁을 직접 겪고 반공교육을 받았다고 해도 당연한 결과는 아니다. 한 인간을 설득하는 것도 힘든데 대한민국이 집단으로 돌아섰으니 말이다. 집단정체성이 바뀌지 않고서는 불가능한 일이다. 그게 간단한 작업으로 가능한 일이 아니다.

정체성을 구성하는 요소로 나눠보자면, 우선 집단은 공통의 인식 체계를 갖고 있다. 그건 집단이 장기간에 걸쳐 생존하는 과정에서 얻어진 정보를 체계적으로 정리한 참고문헌 덩어리라고 보면 된다. 과학, 경제, 군사, 통치 지식 등이 모두 여기에 포함된다. 집단정서라는 것도 있다. 특정한 지역에서 공동체를 구성해 생존하는 동안 공유하게 되는 감정이다. 우월감, 열등감, 트라우마, 수치심, 분노, 애국심 같은 것으로 나타나는데 월드컵이나 올림픽 등 스포츠에서 잘 드러난다. 집단기억이 정체성에서 차지하는 비중 역시 무시할 수 없다. 각자 좋거나 싫은, 아프거나 즐거운 추억을 갖고 사는 것처럼 집단도 그렇다. 예컨대 국경일·기념일·독립기념관·전쟁박물관·국립묘지 등을 통해 관리된다. 정부·언론·종교단체 등이 함께 나서 특정한 사건과 인물에 의미를 덧붙인다. 누가 영웅이고 악당인지, 누가 친구고 적인지, 누가 은혜를 베풀었고 누가 배신자인지 등이 이 과정에서 강화되거나 수정된다.

그밖에 규범과 신념도 있다. 옳고 그름에 대한 도덕적 판단의 기준이 되는 게 규범이다. 동화책·교과서·미디어·전시관·동상 등 일상의 채널로 만난다. 영화나 드라마에서 주인공과 악당이 대비

된다는 점과 이 과정에서 성실함, 정의로움, 공정함, 책임감 등의 가치가 전파되는 것을 생각하면 된다. '남을 괴롭히면 죽어서 지옥에 간다' 혹은 '평소 선행을 베풀어야 구원을 받는다' 등은 믿음의 영역이다. 교회, 절, 사당, 민간신앙 등과 관련이 깊다. 고된 순례자의 길을 떠나거나, 막대한 돈을 교회나 절에 기부하거나 혹은 신앙을 위해 가족이나 직장도 희생하는 등의 행위가 여기에 속한다. 논리나 상식과 구분되는 별도의 영역이다.

이런 게 집단정체성일진대, 그렇다면 한국의 집단정체성에 도대체 무슨 일이 일어난 걸까? 전쟁을 겪고 극한 상황에서 생존하기 위해 한국인 스스로 각성한 결과일까? 그게 아니면 미국의 간섭을 받았을까? 만약 그렇다면 그렇게 보는 근거는 뭘까?

제3장

반공
십자군

아름다운 이 강산을 지키는 우리

사나이 기백으로 오늘을 산다

포탄의 불바다를 무릅쓰면서

고향 땅 부모형제

평화를 위해

전우여 내 나라는

내가 지킨다

멸공의 횃불 아래 목숨을 건다

서정모 작사, 〈멸공의 횃불〉 중에서

입양
프로젝트

역지사지易地思之. 다른 사람의 처지에서 생각한다는 뜻이다. 미국은 한국을 어떻게 바라보고 있었을까에 대한 질문이다. 전쟁을 치르면서 미국은 무슨 고민을 했을까? 지금껏 단 한 번도 전쟁에서 패배한 적이 없었던 국가다. 경제력과 군사력에서 경쟁자가 없었고, 그래서 한국의 전쟁도 그렇게 깊이 생각하지 않았을 가능성이 있다. 불과 1년 전까지 내전을 벌였던 중국이 국가의 운명을 걸고 참전할 걸 예상하지 못했다. 제3차세계대전으로 갈 상황도 아니었다. 명분도 없었고 그럴 여건도 아니었다. 전쟁광이 아닌 바에야 수백만 명이 죽은 전쟁이 끝난 지 10년도 되지 않아 그런 무리수를 둘 리도 없었다.

그런 예상과 달리 교착 상태에 빠진 전쟁에 미국 유권자들은 지쳐갔다. 승리는 멀어지고 사망자와 부상자가 늘어나는 것도 싫었다. 전쟁으로 물가는 오르고 세금도 더 내야 했다. 민주당이 아닌 공화당 출신의 아이젠하워가 당선될 수 있었던 배경이다. 명예로운 철수! 1953년에 대통령이 된 아이젠하워가 내건 공약이었다. 이승만 대통령이 집요하게 반대했지만 7월 27일 마침내 적대행위 종결에 합의했다. 전쟁의 기회비용은 미국으로서도 절대로 적지 않았다. 전쟁 첫해였던 1950년 국방비는 GDP의 5.08%인 1490억 2700만 달러였다. 1953년에는 5151억으로 늘었다. GDP의 13.58%에 해당했다. 인명피해도 상당한 수준이었다. 모두 180만 명이 참전해 3만6576명이 전투 중 사망한 후였다. 풀지 못한 숙제가 너무 많았다.

자유와 번영을 주겠다고 개입했는데 남은 건 폐허다. 그렇다고 그냥 철수하는 건 답이 아니다. 미국이 베트남에서 일방적으로 철수했을 때 무슨 일이 생겼는지 기억하면 된다. 불과 2년이 채 안 된 1975년 남베트남 정부의 붕괴 말이다. 남한에 미군을 잔류시키고, 국군을 현대화하고, 군사원조를 늘려 북한에 흡수되는 상황은 막았다. 전쟁 후 혼란을 최소화할 수 있도록 경제지원도 늘렸다. 극심한 빈곤으로 폭동이 일어나지 않도록 하는 게 목표였다. 공산화를 막기 위해 유럽의 경제부흥을 지원했던 경험이 도움이 됐다.

문제는 잿더미에서 장미가 하루아침에 피어날 수 없다는 것. 당시만 해도 민주주의와 경제적 번영이라는 장미는 계산에 없었다고 봐야 한다. 특히 한국전에서 유엔의 결의안과 달리 38선을 넘어선 이후에는 공산 진영으로부터 '양키 제국주의Yankee Imperialism'라는 비판에 시달렸다. 명분을 뭐라고 내세웠든 남의 땅에서 전쟁하고 자신의 입맛에 맞는 정권을 세우려고 했다는 건 틀린 말이 아니었다. 정의로운 전쟁이라는 것과, 냉전의 첫 희생양이 된 한국을 외면하지 않겠다는 것, 더 나아가 한국의 선택이 틀리지 않았다는 걸 보여줄 필요가 있었다. 한국을 어찌할까? 자유와 민주주의 수호자라는 명성을 지키면서, 미국이 제시하는 모델이 옳다는 것과 미국 편에 서는 게 더 좋은 선택이라고 믿도록 하는 방법은 뭘까? 민족주의에 뿌리를 둔 주권의 원칙을 훼손하지 않으면서 훈육하고 간섭할 수 있는 길은 없을까? 여기서 미국이 찾아낸 파격이 '입양' 프로젝트다.

공개적으로 무한 책임을 선포한 것과 닮았다. 한국에 파병되었던 일부 군인이 앞장서고 종교적 열정에 불탔던 시민사회가 동참했다. 미국은 그전에도 그 후에도 이런 관계를 맺은 적이 없다. 전쟁고아 10만 명 정도가 미국 가정에 입양되었다는 건 비유적 표현으로 미국이 한국의 부모가 되었다는 말이다. 부모와 자식 관계가 되면 전혀 다른 게임이 된다. 페이트 수진Pate Soojin이 2010년 미네소타대학에 제출한 박사논문 「한국 입양의 족보: 미국 제국, 군사화, 그리고 황색 욕망Genealogies of Korean adoption: American empire, militarization, and yellow desire」에 나온다. 전쟁 직후와 그 이후에 이루어진 한국인 입양은 전쟁의 부산물이 아니라 미국의 신-식민주의라는 관점이다. 인간의 얼굴을 한 군사주의를 은폐하기 위한 작업이 시작되었다는 점과, 이를 통해 "미국은 다른 제국과 다르다는 것" 그리고 "냉전의 수호자로서 해외 팽창을 정당화시켰다는 점"을 지적했다.

최초의 전쟁고아 입양은 1955년에 시작된다. 해리 홀트Harry Holt가 주인공이다. 그의 운명을 바꾼 장소는 오리건주 유진Eugene의 한 고등학교 강당이었다. 전쟁으로 남편을 잃은 과부와 고아에 관한 다큐멘터리 영화를 봤다. 흑인과 한국인 사이에서 태어난 혼혈 고아가 특히 그의 눈길을 사로잡았다. 순수혈통을 중요하게 생각하는 한국에서 그들이 맞이할 운명은 너무 가혹했다. 단순한 후원자를 넘어선 뭔가를 해야 할 결심을 하게 된다. 독실한 개신교 신자로서 성경의 무오류성을 믿었던 그들 부부는 이사야 43장 5절부터 7절에 눈이 갔다. "두려워하지 말라. 내가 너와 함께 하여 네 자손을 동쪽에서부터 오게 하며 서쪽에서부터 너를 모을 것이며, 내가 북쪽에게 이르기를 내놓으라. 남쪽에게 이르기를 가두어 두지 말라. 내 아들들을 먼 곳에서 이끌며 내 딸들을 땅 끝에서 오게 하며, 내 이름으로 불려지는 모든 자 곧 내가 내 영광을 위하여 창조한 자를 오게 하라. 그를 내가 지었고 그를 내가 만들었느니라"는 구절이다.[72]

미국 흑인 병사와 한국인 사이에서 태어난 고아 12명이 홀트 부부와 다른 가족의 품에 안겼다. 1953년에 제정된 '난민구제법안Refusee Relief Act'의 도움을 받았다. 원래는 동유럽 공산권 국가에서 탈출한 망명자와 피해자를 지원하기 위한 법이었는데, 대상을 한국으로 넓히고 고아도 난민으로 확대한 덕분에 가능했다. 1956년에는 홀트입양프로그램Holt Adoption Program이 탄생했다. 전쟁고아 문제를 미국 사회 전반으로 확산한 계기는 영화 〈전송가Battle Hymm〉였다. 전직 목사면서 공군 중령으로 참전한 딘 헤스Dean Hess의 자서전을 영화로 만들었다. 1950년 12월, 서울에 있던 약 1000명의 전쟁고아를 비행기에 태워 제주도로 대피시켰던 인물이다. 한국을 구원하는 미국이라는 이미지에 잘 어울리는 영화였다. 미국 예외주의와 애국주의라는 대중 정서를 성공적으로 파고들었다. 한국을 바라보는 시각은, 동양을 백인의 도움을 받아야 하는 열등한 인종으로 보는 오리엔탈리즘에 가까웠다. 영화에서 한국 병사들은 무능하면서 미국의 지시를 기다리는 수동적인 존재였고 노인·부녀자·고아들은 미국이라는 목동의 손길이 필요한 불쌍한 어린 양이었다.

신新식민지

정확한 자료는 없지만 1953년부터 1983년까지 미국에 입양된 아이의 숫자는 대략 10만 명이 넘는 것으로 알려진다. 그중 상당수는 1950년대 후반에 미국으로 건너온 한국의 전쟁고아였다. 입양에 유리한 조건도 많았다.

그중의 하나는 무엇보다 한국이 자신의 집단정체성을 '황국신민'으로 바꾼 경험이다. 동화정책을 통해 일본 천황을 우러러 받드는 민족성이 탄생했다. 그런 존재를 굴복시킨 게 미국이다. 따라서 지배자의 지배자에게 복종하는 것이라 저항감도 없다. 미국도 편하다. 영향력을 유지하기 위해 식민지의 자치권을 늘리고 간접통치 방식으로 바꾼 것만 지켜주면 된다. 전쟁을 같이해도 될 만큼 믿음직한 동맹이라는 건 베트남전쟁 때 확실히 증명했다.

민주주의를 한 번도 경험하지 못한 채 독립을 했다는 게 두번째다. 무슨 글이나 그림을 그려 넣어도 되는 '백지' 상태였다는 의미다. 특정한 정치시스템을 이식하기 좋은 상황이다. "정당과 사회단체들은 저마다 민주주의 강좌를 열었고, 언론은 다투어 민주주의를 다뤘다. 1947년에는 전국 중고등학교 학생을 대상으로 한 민주주의 포스터 대회가 열리기도 했다." 김정인의 「해방 전후 민주주의'들'의 변주」(2013)라는 논문에 나오는 얘기다. 민주주의 국가를 세워야 한다는 공감대는 확고했지만, 각론에서는 달랐다. 인민민주주의와 부르주아민주주의, 진보적 민주주의와 사회민주주의 등이 부딪혔다. 민주화의 대상을 정치가 아닌 경제로 확대해야 한다는 것도 충돌 지점이었다.

특히 문제가 되는 게 국유화와 토지개혁이다. 진정한 민주주의의 조건은 "자유경쟁을 철폐하여 부의 독점을 방지하고, 경제생활의 균등한 발전을 도모하고, 교육의 균등화를 실시해야 한다"라는 주장이다. 미국과 영국의 민주주의에 관한 비판은 '부르주아민주주의'로 요약된다. "노동 계급을 비롯한 근로 인민 대중의 자주성을 억누르고 지주, 자본가들에게 온갖 자유와 권리를 보장해 주는 독재"로 봤다.[73] 좌파가 주장하는 인민민주주의와, 우파가 주장하는 자유민주주의 중 하나를 선택하기보다는 "좌도 우도 아닌 민족 통합과 사회 통합을 중심으로 하는 중도"를 내세운 '신민주주의' 논의도 있었다.[74] 한편으로는 미군정의 정책에 따라, 다른 한편으로는 단독정부가 수립되면서 논의 자체가 사라졌다. 전쟁 이후 남은 건 자본가 계급에 절대적으로 유리할 수밖에 없는 '정치적' 자유를 중심으로 한 민주주의였다.

절박함이 그 세번째다. 전쟁으로 모든 것을 잃었다. 국경을 접하고 있는 소련과 중국에 맞서 싸웠다. 자유세계에 편입된 상태라 중립국이나 공산권과는 그 어떤 교류나 무역, 도움도 요청할 수 없는 상황이었다. 미국이 유일한 희망이었다. 양자의 관계 형성에는 도움이 된다. 부모에게서 독립하기 전까지는 싫든 좋든 운명공동체가 되어야 하고 의존관계를 유지해야 한다. 뭔가 잘못하면 자신의 의지와 무관하게 파양 당할 수 있다(즉 버림받는다)는 공포감이 높다. 최상훈 기자가 쓴 『뉴욕타임스』의 기사 「우크라이나 전쟁을 계기로 부활한 미국 핵우산에 대한 한국의 의혹In South Korea, Ukraine War Revives the Nuclear Question」(2022.4.6)에 나온다. "한국의 많은 사람은 언젠가 미국이 자신을 버릴지도 모른다는 두려움을 떨쳐버리지 못하고 있다"는 내용이다.

전투병으로 키울 수 있다는 게 네번째 장점이다. 부모는 자식이 어떤 사람이 될 것인지에 대한 소망이 있다. 정치인·학자·법률가·사업가·군인 등 선택지는 많다. 미국이라는 부모는 한국이 어떻게 성장하길 원했을까? 적대 세력이 아닌 우리 편을 겨냥한 미공보처USIA의 전략 목표를 통해 짐작할 수 있다. "반공에 대한 동맹의 굳건한 의지를 다지는 것"과 "헌신적이며, 머뭇거리지 않고, 혼란스러워하지 않으면서, 의심하지 않고, 또 경계심을 늦추지 않는" 존재다. 달리 말하면, '반공 전사'다. 공산주의 세력과 목숨을 걸고 싸운 경험이 있어야 형성될 수 있는 정체성이다. 악마와 싸워본 사람은 모든 게 흑백으로 보인다. 중간지대는 없다. '내 편이 아니면 적'이라는 세계관이다. '빨갱이'라는 단어를 호명하면 곧바로 반응한다. 미국이 한국에 원했던 이런 정체성은 〈사진10〉을 통해서도 짐작할 수 있다. 위는 한국의 전쟁고아들이 군복을 입고 훈련받는 장면이다. 아래는 총을 선물로 받는 모습이다. 최적의 입양 조건으로 볼 수 있는 마지막 연결고리는 '개신교'다.

성전聖戰

전도사 빌리 그레이엄Billy Graham은 "공산주의는 악마 바로 그 자에 의해 영감이 주어지고, 지시되고, 동기부여 된다. 미국은 전환점에 서 있다. 우리는 죄익과 무신론자에게로 갈 것인가 아니면 오른쪽으로 방향을 잡고 십자가를 끌어안을 것인가"라고 말했다. 한국에서 전쟁고아 후원사업을 했던 피어슨 목사 역시 "공산주의는 하나님을 믿지 않기 때문에 우리의 예배할 자유를 위협하며, v 이지 않았을 가능성도 크다. 한국에 가서 길 잃은 어린 양을 데리고 오라는 성경 말씀에 감화받았다는 일화를 통해 알 수 있다. 손

〈사진10〉 미국이라는 부모는 한국이 어떻게 성장하길 원했을까? 바로 공산진영의 확장을 막는 최전선의 '반공 전사'다. (페이트 수진의 2010년 박사논문 「한국 입양의 족보」에 실려 있는 사진)

바닥이 마주쳐야 소리가 나는 것처럼, 미국의 이런 종교적 열정에 한국은 화답할 준비가 충분히 된 상태였다.

한국에 개신교의 씨앗을 뿌린 게 미국 선교사다. 특히 북장로회 출신이 다수였는데 '전 인류의 앵글로색슨화'가 목표였다. "인종적으로 동일시될 수 없는 미개한 종족이 포교를 통해 신성한 인종으로 가상적인 변모를 가능케 한다"는 확신을 가진 근본주의였다.[76] 평안도와 황해도를 중심으로 선교 활동을 폈다. 1811년 홍경래의 난에서 드러난 것처럼 중앙 정치에 대한 불신이 많았던 곳이 이 지역이다. 중국을 잇는 무역업으로 돈을 번 중산층이 많았고 근대 교육에 관한 관심도 높았다. 1898년을 기준으로 한국 장로교에 등록한 교인의 숫자는 7500명 정도였는데, 그 가운데 이 지역 출신은 5950명으로 79.3%나 됐다. 장로교와 감리교를 모두 합친 1932년 통계에서는 전체 교인 26만 명 중 약 10만 명에 달했다. 1910년 기준으로 전국 2200개의 사립학교 중 평안도에만 844개가 있었다. 이들 학교에서 자본주의와 기독교 사상을 배운 후에는 연희전문과 세브란스 의전 등으로 진학했다.

미국에서 공부한 인물도 많다. 연세대 총장과 교육부 장관을 지낸 백낙준은 캔자스에 있는 파크대학을 나왔고, 영락교회 담임목사 한경직은 프린스턴신학대 출신이다. 1925년 기준으로 확인 가능한 159명의 유학생 중 평안도 출신은 43%로 서울·경기(27%), 전라도(8%), 경상도(4.6%)보다 훨씬 많다. 해방 이후 남한 개신교 사회에서 주류가 된 배경이다.[77]

북한에 사회주의 정권이 들어서면서 평안도와 황해도 지역의 교인들이 대규모로 월남한 것과도 관계가 있다. 교회가 가진 재산을 몰수당했고 신앙을 부정당했다는 점에서 자연스럽게 반공주의자가 될 수밖에 없었다.

박정희 독재에 저항한 민주화 인사였던 함석헌 목사도 그중의한 명이다. "우리나라에 공산주의에 대한 방파제가 있다면 기독교를 내놓고 무엇이 더 강한 것이 있겠나? 아마 군대로는 차라리 못할지 몰라도 기독교로는 할 것이다. 그러므로 앞으로도 공산주의 침입을 막는 데는 첫째는 우선 빈부 권력 차이가 없는 평등 사회를 이루는 일이지만, 그 다음은 아무래도 기독교 정신을 철저히 보급시키는 일일 것이다"라고 말했다.[78] 한국의 정체성을 반공십자군으로 보는 관점은 공보처장을 지낸 갈홍기 목사의 연설에도 반영되어 있다. 이렇게 말했다.

오늘날 우리 한국은 공산진 타멸의 선봉국으로서 가장 중대한 위치에 처해 있는 것이다. 6·25 동란을 계기로 하여, 우리 국내에서 전개되어온 민주진 대 공산진의 투쟁은 비단 우리 한국 혼자의 운명만을 좌우하는 것일 뿐만 아니라 실로 양 진의 전체적 존망의 숙명적인 관건인 것이다. 그러므로 우리 한국은 자국의 운명과 아울러 민주진 전체의 삶을 양견에 걸머진 멸공 투쟁의 선봉으로서 혈투에 혈투를 거듭해온 것이다.

한경직 목사 또한 "묵시록을 보면 거기 큰 붉은 용이 있어서 그의 사자들과 같이 천사장 미가엘과 그의 사자들로 더불어 하늘에서 싸우다가 땅에 쫓겨 내려오고 또한 계속해서 땅 위에서 성도들과 싸운다는 이야기가 있습니다. 여기 붉은 용은 사탄을 의미합니다. 이 사탄은 때를 따라서 여러 가지 탈을 쓰고 하나님 나라를 적대합니다. 이 20세기에는 공산주의의 탈을 쓰고 나타난 것은 틀림없습니다"라고 설교했다. 그가 재직하던 영락교회을 배경으로 악명 높은 서북청년단이 탄생한다. 전쟁을 전후해 가장 잔혹하고 폭력적인 방법으로 공산주의와 싸운 조직이다. 황석영의 〈손님〉에 그들의 마음 세계를 보여주는 대목이 나온다. "우린 십자군이 됐다. 빨갱이들은 루시퍼의 새끼들이야. 사탄의 무리들이다. 나는 미가엘 천사와 한편이고. 놈들은 계시록의 짐승들이다. 지금이라두 우리 주께서 명하시면 나는 마귀들과 싸운다"라는 대목이다.

천주교도 크게 다르지 않았다. 대주교 노기남, 주교 최덕홍, 신부 신상조와 조인원 등은 북한에 대해 "사탄의 괴뢰집단, 악마의 붉은 괴뢰, 적색 레비아탄, 흡혈귀, 공산 악귀(共産惡鬼), 공산 마귀(魔鬼), 적귀(赤鬼)"라는 낙인을 찍었다. 교회 기관지였던 『천주교회보』에서도 "철저한 말살의 신념을 갖고 남보다 맹렬히 적을 공격하라" 또는 "그리스도와 반그리스도의 세력이 싸우는 이 마당에서 (…) 가톨릭 신자로서 전사(戰士)가 아닐 수 있는가"라고 주장했다.[79] 미국의 아이젠하워 대통령이 원했던 바로 그 반공 십자군의 모습이다.

개신교 반공 십자군CACC, Christian Anticommunism Crusade이 설립된 건 1953년이다. 초대 회장은 호주 출신의 프레드 슈왈츠Fred Schwarz 목사다. 본부는 호주 시드니와 캘리포니아 롱비치에 있다. 1960년 초에는 반공 투사로 전국적 명사가 됐다.[80] 반공주의와 작은 정부를 표방한 극우단체 '존버치소사이어티' 등의 후원을 받았다. 반공을 위해 온 국민이 하나님의 품 안에서 단결해야 한다는 점에서 빌리 그레이엄 목사도 합류했다. 대선 준비과정에서 그를 만난 아이젠하워 대통령을 통해 국가 차원의 프로젝트가 된다. 백악관에서 최초로 국가조찬기도회National Prayer Breakfast가 열렸던 1954년 모임을 진행했던 인물이 그레이엄 목사다. 〈사진11〉을 통해 두 사람이 얼마나 친근한 사이였는지 짐작할 수 있다.

정부의 공식 행사 때 항상 나오는 "나는 미합중국의 국기에 대해, 그리고 이것이 표상하는, 모든 사람을 위해 자유와 정의가 함께하고 신(神) 아래 갈라질 수 없는 하나의 국가인 공화국에 대해 충성을 맹세합니다"라는 '충성의 맹세Pledge of Allegiance'에 "신 아래Under God"를 넣었다. 공산주의와 맞서고 있는 심리전에서 승리하기 위해서는 종교의 도움이 필요하다는 것을 알았기 때문이다. 1940년 49%에 불과했던 교회 출석자 규모는 1960년 69%까지 올라갔다. 아이젠하워가 재임 중이었던 때 공교롭게도 광적인 반공주의 매카시즘과 복음주의 신앙이 만났다. 전쟁고아 문제가 국민적 관심사가 된 것도 이때다. "개신교 신앙 중심의 미국 우선주의"라는 'Christian Americanism'이 온전히 뿌리내린 때다.

〈사진11〉 아이젠하워 대통령(왼쪽)과 빌리 그레이엄 부흥목사(1957년, LIFE). 아이젠하워 대통령의 국가 프로젝트 가운데 하나는 '반공+개신교'로, 이는 '미국 우선주의'로 이어진다. 태극기 부대의 시위에서 '성조기'가 함께하게 된 뿌리가 여기 있을 것이다.

　입양이 끝은 아니었다. 제대로 된 아이로 길러내는 숙제가 남았다. 부모가 된다는 것, 정말 어려운 일이다. 무엇보다 고민해야 할 지점이 많다. 인간의 마음이 복잡하다는 게 그중 하나다. '천 길 물속은 알아도 한 길 사람 속은 모른다'는 속담이 있을 정도다. 자식 농사가 너무 어렵다는 게 또 다른 숙제다. 제 손으로 낳아도 자식 일은 모른다는 말이 그래서 나왔다. 막상 공을 들여 키웠는데 배신을 할 가능성도 없지 않다. '검은 머리 짐승은 거두는 게 아니다'는 속담이 말해준다. 인간이 원래 사악하다는 뜻이 아니라 약하기 때문이다. 감탄고토甘呑苦吐라는 말이 있는 것처럼, 달면 삼키고 쓰면 뱉을 수밖에 없는 게 인간의 본성이다. 쏟아진 물을 주워

담을 수는 없다. 미국이 원하는 국가로 만들면 되는 일이다.

그러기 위해 민족의 DNA를 파악하는 게 우선순위다. 공산화될 수 있는 위험요소를 없애는 것, 반공 투사라는 정체성에 맞는 준비를 시켜주는 것, 또 질서에 순응하는 기질을 가꾸는 것 등으로 요약할 수 있다. 양육에 필요한 울타리를 구축할 수 있는 정도의 경험치를 갖고 있었다는 건 기회였다. 제국주의를 가장 성공적으로 이끌었던 영국을 통해 배울 수 있는 게 많았다. 많은 시행착오를 거친 다음에야 얻은 지혜였다.

관찰
자료

제국이 직접 통치하는 건 장기적으로 봤을 때 손해다. 지배 받는 걸 좋아할 식민지는 없다. 간접통치가 등장하게 된 배경이다. 제국은 외교와 군사 정도만 장악하고 있으면 된다. 정치는 제국의 아바타에 해당하는 토착 엘리트에게 맡기는 게 좋다. 전통·문화·언어도 굳이 제국을 따라할 필요가 없다. 원주민 사회의 주체성을 훼손하지 않으면 통제받는다는 사실을 잊거나 덜 민감해진다. 일본이 1919년 3·1운동 이후 문화통치로 바꾼 걸 기억하면 된다.

절대 잊어서는 안 될 영역이 경제적·문화적·사회적 유착관계를 구축하는 작업이다. 국제정치학에서 '개입Engagement'으로 알려진 정책이다. 전쟁을 통해 독립한 미국을 상대로 영국이 폈던 정책이다. 로즈 장학금과 외교협회CFR 등을 통해 엘리트 간 공감대를 만드는 데 상당한 공을 들였다. 영어를 매개로 정계·문화계·언론계·학계 등 다양한 부류의 인물이 교류하도록 했고 각종 단체와 협회를 조직했다. 도로와 항만 등 인프라 구축에 자금을 빌려줬고, 석유·광물·다이아몬드 등 막대한 자본과 기술이 필요한 곳에는 공동투자를 했다. 영연방 전체를 대상으로 필요한 원재료를 수입하고 미국산 물품을 수출하도록 함으로써 '이익공동체'로 만들었다.[81] 필리핀을 식민지로 경영한 것도 돈으로 살 수 없는 경험이었다.

백인의 책무

백인종이 봤을 때 필리핀은 황색의 아시안이다. 한국과 같다. 독립을 시켜주기까지 대략 40년 정도가 걸렸어도 보람은 있었다. 일본이 1941년 필리핀을 침략했을 때는 미국과 함께 맞섰다. 전쟁에서 밀려 미국이 도망쳤던 1942년 이후에도 필리핀은 항일 무장투쟁을 계속했다. 전쟁이 끝난 1945년까지 48개 지역 중에서 일본이 장악했던 곳은 12개 정도였다. 한국도 이 정도의 시간이 주어지면 가능할 것으로 믿었을 가능성이 있다. 군부 독재를 끝내고 한국이 민주화를 달성한 해는 1987년이다. 우연의 일치지만 군정이 시작되었던 1945년을 기준으로 하면 40년 정도가 지난 시점이 된다. 역시 우연이라고 말할지 몰라도 필리핀을 다룰 때도 '미국은 아버지'라는 이미지를 빌렸다. 제국 스페인을 상대로 한 1898년의 전쟁에서 승리한 후 미국이 제국주의 길을 걷게 된 때

〈사진12〉 제국주의의 길을 걷게 된 미국의 식민지에 대한 문명화 정책에는 '미국은 아버지'라는 이미지가 녹아 있다.

다. 필리핀을 비롯해 푸에르토리코·괌·쿠바·하와이 등을 차례로 얻었다.

영웅 미국이 약자를 구원한다는 논리가 항상 동원된다. 멕시코와 전쟁하기 직전 텍사스는 "엉클 샘을 기다리는 하얀 피부색 처녀"였고, 쿠바는 "흑인 소년"이었다.[82] 〈사진12〉에서 왼쪽 〈필리핀의 첫 목욕〉이라는 제목의 사진은 대통령 윌리엄 맥킨리가 울고 있는 필리핀 아기를 목욕시키는 장면이다. 오른쪽 사진에서 매를 맞는 필리핀 사람은 미국에 맞서 독립전쟁을 벌였던 필리핀 제1공화국 초대 대통령 에밀리오 아기날도Emilio Aguinaldo일 가능성이 크다. 적군 스페인을 상대로 함께 싸울 때는 '필리핀의 조지 워싱턴'이라는 칭찬을 받았던 그는 1901년 포로가 된 후 망명자가 되어 남은 인생을 보냈다. 한국에 대한 신탁통치를 진지하게 고려했던 미국이 봤을 때 유용한 경험 자산이었다. 그렇다고 고민거리가 없지 않았다.

"눈 덮인 들판을 걸어갈 때, 함부로 어지러이 걷지 말라. 오늘 찍은 내 발자국, 뒷사람이 따라 밟고 가리니." 백범 김구가 아꼈던 문장이다. 평양에서 열리는 남북회담에 참석하기 위해 38선을 넘을 때도 혼자 속으로 되뇌었다고 알려진다. 미국이 서 있던 지점도 닮은 점이 있었다. 미국은 이제 지도자다. 언행일치가 없으면 국제사회의 존경을 못 얻는다. 권력을 남용하면 집단의 저항에 부닥치게 된다. 국제연합·IMF·세계은행·GATT 등의 국제기구를 만든 이유다. 마음대로 한다는 인식을 없애고 가능하면 다수의 합의를 통해서 국제 현안을 해결한다는 걸 보여주는 게 목표다. 압력을 넣어도 보이지 않아야 하고, 무엇보다 물리적 폭력은 최소한으로 드러내는 게 맞다. 〈사진12〉의 오른쪽에서 보듯이 아무렇게나 채찍을 들어도 되는 때는 지났다. 지금은 모두가 지켜본다. 그래서 등장한 게 은밀한 기밀(비밀) 작전Covert Operations이다. 쿠데타를 유도하거나, 불법으로 선거에 개입하거나, 일상적으로 심리전을 펴거나, 혹은 정치인과 언론인 등을 권력이나 돈으로 유혹하는 방법이다. 민족자결권을 보장한다고 공개적으로 약속한 것도 발목을 잡는다.

민주주의와 결합한 민족주의가 자리를 잡은 상태다. 민족적 자존감을 훼손하지 않으면서 질서에 협력하도록 만들어야 한다. 약소국의 권력집단이 굴욕감을 느끼지 않도록 하는 것도 필수다. 자칫하면 적의 진영으로 넘어갈 수 있다. 그게 아니더라도 제3지대를 선택할 가능성이 크다. 이는 1955년 반둥회의로 알려진 제1차 아시아-아프리카 회의를 통해 현실이 됐다. 미국과 소련 어느 편에도 가담하지 않겠다는 선언이었다. 돌다리도 두들겨 가며 건넌다는 신중함과, 높은 곳에 올라 멀리 바라본다는 등고망원登高望遠의 지혜가 모두 필요했다. 미국이 입양자 한국에 대한 정보를 모으게 된 까닭이다. 민족성을 구성하는 DNA를 파악함으로써 프로젝트를 잘해내겠다는 목표와 연결되어 있다. 모든 것을 알고 시작한 게 아니라 시행착오를 거치면서 꾸준히 관련 지식을 축적했다. 관련 정보를 수집하는 통로로는 크게 전쟁포로, CIA와 방첩대를 포괄하는 정보기관, 또 한국학Korean Studies 등 세 가지 정도가 알려져 있다.

민족 DNA

전쟁(1950년) 전만 하더라도 미국은 한국에 대해 잘 몰랐다. 친일부역자(특히 경찰)에 대한 여론이 좋지 않다는 것을 알았지만 그들의 통치 경험을 이용할 수밖에 없었다. 양육에 필요한 지식은 아니었다. 무슨 방법이 없을까? 전쟁 포로가 이 고민을 풀어줬다. 미국은 이 분야 최고 전문가였다. 장차 CIA로 진화하는 전략기획국에서 저명한 역사학자·심리학자·인류학자 등을 모아 '연구분석반'를 만든 게 1939년이다. 1950년대 이후 미국 학계를 대표하는 인물이 다수 포함되어 있다. 폴 바란Paul Baran, 알렉스 잉켈스Alex Inkeles, 헤르베르트 마르쿠제Herbert Marcuse, 배링턴 모어Barrington More, 폴 스위지Paul Sweezy 등이다. 1958년 『경제성장의 단계: 반공산당 선언』이라는 책을 낸 월트 로스토Walt Rostow도 있다. 미국이 주장하는 자유무역과 시장경제를 통해 전통사회에서 선진국으로 발전할 수 있다는 현대화 이론Modernization Theory을 담은 책이다.

뭘 했을까? 고상하고 지루한 사회과학 이론을 논의하기 위한 건 아니었다. 전쟁에서 이기는 데 필요한 기술적이면서 전략적 숙제를 해결해주는 게 목표였다. 적과 아군을 알기 위한 작업이 그중의 하나였다. 인터뷰, 설문조사, 참여관찰 등을 통해 미국 군인이 누구이며, 왜 군인이 되었고, 앞으로 계획은 무엇인지, 군대 내부의 문제는 뭔지 등을 파악했다.[83] 한국에 적용하는 건 어렵지 않았다. 무려 17만 명이 미군이 통제하는 수용소에 대기하고 있었다.

군학복합체Military-Intellectual Complex라는 말이 나올 정도로 다수의 사회과학자가 참가했다. 지휘본부는 인적자원연구소HRRI다. 공군 산하의 연구기관으로 1949년 설립된 곳이다. 본사는 맥스웰 공군대학 내에 있다. 협력기관은 컬럼비아대학의 응용사회연구소, 일리노이대학의 커뮤니케이션연구소, 하버드대학의 사회관계학과, 워싱턴대학 공공여론연구소 등이다. 특히 HRRI는 독일에

억류된 소련군 포로와 탈영병을 대상으로 연구한 경험이 있었다. "한국은 공산주의적인 군사통제와 우리의 심리전 작전의 효율성을 연구하기 위한 가장 적합한 실험장laboratory입니다. 우리는 수백만 톤의 삐라leaflet를 뿌렸고, 그것이 얼마나 효율적이었는지 알아야 합니다"라는 게 연구가 시작된 배경이다. 1950년 12월부터 1951년 1월까지 한국을 직접 방문해 진행했다. 연구 참가자 중에는 하버드대학 인류학과 교수 펠젤John C. Pelzel, 언론학자로 일리노이대에 재직 중이던 윌버 슈람Wilbur Schramm, 러커스대 교수로 심리전 전문가였던 존 라일리John W. Riley, jr. 등이 있다. 전쟁포로 1250명이 대상이었다. 보고서 2권이 결과물로 제출된다.

그중 하나는 『공산주의가 한국에 미친 영향에 대한 예비적 연구 Preliminary Study of the Impact of Communism Upon Korea』다. 분량은 300쪽 정도다. 북한 지역에서 소비에트화가 어떻게 진행되었는지, 그리고 이 체제에서 탈출한 피란민의 동기는 뭔지 등을 확인했다. 농촌사회의 가족구조와 해방 이후 누적된 지역사회의 갈등과 긴장, 북한군의 진주에 따른 지역 주민의 변화 등도 살폈다. "공산당의 사상 통제는 (…) 감시와 상벌 이외에도 매우 체계적인 선전 활동을 통해 이루어지고 있는데, 이것은 공산주의자들이 모든 미디어를 장악하는 독점monopoly, 같은 내용의 메시지를 모든 미디어를 통해 중복해 전파하는 강화reinforcement, 그리고 소수의 주제를 반복해 다루는 집중concentration이라는 세 가지 원칙을 따른 것"으로 분석했다.[84]

두 번째 보고서는 60쪽 정도로 좀 짧다. 제목은 『남한에서 심리전 연구의 함의와 요약Implications and Summary of a Psychological Warfare Study』이다. 통신수단의 독점을 통한 공산당의 선전정책이 대단히 효과적이라는 내용이 우선 나온다. 라디오 방송과 삐라 등을 활용하면 여기에 효과적으로 대응할 수 있다는 의견도 담았다. 공산화가 된 지역 중에서 어느 곳이 취약한지 또 잠재적 저항집단은 누구인지 등에 대해서도 조사했다.[85]

한국을 이해하는 두 번째 방법은 한국학이다.[86] "적과 동지에 대해 더 잘 아는 것" "갈등을 겪은 사람들의 삶의 조건과 열망에 대해 더 일찍 충분히 이해하는 것". 미국이 지역학에 많은 투자를 한 이유다. 국제사회 전반으로 확대된 계기는 지역학 지원을 포함한 1958년 '국가방위교육법National Defense Education Act'이다. 그전에는 하버드대, 컬럼비아대, MIT 등 일부 대학이 주도했다. 재정은 국방부, CIA, 록펠러와 포드재단 등에서 후원을 받았고 소련과 동유럽이 연구 대상이었다. 한국과 북한이 관심 대상으로 떠오른 건 전쟁 덕분이다. CIA가 세운 위장단체 아시아재단이 앞장섰다. 1956년 문을 열게 된 한국학센터Korea Research Center가 대표적이다. 1958년에는 '한국연구도서관'으로 이름을 바꾼다. 서울대의 윤일선, 연세대의 백낙준, 고려대의 유진오, 이화여대의 김활란 총장이 이사회 구성원이다. 재단의 후원으로 한국학 시리즈가 나온다. 『한국의 이혼에 관한 연구』『한국의 전통음악』『한국의 농촌 지역에 대한 사회학적 연구』등이다.[87]

정부와 같은 목표를 가졌던 민간단체도 한국에 관한 지식 생산에 힘을 보탰다. 고려대학교 부설 '아시아문제연구소'도 관련이 있다. 1957년에 설립했다. 동아시아 공산주의 연구와 북한연구로 잘 알려져 있다. 포드재단의 재정 지원이 있어 가능했다. 1962년에 받은 28만5000달러를 통해 만들어진 보고서가 『한국 공산주의 운동의 역사』 『북한 공산 정권의 이념』 『북한의 공산주의 이념 교육』 등이다. 제2차 지원금 18만 달러는 1966년에 들어왔다. 구한말 외교문서 정리, 일본 지배하의 한국 연구, 북한 연구, 한국 사상 연구 등에 사용됐다. 공산권 연구와 한국 통일문제 연구 등은 1968년의 20만 달러 기금을 통해 이루어졌다. 포드재단은 또 1967년 '한국 연구와 교육을 위한 기금Research and Training on Korea'을 만든다. 하버드대, 워싱턴대, 컬럼비아대, 미국사회과학연구협의회 등에 매년 50만 달러 이상을 지원하는 프로젝트였다.[88] 공군이 설립한 랜드재단RAND Corporation도 지원을 했다. 대상자는 1972년 버클리대의 로버트 스칼라피노 교수와 함께 『한국의 공산주의Communism in Korea』를 쓴 이정식 교수다. 북한 출신으로 맥아더 사령부에서 통역관을 하다 버클리대에서 박사를 마친 인물이다. 1962년 재단의 후원을 받아 만주에서의 대對게릴라전 연구를 맡았다.[89]

마지막 통로는 현장에서 직접 발굴하는 정보다. 길거리에서 나누는 얘기와 출처를 알 수 없는 소문이라는 뜻의 가담항설街談巷說, 언론·출판물·영상매체 등에 나오는 정보, 주변 사람에게 물어서 얻는 것 등이 여기에 해당한다. 겉보기엔 무질서해 보이지만 대규모로 수집한 다음, 체계적인 분석을 거치면 고급 정보로 탄생한다. 군대·정보기관·경찰·민간 등이 공동작업을 한다는 점과, 정보의 상당 부분이 기밀로 분류된다는 점을 고려할 때 한국을 이해하는 가장 유력한 통로였을 가능성이 크다. 북한과 관련한 뉴스를 보면 자주 등장하는 출처가 휴민트HUMINT다. 인간을 뜻하는 Human과 정보라는 의미의 Intelligent가 합쳐진 단어다. '낮말은 새가 듣고 밤말은 쥐가 듣는다'는 얘기를 기억하면 된다. 미국 CIA의 작전명 '앵무새'에서도 활용된 바 있다. 정보수집과 보도를 직업으로 하는 언론인을 활용해 미국이 원하는 정보를 수집하고 전달하는 게 목표였다.

한국전쟁 때는 펜타곤에서 광범위하게 활용했다. 전쟁에서 계속 밀리면서 그 이유를 찾아야 했다. 도쿄에 있는 맥아더사령부의 통제를 받는 육군의 방첩대CIC, 공군의 특별조사국Office of Special Investigation과 해군의 정보국Office of Naval Intelligence 등이 맡았다. 각자 현장에서 '조각' 정보를 가져오면 본부에서 그것을 종합하고 분석한다.[90] 휴민트로 고용된 인물은 누굴까? 푼돈이 필요했거나 협박을 받는 등 동기는 다양하다. 눈에 띄지 않을 평범한 농민과 어부, 노인과 부녀자, 아이들 등이다. CIA에서 전문 훈련을 받은 사람도 있다. 그들은 항공으로 적진 깊숙한 곳에 침투해 파괴공작도 한다.

인적 자원 외에는 전화·통신·문서·언론·사진 등을 활용하는 방식이 있다. 일본을 점령한 미군이 외무성·육군성·해군성·사법성·내무성 등의 문서를 몰수해 이를 디지털 자료로 만든 게 그중 하나다. 「북한: 점령 기술에 대한 사례 연구North Korea: A Case Study in the Techniques of Takeover」도 이렇게 만들어진 보고서다. 1950년 10월 28일, 미군이 북한을 일시 점령했을 때 국무성 조사단을 파견해 압수한 문서를 토대로 작성했다.[91] 앤드리아 사바나Andrea Savana와 윌리엄 쇼William Shaw가 1992년 발표한 「분석 사례, 한국 South Korea, A Country Study」은 이런 정보가 취합돼 만들어졌다고 보면 된다. 미국 육군본부가 재정을 지원하고 국회도서관이 편집을 맡았다. 군정 때부터 축적한 자료가 모두 담겼다.

"한국은 미국이 세운 국가"라는 점과, "미국이 주도한 국제연합의 도움을 통해 전쟁 동안 전면적 붕괴를 피할 수 있었다"는 평가 등을 담았다. 특히 주목할 부분은 한국의 사회·문화·역사 등에 관한 부분이다. "한국은 유교의 영향을 많이 받았다는 것"과 "경제 성장에 중요한 요소가 된 교육에서 두드러진다"는 점, "공통의 역사적 경험을 통해 형성된 동질성이 강력한 민족주의로 발전했다"는 점, 또 "공동체의 발전을 위해 자신의 야망이나 열정을 절제하는 게 미덕으로 통한다"는 점 등도 적혀 있다. 한국의 개혁자들과 유럽 및 미국 선교사들에 의해 민주주의, 개인주의와 남녀평등, 민족자결권 등이 19세기 후반에야 전파되었다는 얘기도 있다.

흥미로운 관찰은 더 있다. 한국에서는 학벌 서열이 강하다는 것과, 미국과 영국에서 유학해야 경력에 도움이 된다는 지적이다.

미국과 영국이 제국을 운영하면서 확인한 사실이다. 통치를 받는 원주민이 자존감을 다치지 않으면서 제국에 자발적으로 복종하도록 만드는 전략은, 토착 엘리트가 제국을 돕는 게 애국하는 길이라고 믿게 하면 된다.

아바타

맹모삼천지교孟母三遷之教. 맹자의 어머니가 자식의 교육을 위해 이사를 세 번이나 했다는 얘기다. 묘지 근처가 첫번째 동네였다. 맹자는 묘지에서 벌어지는 일을 보면서 자랐다. 늘 춤을 추고 뛰어다녔다. 공부를 시킬 만한 곳이 아니라고 판단했고, 이번에는 시장 근처로 옮겼다. 장사꾼 흉내를 내면서 물건을 사고파는 데 정신이 팔렸다. 할 수 없이 또 바꿨다. 학교 근처였다. 공부에 재미를 들였고 말투도 점잖아졌다. 책 읽고 생각하는 습관도 생겼다. 학군을 중요하게 생각하는 건 오늘날도 다르지 않다. 전 세계 공통의 현상으로 보면 된다. 부모가 된 마음에서 미국도 환경을 고민했을 가능성이 있다. 전쟁으로 폐허가 된 한국은 이런 환경이 못 된다는 게 고민거리다. 방법이 없을까?

환경을 인공적으로 재조성하면 된다. 크게 두 가지 방법이 있다. 그중 하나는 좋은 스승, 어른과 또래를 곁에 두면 된다. 자주 만나고 부대끼면 서로 닮아가고 친해진다는 뜻의 유유상종類類相從 전략이다.• 전후 한국 상황을 생각하면 상당히 설득력이 있다. 일본이 남기고 간 유산은 전쟁으로 완전히 폐허가 됐다. 국가공동체에 필요한 모든 걸 새롭게 세워야 한다. 물리적으로 눈에 보이는 건물이나 시설만 말하는 게 아니다. 정치·경제·사법·행정·보건·교육·언론 등 제도와 문화를 아예 신축해야 한다. 밥만 먹고 사는 게 아니라 품격과 오락도 필요하다는 점에서 문화·예술·체육 관련 시설과 단체와 규범 등도 만들어야 한다.

일종의 환상을 만드는 게 또 하나다. 인간이 세상을 경험하고 기억하는 게 반드시 물리적 환경일 필요는 없기 때문이다. 만화·소설책·영화·게임 등과 같은 간접 경험을 통해 얼마든지 정체성 형성에 개입할 수 있다. 당연하지만 절대 양보할 수 없는 경계선은 있다. 미국의 입양아로 잘 성장할 수 있는 '둥지'여야 한다는 점이다. 작은 집 한 채를 짓는 게 아니라 국가를 재건하는 작업이다. 미국 혼자서 할 수도 없고, 그렇게 되면 또 모양새도 안 좋다. 한국인이 자발적으로 좋아서 그렇게 할 수 있도록 하는 게 최선이다.

• 한국이 어울려야 할 대상에는 대만·필리핀 등 미국의 영향권에 있는 다른 반공 국가도 포함된다. 대만과 한국의 교류와 협력에 대한 글은 윤영현 「냉전기 한국사회의 자유중국(대만) 인식」 『한국학연구』(2019) 68, 119~64를 참고하면 된다.

미국 현지에 있는 전문가를 한국으로 불러 기술과 경험치를 전수하는 한편으로, 한국을 이끌어갈 지도층을 미국으로 보내 직접 경험하고 배우도록 하는 전략이 그래서 채택된다. 과학자·엔지니어·의사·교사·행정관료·법조인·언론인·문화예술인 등을 모두 포함하는 집단이다. 그중에서도 우선순위는 누구일까? 많은 돈과 시간을 들여 키워야 할 핵심 친미 엘리트는 군대 장교다. 냉전의 최전선에 있는 총알받이라는 것과 관계가 깊다.

전우애

대한민국 군대는 미국이 만들었다. 군사영어학교가 시작이다. 미군이 남한에 들어온 지 불과 3개월 정도가 지난 1945년 12월에 문을 열었다. 군대 경험을 가진 인물 중 군정의 업무를 도와줄 집단을 만드는 게 목표였다. 유엔의 감시를 받는 중이라 군대를 만들 수 없었지만, 치안 유지를 핑계로 조선경비대를 만들었다. 1946년 1월이다. 군대를 통솔할 간부를 양성할 목적으로 조선국방경비사관학교도 세웠다. 그해 6월이다. 단독정부가 1948년 8월 들어서면서 각각 국군과 육군사관학교로 바뀐다.

미국은 또 점령 초기부터 정보를 총괄하는 한국 방첩대CIC를 만들었다. 1945년 9월 9일 서울로 파견된 제224 CIC부대가 출발점이다. 목표를 짐작하기는 어렵지 않다. 군사정부를 대상으로 한 간첩활동 등을 방지하는 것, 군정 통치에 필요한 정보를 수집하고 분석하는 것, 노동운동과 농민운동 등 질서교란 행위와 관련한 정보를 파악하고 필요한 경우 미리 조치하는 것 등이다. 본부는 서울에 있었지만, 대전·송도·인천·광주·전주 등에도 지부를 둔 전국 조직이었다.[92] 대략 500명 정도로 구성된 군사고문단KMAG의 역할도 무시할 수 없다.

육군보병학교·육군포병학교·육군헌병학교·육군정훈학교·육군행정학교 등을 설립하는 데 자문 역할을 했다. 군인·경찰·해안경비대를 대상으로 한 군사훈련, 미군 무기 사용법과 반란군 진압도 가르쳤다. 북한을 대상으로 한 정보 수집과 분석도 계속했다. 그러나 전쟁 전까지만 하더라도 한국 군인을 미국으로 유학 보내는 계획은 없었다. 한국 CIC를 이끌어갈 위관급 장교 41명을 약 40일간 미국 샌프란시스코로 보내 합숙훈련을 시키는 정도가 전부였다. 1950년에는 일부 장교가 맥아더 사령부가 있는 도쿄에서 비슷한 교육을 받기도 했다. 그러나 전쟁을 거치면서 생각을 바꿨다. 김민식의 논문 「1950년대 한국군의 미국 군사유학 시행과 그 영향」(2016)에 관련 내용이 잘 설명되어 있다.

미국 정부의 생각은 NSC48-5 보고서에 나온다. 1951년 5월 17일 중국의 개입으로 전선이 교착에 빠진 때 작성된 문서다. 제3차세계대전으로 확전할 수는 없고 그렇다고 발을 뺄 수도 없는 상황이었다. 군사적 해결이 아닌 정치적 해결책이 필요하다는 얘기가 처음으로 나왔다. "북한 군대에 맞설 수 있고 또 유엔군의 부담을 충분히 감당할 수 있는 수준의 한국 군대를 육성해야 한다"는 얘기도 포함되어 있다. 장교 출신 유학생을 위한 '특별반' 개설 논의로 이어졌다. "자유 진영에서 미국의 위신을 확보하고 한국의 국방 정책과 한국군 운영에 더욱 깊숙이 개입할 수 있도록 하는" 게 목표였다. 인원은 모두 250명 수준으로 보병학교에 150명, 포병학교에 100명을 보내는 계획이었다. 대통령 이승만은 당연히 찬성했고 곧바로 시행에 들어갔다. 1952년에는 621명, 1953년에는 827명, 1954년에는 886명으로 늘었다.

미국 현지의 군사학교는 계급에 따라 달랐다. 장군과 영관 장교들은 지휘참모대학과 고등군사반에, 또 위관급 장교들은 보병·포병·기갑·공병·통신·군의·심리전으로 나뉜 초등군사반에 배정됐다. 장교 선발 권한을 가진 쪽은 한국 정부가 아니라 미국이었다. 막강한 영향력을 행사한 인물 중 하나가 제임스 하우스만이다. 군사영어학교 교관 출신으로 미국 CIC 책임자가 된다. 대통령 이승만이 군대 인사와 관련해 상의했던 인물이다. "그때 모든 사령관의 파면, 임명이 내 손을 거쳐 갔으며 내가 사령관과 미 대통령 사이를 연결해주는 사람이었고, 나는 그 두 사람의 유일한 통로였다. 내가 어떤 사람도 거치지 않고 직접 대화 가능했으며, 내가 원한다면 국방부 장관과도 바로 대화가 가능했다. 그래서 내가 모르면 그런 것이 없다"라고 말할 정도였다.[93] 정보부대가 왜 개입하는지 궁금할 수 있지만 복잡한 문제가 아니다. 반공 투사를 만드는 게 목표였다는 점을 기억하면 된다. 복잡한 '신원조회' 과정을 통과한 사람에게만 기회가 주어졌다.

한국 정부가 봤을 때 유학파는 검증된 엘리트다. 동기들보다 더 중요한 일을 맡고, 더 빨리 승진하고, 무엇보다 유학을 통해 다져진 인맥이 있다. 영어를 할 수 있다는 점도 유리하게 작용했다. 주로 사단장급 이상 지휘관의 부관으로 선발되어 통역 업무를 맡거나 미군과 한국군을 연결하는 연락장교가 됐다. 해외군사교육훈련IMET과 전문군사교육PME 출신이 군대 요직을 차지할 수밖에 없었던 까닭이다. 국방부 장관과 한미연합사 부사령관을 역임한 인물들을 통해 확인할 수 있다.

제13대 국방부 장관은 송요찬이다. 1953년 지휘참모대학에서 유학을 마친 뒤 곧바로 중장으로 승진한다. 1961년 쿠데타가 일어났을 때 국가재건위원회 국방위원장을 맡았다. 그후 외무부 장관과 경제기획원 장관을 두루 거쳤다. 제14대의 박병권, 16대 최영희, 17대 임충식, 18대 정래혁, 19대 노재현 등도 모두 미국 유학파다. 한미연합사에서 부사령관은 한국의 대장(4성 장군)이 맡는다. 미국에서 지휘참모대학을 나온 류병헌이 최초. 미국 보병학교와 포병학교를 각각 졸업한 박노영 장군, 기갑학교 출신의 김진영 장군, 지휘참모대학을 나온 김동진 장군도 있다.

"한국 장교단의 미국화를 위한 패키지 플랜" "미국의 이해가 관철되는 정치 전개를 거스르지 않는 군대상을 주입하는 과정", 장교를 대상으로 한 미국 유학에 대한 평가다.[94] 이런 평가가 틀린 게 아니었다는 걸 보여주는 사례가 많다. 그중의 하나가 1961년의 5·16 쿠데타다. 앞에서 설명했던 것처럼 미국은 민주주의와 자유에 역행한다는 걸 알았지만 오히려 더 밀착했다. 그럴 만한 이유가 있다. 우선 IMET 동문이 다수였다. 당시 육군참모총장이었던 장도영을 포함해 해군 1사단장 김동하, 육군방첩부대장 이철희 등이다. 대령이었던 박태준, 중령이었던 김종필, 공수특전단 중대장 출신의 차지철도 포함된다. 단순한 참가자가 아니라 신념을 공유한 상태였다는 건 혁명 공약에 잘 드러나 있다.

제1조를 통해 "반공을 국시의 제일의로 삼고 지금까지 형식적이고 구호에만 그친 반공태세를 재정비 강화한다"와 제2조 "유엔헌장을 준수하고 국제협약을 충실히 이행할 것이며, 미국을 위시한 자유우방과의 유대를 더욱 공고히 한다"에 반영되어 있다. "민족적 숙원인 국토통일을 위하여 공산주의와 대결할 수 있는 실력 배양에 전력을 집중한다"라는 내용도 제5조에 담았다. 미국의 대외정책과 거의 완벽하게 일치한다.

18년이 지난 1979년의 쿠데타 상황도 판박이다. 군사혁명을 주도했던 전두환 대통령은 미국 레이건 행정부가 성립되고 최초로 초대한 국가원수였다. 미국 유학파의 색채는 더 짙어졌다. 전두환과 노태우는 심리전과 특수전 학교 동문이다. 제5공수여단장 장기오, 제3공수여단장 최세창, 박정희 대통령 경호실장을 지냈던 차지철은 입학 동기였다. 제1공수여단장 박희도, 군수차관보 유학성도 미국 군사학교에서 공부한 경험이 있다. 1981년 3월 3일 발표한 전두환 대통령 취임사에는 "전체주의적인 정권으로부터 자유민을 돕겠다"라고 했던 트루먼 독트린이 잘 반영되어 있다. "북한 주민은 지난 36년간 내부의 종적인 비교만 할 수 있었을 뿐

외부세계와의 횡적인 비교는 할 수 없는 처지에 놓여 있었습니다. 그들은 최소한의 자유도 맛볼 수 없는 상황에 놓여 있어 자유를 갈구조차도 못하는, 인간의 존엄성과 가능성이 완전히 박탈된 비극적인 생활을 하고 있습니다"라는 부분이다.

회원 자격을 예비역 장군으로 제한하는 성우회星友會라는 모임이 또 다른 사례다. 역대 회장 다수가 IMET와 PME 연수를 다녀왔다. 박정희와 노태우 대통령도 찬성했던 전시작전권 환수를 가장 강력하게 반대한다. 노무현 대통령이 "자기 군대 작전 통제도 한 개 제대로 할 수 없는 군대를 맨들어 놔놓고 '나 국방장관이오!' '나 참모총장이오!' 그렇게 별들 달고 거드럭거리고 말았다는 얘깁니까? 그래서 작통권 회수하면 안 된다고 줄줄이 모여가 가지고 성명 내고. 자기들이 직무유기 아입니까?"라고 비판했던 바로 그 단체다.

미국이 공을 들인 또 다른 부류는 교육계다. 행정 관료, 대학교수, 중·고등학교 선생 등이다. 영국과 함께 아프리카 등의 식민지를 대상으로 진행했던 경험치와 필리핀 통치에서 배운 게 많은 도움이 됐다. 잘 알려진 사례 중 하나로 '미네소타 프로젝트'가 있다.

선생님, 우리 선생님

대한민국 최고 대학 국립서울대는 미국이 설립했다. 경성제국대학이 이름만 바꾼 게 아니다. 1945년 10월 17일 이 대학은 '경성대학'(지금의 서울대학)으로 명칭을 이미 바꾼 상태였다. 군정청에서 문교부장으로 있던 유억겸의 취지문에 나오는 것처럼 "경성과 그 부근에 있는 관립 전문대학을 전부 폐지하고 새 이념과 새 구상 아래 우리 국가의 전 학계를 대표할 만한 거대한 종합대학교"로 새롭게 신설된 게 국립서울대학교다. 경성경제전문학교·경성치과전문학교·경성법학전문학교·경성의학전문학교·경성광산전문학교·경성사범학교·경성공업전문학교·경성대학·경성녀자사범학교·수원농림전문학교 등을 폐교하고 하나로 모았다. 군정법령 제102호 '국립서울대설립에관한법령'이 근거다. 제1조에 목적이 나온다. "조선인민에게 우수한 고등교육 시설을 제공하고 활용케 하여서 조선 청년으로 하여금 개인으로서의 조선인 자신, 즉 현대사회의 국민으로서의 조선인민의 향상을 위하여 그 시설로부터 발생하는 온갖 이익과 기회를 적절하게 이용하게 한다"라는 내용이다.

'낮에 난 도깨비'라는 속담에 잘 어울리는 상황이었다. 밤에 활동해야 할 도깨비가 뜬금없이 대낮에 나타나 돌아다닌다는 뜻이다. 국가의 미래 100년을 결정하는 큰 계획이라는 백년지대계百年之大計에 해당하는 교육을 군사정부가 개입했다는 게 어색하다. 미국은 자국에는 없는 국립대를 필리핀에 설립한 전력도 있다. 통치를 도와줄 기술관료를 양성하는 게 목표였다.

1946년 8월 22일이라는 시점도 오해를 받았다. 군정에 대한 불만이 통제 불능 상태로 치닫던 때였다. 급기야 1946년 9월의 총파업과 대구를 중심으로 한 10월항쟁 등으로 폭발했다. 군정은 희생양을 찾았고 좌익 정당, 언론사, 단체가 표적이 됐다. '군정 반대를 처벌하기 위한' 군정법령 72호가 시작이었다. 군정 책임자였던 미육군소장 아처 러치Archer Lerch의 이름으로 1946년 5월 4일 발표됐다. 제22항에는 "주둔군에 의하여 해산을 당했거나 불법이라 선언을 받은 또는 주둔군의 이익에 반하는 단체 운동을 지지, 협력하는 행동과 지도하는 행위 또는 그 조직에의 참가, 이와 같은 행동을 원조하는 인쇄물, 서적의 발행, 유포 또는 상기 행동을 선전, 유포하는 물건의 소지 또는 상기 단체 운동의 기, 제복, 휘장으로써 하는 선동 행위"가 담겼다. "인민을 경악, 흥분시키는 또는 주둔군 혹은 주둔군의 명령 하에 행동하는 자의 인격을 손상하는 유언의 살포"(32항) "허가 없는 일반 집합 행렬 또는 시위 운동의 조직, 조장, 원조 또는 참가"(34조) "주둔군, 주둔군 군인 및 주둔군인의 명령하에 행동하는 자 또는 미국국민에 대한 적대 또는 무례한 행위"(77항)도 있다. 모두 82개에 달했던 범죄를 범하면 "(군법회의와 육군헌병재판소로 구성된) 군정재판소의 판결"로 처벌한다는 점을 분명히 밝혔다.

그해 10월에 불거진 대구항쟁에 적용되었다. 대구에서만 2533명이 체포되었고, 그중에서 16명이 사형을 선고받았다.[95] 군정법령 72호를 발표한 지 불과 며칠이 지난 5월 29일에는 '신문 및 기타 정기간행물 허가에 관한' 군정법령 제88호가 공표된다. 군정을 비판하는 언론을 통제하겠다는 목표가 분명했다. "신문 기타 정기간행물을 허가 없이 발행함은 불법임. 하인이든지 자연인,

법인을 불문하고 좌기 규정과 여한 허가 없이는 친히 또는 대리인을 통하여 신문 기타 정기간행물을 인쇄, 발행, 출판, 배포, 배부, 판매 또는 판매 권유, 우송, 전시, 진열을 하지 못함"이라고 제1조에서 밝혔다. 국립서울대의 의사결정 구조를 밝힌 제7조도 문제였다.

"문교부의 추천으로 군정장관이 이사를 임명"한다는 것과 "군정청장이 정당한 이유만 있으면 언제라도 해임"하는 이사회 내용이 먼저 나온다. 권한이 막강했다. "국립서울대학교의 전반적 방침을 수립하는 일"을 맡는다. "총장을 천거하고, 교직원의 봉급을 제의하고, 학술 표준 등 학업 규정과 학생이 수학할 학과목 등 과정을 제정"한다. "이사회의 동의를 받아 교내 각 대학의 학장 및 교육연구기관의 책임자와 교수를 임명하고, 정직을 명하고, 이사회에 해임을 제의"하는 권한은 총장에게 부여된다. "성적이 불량 혹은 부정한 행동을 이유로 학생을 정학 혹은 출교시키는 일"도 할 수 있다. "통제 수단을 효율화하기 위한 미국의 복안" 혹은 "교육제도 전반을 미국식으로 개편하고 학원 내의 좌익을 제거하려 한 것"이라는 평가를 받는 이유다.[96]

폐교를 맞게 된 교수와 학생은 거세게 반발했다. 1948년까지 무려 2년간 계속됐다. 물리적 폭력을 통해 진정이 된다. 미군이 양성했던 서북청년단, 대한민주청년동맹, 조선민족청년단과 같은 반공단체가 앞장섰다. 대략 380명의 교수가 해직되고 학생 4956명이 퇴학을 당했다. 좌익이라는 낙인이 찍힌 교수들은 북한으로 넘어가 김일성대학에 자리를 잡았다.

미국의 미네소타대학과 한국의 서울대가 협정을 체결한 해는 1954년이다. 미국 정부가 1000만 달러를, 한국 정부가 700만 달러를 냈다. PL480호(미국의 공법 480호, 농업수출진흥 및 원조법)를 통해 미국이 제공해준 원조 물자를 팔아서 남은 이익금을 서울대 교수의 미국 유학에 사용했다. 미국의 앞선 기술과 과학 지식을 배우기 위해서였다. 1955년 1월 1일부터 1962년 6월 20일까지 모두 226명의 교수가 혜택을 봤다. 의대 교수 82명도 참가했다. 농대·수의대·공대·의대 전체 교수 중에서 그때 혜택을 받은 교수는 164명으로 전체의 80%에 달했다. 원로 교수는 빼고 의도적으로 젊은 교수를 뽑았다. 대중과 학생들에 장기간에 걸쳐 영향을 미칠 수 있다는 점과, 일본식 교육을 받지 않아 미국을 더 쉽게 배울 수 있다는 점을 고려한 결정이었다.

"자유진영, 나아가 세계 지도국가로서의 미국의 위상을 확고히 각인"시키고 "미국이 물질적 가치 추구에만 경도되지 않고 훌륭한 정치제도를 운용하며 상당히 높은 수준의 문화적 자산을 축적한 사회로 인식"하도록 만드는 데 더 유리할 것이라는 판단이다.[97] 서울대 교수를 집단으로 미국으로 유학 보낸 이유다. 전체 고등교육 예산의 80%가 서울대에 할당됐다. 불순물이 없다는 것, 교육계를 서울대 중심으로 재편한다는 것, 그들을 통해 미국이 원하는 인재상을 키울 수 있다는 계산이 작용했을 가능성이 크다. 미국 정부도, 한국도 이 정도의 투자를 특정 집단을 위해서만 계속하는 건 무리다. 할 일은 너무 많고 돈은 없었다.

1953년부터 1958년까지 교육원조 사업에 투입된 자금은 지금 기준으로 보면 대략 3500억 원 정도다. 전체 원조액의 1~2%에 불과했어도, 교육원조 규모는 1955년에서 1966년까지 대략 1억 달러 정도로 늘었다. 한국이 수출 1억 달러를 달성한 게 1964년이었다는 점을 고려하면 결코 적지 않은 금액이라는 것을 알 수 있다. 국제사회의 지원은 유엔한국재건단UNKRA, 국제협력기구ICA, 미군대한원조AFAK 등을 통해 이루어졌다. 한국 정부도 원조식량의 일부를 판매해서 마련한 자금을 보탰다. 지원 범위가 상당히 넓었다. 서울대학교를 비롯해 직업교육, 교사훈련, 공공행정 기술원조, 경영행정 기술원조, 중앙관상대 시설, 간호교육, 사회교육, 원자력교육, 해양대학, 대구의과대학, 외국어학원, 학교 비품 구입, 외국서적 구입, 국정교과서 인쇄공장 건축, 교실 건축 등에 사용됐다. 미국식 교육을 이식하는 과제가 우선순위였다. 그래서 미국에 있는 교육전문가를 한국으로 초대하는 방안이 채택된다. 군대 훈련과 교육을 맡았던 군사고문단 역할이 민간으로 확대된 것으로 볼 수 있다. '피바디Peabody 프로젝트'의 탄생 배경이다. 다음의 인터뷰를 통해 배경과 목표를 짐작할 수 있다.[98]

미국이 전후 복구 원조를 하게 되었어요. 공장을 고쳐야 하고, 도로도 새로 만들어야 하고, 다리도 만들어야 하고, 모 다 파괴되었으니… 그걸 도와줘야겠다 해서 출발한 게 ICA인데… 프로젝트 중의 하나가 그런 그 물리적인 건물만 지어주는 게 복구가 되는 것이 아니라, 반드시 따라가야 할 부분은… 사람을 길러줘야 하는 게 아니냐… 해서 소위 전문분야의 전문가들을 양성할 필요가 있다. 그래가주구… 그 ICA가 미국 정부하고 계약을 해서, 미국 정부가 지정하는 대학하고 협약을 맺게 되었다구.

책임 기관은 ICA다. 1956년부터 1962년까지 진행됐다. 테네시주에 있는 피바디사범대학이 전문가를 파견하고 필요한 교육을 맡았다. "한국의 교원양성 및 교사 재교육을 위한 기술원조 활동을 중심으로 구체적으로는 초등교원양성을 목표로 사범교육에 대해 기술원조와 시설원조를 병행하는 것"이 목적이었다. 문교부 내에 설치된 서울사무소를 중심으로 대전사범학교·광주사범학교·대구사범학교·부산사범학교 등에도 전문가를 파견했다. 초등학교 및 사범학교의 교육과정과 유치원 교육, 도서관 운영, 초등교육용의 국정교과서 발행, 대학원 교육, 중등교육, 학교 관리 등으로 지원 범위도 넓었다.

미국 현장을 직접 경험할 수 있도록 교육전문가 중 일부는 유학생으로 뽑았다. 모두 82명이 선발되어 1년간 교육을 받았다. 대학 교수, 문교부 담당자, 중앙교육연구소 연구원, 서울시 교육자문과, 경북대학교 사범대학부속고등학교장 등이다. 장교 선발과 크게 다르지 않았다. 필답고사와 면접을 통과하고 영어 능력을 증명하는 건 필수다. 정치성향이라는 마지막 관문은 미국 국무부와 협력관계에 있던 문교부를 통해 걸러졌다. 출국 한 달 전에는 미국 건강보험, 지형, 음식선택과 식당 이용법, 일상생활, 물가, 환율, 미국 문화와 에티켓 등이 포함된 사전 교육을 받았다. 석사 또는 학사 학위를 받고 돌아왔다. 국무총리, 교육부 장관, 한국교육개발원 학회장, 서울대학교 사범대학 학장 등을 맡는 교육계 실세가 된다. 미국은 또 정치인·언론인·법조인·예술인 등을 대상으로 한 연수 및 교환 프로그램을 폭넓게 진행했다.

특히 정성을 들인 분야는 영어다. 해방 정국에서 세운 군사영어학교가 전쟁 후 국민 모두를 대상으로 확대된다. 학생은 물론 일반인을 대상으로 한 사설 영어학원도 늘었다. 1961년 설립한 YBM어학원이 선두주자다. 미국의 도움으로 『현대영어학습The Study of Current English』이란 잡지를 발간하면서 성장했다.[99] 좋게 보면 미국과 원활한 소통을 하기 위한 것이고, 나쁘게 보면 효율적인 통치의 필요성 때문이다. 미국은 전 세계를 대상으로 영어교육을 확산하는 데 공을 들였다. 정부 40개 산하기관에서 연간 2억 달러 이상을 여기에 쏟았다. 포드재단도 도왔다. 한국에서 인기가 높은 토플시험과, 영어를 제2의 국어로 가르치는 ESL 프로그램이 그렇게 탄생한다. 풀브라이트장학금, 동서문화센터, 평화봉사단 등도 영어를 가르치는 좋은 방법이었다. 미국을 좋아하고 부러워하는 집단정서를 만든다는 게 목표였다.[100] "한국의 특수성과 그 전략적 상황으로 인해 한국을 완전히 민주화시킬 수 있다면 이는 극동에서 우리의 가장 중요한 선전 기회가 될 것"이라고 믿었던 것과 관계가 깊다.[101] 장차 한국을 이끌어갈 지도자를 대상으로 한 교환프로그램도 이미 마련된 상태였다. 미국 숭배자로 만든다는 목표가 분명했다.

현장 학습

'정보와 교육교류 법안US Information and Educational Exchange Act'이 의회를 통과한 건 1948년 1월 27일이다. 방송, 대면, 교육, 문화와 기술 분야의 교류, 서적과 잡지의 출판 및 다른 매체 활동을 통해 국제사회와 소통할 수 있는 권한을 국무부에 넘겼다. 목표는 "냉전 와중에서 다른 나라 사람들이 미국의 정책을 지지하도록 함은 물론이며 미국에 대한 무지와 불신과 비난, 더 나아가 적대감을 해소하는 것"으로 요약된다.[102] 공산주의에 대항하기 위해서는 '공감과 동의Hearts & Minds'를 얻어야 하고 이를 위해서는 펜타곤이 아닌 국무부가 앞장서야 한다는 논리였다. 냉전의 기획자로 알려진 딘 애치슨, 조지 마샬, 드와이트 아이젠하워 등이 의회 청문회에 출석해 그 필요성을 주장했다. 1961년에는 '교육·문화 상호교류법Mutual Educational and Cultural Exchange Act'으로 확대 개편된다. 국제사회가 미국에 대해 갖는 편견과 부정적 인식을 없애고, 미국식 생활양식과 정치적 제도를 모방하고 싶은 마음이 생기도록 하는 게 목표였다.

한국 엘리트의 미국 연수는 1961년 29명을 시작으로 1961~1970년에는 325명, 1971~1980년에는 201명, 1981~1990년에는 276명으로 늘었다. 미국의 속내를 의심하는 사람도 일부 있었지만, 대부분은 그렇지 않았다. "어려운 이웃을 위한 사랑과 지원, 인재 양성과 학문의 전파를 통하여 결국 인류 사회의 안정과 발전을 지향하는 미국이라는 사회는 참으로 위대하다"는 게 공감대였다.[103] 연수기간은 3개월에서 6개월로 다양했다. 해군소장 김성삼과 육군소장 박기병, 수필가 전숙희, 극작가 유치진, 만화가 김용환 등이 이 연수를 다녀왔고 귀국 후에는 여행 후기를 발표했다. 언론계도 미국이 각별하게 공을 들인 집단이다.

『관훈클럽 30년사』에서 밝히고 있는 것처럼 "미공보원USIS의 활동, 특히 대외정책 선전 분야에 직접 또는 간접으로 영향을 미칠 수 있는 집단"으로 판단했기 때문이다. 차재영의 논문 「1950년대 미국무성의 한국 언론인 교육교류 사업 연구: 한국의 언론 전문직주의 형성에 미친 영향을 중심으로」(2014)에서 자세하게 다뤘다. 모두 42명의 언론인이 풀브라이트 장학생이 되어 연수를 떠났다. 해당 언론사는 합동통신, AP통신, 로이터통신, 『서울신문』『조선일보』『세계일보』 등이다. 미국 국무부, 특히 USIA가 최종 선발권을 가졌다. 언론 분야에서 유명한 노스웨스턴대 등에서 6개월간 공부하면서 미국의 언론사와 관공서 등을 견학하도록 했다.

최소 세 가지는 확실하게 배우고 왔다. "표현의 자유, 언론의 자유, 집회의 자유를 포함한 미국식 민주주의가 갖는 장점, 일본 제국주의 시대에 알았던 미국에 대한 이미지와 전혀 다른 풍요로움과 문화적 소양에 대한 자각, 일상생활에 스며든 문명의 혜택과 방대한 규모의 대자연" 등이다.[104] 귀국 후에는 이들 간 친목을 도모하고 정부를 견제할 수 있는 단체를 만들 수 있도록 도왔다. 한국신문편집인협회와 관훈클럽 등이다. 다른 영역과 마찬가지로 언론계의 중심세력으로 성장한다. 당시 유학을 다녀온 인물 중에는 『동아일보』와 『한국일보』를 거쳐 KBS 사장이 된 박권상, 『중앙일보』를 퇴직한 후 한솔제지와 신라호텔 대표이사로 승진한 김인호, 국회의원 조세형 등이 있다.

정부가 주도한다는 부담을 없애기 위해 민간단체도 동원됐다. 대표적인 곳이 한미재단이다. "민간의 비정치적·비당파적·전국적 구호와 부흥 기관"이라고 1952년 5월에 제출한 설립 제안서에 적혀 있다. "한국인과 미국인들이 서로를 더 잘 알고 이해하며 지속적인 친선 관계를 공고히 하는 것"을 목표로 내세웠다. 관련 활동에는 "의료와 교육을 위한 물자와 설비, 의복과 식료품, 고아와 노인 및 상이용사를 위한 관리와 준비, 개별 가족 단위의 경제적 독립을 지원하기 위한 필수적인 원자재 및 도구의 공급과 분배, 미국 산업과의 연계, 한국 내 무역 및 기술학교의 설립, 미국 대학의 장학금" 등이 포함되어 있다. 록펠러재단과 함께 적지 않은 예술인이 지원을 받았다.

한국어린이합창단 25명을 미국으로 보내 공연을 할 수 있도록 도운 적도 있다.[105] 1954년 4월 8일에 출발해 이들은 미국 48개 도시를 순방했고 2200만 달러라는 큰돈을 성금으로 모았다. 〈사진13〉은 그때 찍은 것이다. 장소는 필라델피아 독립기념관으로,

〈사진13〉 한국전 유가족을 위한 위문공연차 미국을 방문한 한국어린이합창단(1954.4.22). 단원들은 대부분 한국사회의 실력자 자녀들이었지만 미국에서는 전쟁고아라고 알려졌다.

1954년 4월 22일의 장면이다. 정면에 있는 큰 종은 '자유의 종 Liberty Bell'이다. 레위기 25장 10절에 나오는 "그 땅에 나오는 모든 주민을 위하여 자유를 공표하라"라는 말이 새겨져 있다. 성경에 따르면 오랫동안 노예 상태에 있었던 이스라엘 민족이 마침내 해방되어 가족의 품으로 돌아갈 때 들었던 말씀이다. 하나님의 자리에 미국을, 이스라엘 대신에 한국을 놓으면 무슨 의미였는지 잘 드러난다. 한국의 해방자면서 보호자라는 미국을 보여주기 위한 설정으로 보면 맞다.

　공보처를 설립해 민간이 주도하는 심리전을 원했던 대통령 아이젠하워도 이 단체에 깊숙이 관여되어 있다. 이 합창단의 방문도 문화를 앞세운 '위장된 프로파간다'였다. 미국을 방문한 아이들은 대부분 한국 실력자의 자녀였지만 미국에서는 전쟁고아로 알려졌다. 범국민 차원에서 한국을 돕는 모습을 연출함으로써 지도자 미국의 이미지를 만들자는 의도였다.

이와 관련한 한 예로, 영화를 통한 모금운동으로 알려진 '오늘 한국에 기부합시다Give Them This Day' 프로그램이 있다. 1953년 7월 27일부터 2주간 진행됐다. 영화가 시작하기 2분 전에 아이젠하워 대통령이 직접 출연해 한국의 끔찍한 상황을 설명하고 한미재단에 기부해줄 것을 호소했다. 영화를 통해 예고가 나간 다음에는 한미재단이 제작한 30분짜리 영화가 TV와 라디오를 통해 방송됐다. 재단 초대 이사장도 펜실베이니아주립대 총장으로 있던 그의 친동생 밀톤 아이젠하워Milton Eisenhower다. "한국을 위한 비공식 원조"와 "정부의 활동에 비견할 만한 대중을 기반으로 하는 조직의 필요성"을 잘 알았던 국무장관 포스터 덜레스가 그를 추천했다. 제2대 이사장은 한국전쟁 때 8군 사령관을 지낸 밴 플리트 장군이다.[106] 조직의 예산을 관리하는 재무담당관은 데이비드 록펠러로 체이스은행 상무다. 딘 애치슨, 앨런 덜레스 등과 매우 가까웠다.

그럼 일반 국민의 세계관과 정서에는 어떻게 개입했을까? 미국을 직접 경험할 기회도 없고, 영어도 모르고, 미국 사람을 잘 만나지도 못하는 게 그들의 현실이다. 답은 미디어를 통해 만들어진 가상세계에 있었다.

전시장

"원초적인 촌락보다 큰 공동체는 전부 상상된 것
이다. 그러므로 공동체는 가짜냐 진짜냐가 아니
라, 어떠한 스타일로 상상되었는가를 기준으로 구
별해야 한다."『상상된 공동체』의 저자 베네딕트 앤더슨이 한 말
이다.[107] 민족주의에 관심이 높았던 그는 몇 가지 질문을 던졌다.
그중 하나는 멕시코·콜롬비아·베네수엘라·브라질 등 라틴아메
리카의 독립운동 열풍이다. 무려 300년 이상 스페인과 포르투갈
의 식민지였는데 그들은 왜 하필이면 1800년대에 접어들어 민
족의 독립을 위해 목숨을 건 전쟁을 벌였을까? "만국의 노동자여
단결하라"는 구호를 내세웠던 공산주의 국가 간 충돌은 왜 일어
나느냐는 의문이 다른 하나다. 혁명을 통해 노동자 계급이 권력
을 잡았다면 다른 민족이라고 하더라도 중국과 소련의 국경분쟁

(1969년), 베트남의 캄보디아 침공과 뒤이은 중국의 베트남 공격 (1978년) 등은 생기지 않아야 하는 것 아니냐는 질문이다.

민족주의가 어떻게 만들어지고 확산하는지 연구하기 위해 그가 선택한 대상은 인도네시아였다. 대략 140년 동안 네덜란드의 식민지였다는 점, 1만7000개가 넘는 방대한 섬으로 구성되어 있으면서 언어와 문화가 모두 달랐다는 점, 일본이 물러난 1945년부터 1949년까지 네덜란드에 맞서 독립전쟁을 했다는 점 등을 고려했다. 언어·공간·전통·문화를 단순히 공유하는 것으로는 충분하지 않고 그것들이 전쟁과 같은 집단의 경험을 통해 단일한 '집단정체성'이 만들어지는 게 본질이라고 봤다. 그리고 이런 집단정서, 집단기억, 집단태도, 집단의 세계관을 알리고, 나누고, 전파하는 데 있어 미디어(특히 신문)가 결정적인 역할을 한다는 얘기였다. 한국 상황에 적용해도 무리가 없다. 고려대 허은 교수가 지적한 것처럼 "미국의 이미지는 자연스럽게 형성된 산물이라기보다는 전쟁 기간 미국의 다양한 선전, 공보기구들의 활동으로 만들어진 의도적 활동의 결과물"로 볼 수 있다는 의미다.[108]

미국이 봤을 때 한국은 또 다른 필리핀이었을까? 정답은 모르지만 많은 게 겹치는 건 부정하기 어렵다. 앞서 살펴봤던 군대와 경찰의 양성, 교육기반의 구축, 문화와 정보교류 등은 대부분 필리핀에서도 시행된 정책이다. 물론 차이점은 있다. 최소 5개다. 첫째, 전쟁을 거치면서 정교해진 고도의 심리전 전술이 동원되었다는 점과, 커뮤니케이션 기술의 발달에 따라 영화·라디오·신문과 잡지 등이 보태졌다는 점이다. 둘째, 제국주의 초기의 목표였던 자원과 노동력의 강제 착취가 아니라 반공 전선을 구축하는 데 필요한 이념적 방파제로 만든다는 점에서 달랐다. 셋째, 직접통치가 아니라 상당한 수준의 자치를 보장하면서 안보와 외교에서는 제약을 받는다는 점도 있다. 민족주의가 훨씬 강했다는 게 넷째다. 1917년 이후 형성된 민족자결주의와 일본의 식민지 경험을 등을 통해 굳어졌다. 마지막으로, 군정 때는 아니었지만, 한국은 전쟁을 겪었다는 점이다. 북한과 남한은 이제 같은 민족이 아니라 '공공의 적'이다. 폐허가 된 상태라 모든 걸 다시 시작해야 하는 백지 상태였다. 한국을 입양한 미국이라는 부모가 보기엔 나쁜 조건이 아니었다. 누가 어떻게 했을까? 먼저 살펴볼 조직은 군정의 공식 조직이었던 민간정보실Office of Civil Information, OCI이다.

객토 작업

점령군으로 한반도를 다스렸던 주력부대는 미국 제24군단이다. 사령관은 존 하지 중장이다. 직책상 상관은 도쿄에 있던 맥아더 장군이었지만 미국 정부의 통제를 받는 상태였다. 군정청장이 그를 도왔는데, 육군 소장 출신의 아치볼드 아널드Archbald Arnold, 아처 러치Archer Lerch, 윌리엄 딘William Dean 등이 맡았다. 그들의 통제를 받았던 민간정보실에서 심리전을 총괄했다. 군인이 아닌 민간인 출신의 제임스 스튜어트James Stuart가 책임자다.• 미군과 한국 엘리트 간 소통 역할을 맡았던 한국정보과KRAI에서 출발했던 이 조직은 정보과, 공보국, 공보부를 거쳐 지금의 이름으로 정리됐다. 부산·인천·춘천·청주·전주·광주·대전 등으로 꾸준히 지부를 늘렸다. 대한민국 정부가 수립된 이후에는 공보처로 발전했다. 몸집을 계속 키운 배경은 군정에 대한 불만이 커지고 이념 갈등이 격화된 것과 관련이 깊다. 군정이 필요로 하는 정보와 여론을 수집해 분석하는 일은 여론실Office of Public Opinion에서, 군정의 정책과 활동을 홍보하는 역할은 공보실Office of Public Information에서 맡았다. 무엇을 어떻게 해야 하는지에 대한 지침이 뚜렷했다. 다음과 같은 내용이다.[109]

우편, 무선, 라디오, 전화, 전신, 전보, 영화, 신문을 포함한 민간통신에 대한 최소한의 통제와 검열을 실시할 것, 이러한 통제 하에 모든 채널과 매체를 통해 국내외 뉴스 및 정보 배포를 촉진하고 장려할 것, 모든 매체가 미국의 이상 및 민주주의 원칙을 배포하여 한국인들이 민주적인 한국정부를 설립할 수 있도록 지도할 것, 미국의 대한정책에 대한 한국인들의 이해와 지지를 넓히기 위해 공보프로그램을 최대한 이용할 것

● Sueyoung Park-Primiano (2022) The tentacular reach of USIA/S in postwar South Korea, Journal of E-Media Studies, 6. 1.
https://pub.dartmouth.edu/journal-of-e-media-studies-special-issue/the-tentacular-reach-of-usias-in-postwar-south-korea

미국 정부가 그간 축적했던 경험이 두루 활용된다. 앞서 나왔던 크릴위원회와 전략기획국oss의 활동을 기억하면 된다. 본질은 채찍과 당근이라는 양면 전략이다. 1946년에 발표된 군정법령 72호가 그런 채찍의 하나다. 언론인 구속과 신문·잡지의 정간 또는 폐간이 여기에 해당한다. 좌파 성향의 작가·영화인·음악가 등을 겨냥한 탄압도 점차 드세졌다. 대중이 쉽게 알지 못하도록 권력을 행사하는 것과 달리 당근은 요란스럽게 내세운다. 언제 어디서나 무료로 쉽게 접할 수 있도록 한다.

1945년 10월 15일에 창간한 『주간신보』는 그중의 하나다. 타블로이드지 2면으로 구성되었는데 국문과 한문을 같이 사용했다. 군정의 중요한 보도자료, 포고령, 발표 등을 쉽게 이해할 수 있도록 전달하는 게 목표였다. 약 40만 부 정도를 인쇄했고, 일부는 우편을 통해 지방으로 보내졌다. 농촌 지역을 대상으로 한 『농민주보』도 1945년 12월 22일 창간해 전체 4면으로 순수 한글로만 발행했다. 반탁과 찬탁 논란이 한창일 때 중요한 정보원 역할을 했다. 국내 여론을 관리한다는 목표가 뚜렷했다. "신탁통치를 주장한 건 소련"이라는 보도를 이어갔다.

1946년 8월 31일, 군정청장 하지 중장이 성명을 발표했을 때도 전문을 실었다. 일부 좌파 언론에서 주장하는 식량문제나 악질 경찰에 관한 얘기는 혼란을 조성해 군정을 불신하도록 만들려는 악질적인 모략이라는 발표였다. 월간지 『아메리카』도 이곳에서 발행한 잡지다. 1949년 3월에 창간했는데 "진실한 민주주의적 생활양식을 알리는 것"과 "미국이 여타 국가와 달리 '우월한 문명'을 성취했으며, 이를 바탕으로 세계질서를 주도하게 되었다는 인식"을 심어주는 게 목표였다.[110]

크릴위원회에서 했던 '4분 강연'과 같은 형식의 연사 프로그램도 있었다. 모두 51명의 강사가 전국을 돌아다니면서 미국에 대해 올바른 인식을 하도록 도왔다. 각종 서적과 정기간행물을 열람할 수 있는 정보센터(즉 도서관)를 운영하는 한편, 농촌 지역에 직접 내려가 다큐멘터리 영상을 보여주는 활동도 했다.[111] 대중의 취향에 속하는 음악이 관리되었다는 점도 관심 대상이었다. 정체성을 구성하는 요소 중 감성pathos과 윤리ethos를 관리하는 것으로 보면 된다.

취향 저격

1945년 9월, 미군정은 순수 한국인 음악가들로 구성된 고려교향악단 설립을 도왔다. 1946년 3월, 군정청 산하 교육국을 맡게 된 에리 하이모이츠Ely Haimowitz는 한국의 젊은 음악가를 돕는 한편으로 전통음악에 대한 지원에 나섰다. 장차 KBS교향악단의 지휘자가 되는 임원식이 1948년 미국 줄리어드음대로 유학을 할 수 있게 된 것도 군정의 배려 덕분이었다. 왜 그랬을까? 군대가 왜 한국의 음악에 관심을 가졌을까? 박혜정의 박사 논문 「세계전쟁에서 냉전으로: 1941년부터 1960년까지의 한미관계를 통해서 본 음악From World War to Cold War: Music in US-Korea Relations, 1941-1960」

(2019)에 관련 설명이 나온다. 유럽의 엘리트 취향을 반영한 고전음악과 오페라 등을 장려한 이유는 냉전이 연결고리다. 예술을 위한 예술을 추구하는 순수주의 혹은 탐미주의를 거부하는 공산주의와 달리, 미국은 예술의 자유를 보장한다는 것을 자랑하기 위한 홍보수단이었다. 한국의 전통음악에 관심을 두고 지원한 것도 "'자유의 종'을 울리는 미국"이라는 메시지와 관련이 있다고 봤다.

이는 전쟁 중 한국어 라디오 방송의 주된 관점이기도 했다. 군정이 '해방자'로 인식되도록 일본이 제정했던 악법을 모두 폐기했던 것의 연장선에서 식민지 시절 금지되었던 전통음악과 악기를 복원한다는 지적이었다. 대중의 마음을 파고들기 위한 또 다른 영역은 연극이다. 김옥란의 논문 「유치진과 미국, 드라마센터와 문화냉전」(2018)에 등장한다. 대한민국 연극의 기초를 닦은 유치진은 극예술연구회를 설립하고 조선연극협회와 조선문인협회에서 임원을 맡았던 인물이다. 해방된 이후에는 〈조국〉〈자명고〉〈별〉〈흔들리는 지축〉과 같은 반공 성향이 강한 희곡을 썼다. 공보처가 그에게 접근한 건 연극의 인기가 여전히 높았던 시대상황과 관련이 있다.

청춘극장, 황금좌, 신청년, 강남악극단, 새별악극단, 반도가극단, 나미라가극단, KPK 등이 있었던 서울 지역을 포함해 경기·충북·충남·경북·전남 등 전국에 연극단체가 활동중이었다. 유치진은 당시 상황을 다음과 같이 설명한다.

군정청 공보실장이라는 스튜어트와 만났다. 그는 대뜸 연극계가 좌익 연극인에 의해 주도되면서 전국적으로 프롤레타리아 연극이 판을 치고 있으니 그에 대항할 연극 운동을 펼쳐줄 수 없겠느냐는 것이었다. 나는 먼저 사람과 자금이 필수적이라고 했더니 자금은 미 공보실에서 대줄 테니 순수한 학생들로 단체를 만들어서 전국적으로 순회극 운동을 펴줄 수 없겠느냐는 것이었다. 나는 쾌히 승낙했다. 애국심에 불타는 학생·청년·여성·소년들을 모아 전국적으로 '145 실천대'를 조직했다. 즉 학도대·청년대·여성대·소년대로 편성하여, 학도대는 방학 중 자기 고향을 중심으로 활동케 하고, 청년대는 각 직장과 자기 고장에서 활동하며, 여성대는 여학생들과 혼성으로 편성하여 청년대처럼 활동하면 되었고, 소년대는 고아원 출신과 마을 소년들로 구성해서 어린이들을 상대로 활동토록 했다. 공연 작품도 〈안중근 의사의 최후〉라든가 〈매국노〉 〈윤봉길 의사〉 〈애국자〉 〈38선 교수선〉과 같은 애국적인 주제의 것들이었다.

민간의 자발적 연극 뒤에 공보실이 있었다는 걸 잘 보여준다. 전국에 '지방부'가 있었던 공보실은 "시장, 축제 상소, 찻집, 도로 교차점 등 모든 회합 장소에 투입되었고 영화 및 미국 보급품 등 모든 자원을 동원해 청중을 모으는 역할"을 했다. 공보실의 지원으로 번역극 일부도 무대에 올랐다. 1949년에 나온 〈애국자〉와 〈용사의 집〉, 1950년의 〈높은 암사〉 등이다.

군정에서 운영하던 공보부서는 1948년 8월 15일 대한민국 공보처가 된다. 주한미군사령부에서 운영하는 공보조직은 국무부 소속의 미공보원USIS으로 명칭을 바꿨다. 전쟁을 거치면서 USIS 의 관심은 점차 영화로 옮아갔다.[112] 1952년 경남 창원에 영화를 전문적으로 제작하기 위한 상남 스튜디오가 들어서면서 본격적인 활동이 시작된다. 인기도 높은 편이었다. 전국 75개 영화관과 총 20개의 이동영사대를 통해 상영되었는데 영화 관객수는 월 375만 명 정도였다. 〈자유소식Liberty News〉이라는 영상물 시리즈가 먼저 나왔다. 곧이어 한국인이 감독을 맡은 다큐멘터리 영화도 제작됐다. 〈사랑의 병실〉〈거리의 등대〉〈제2의 적〉〈바다를 밀어낸 사람들〉〈나의 4H 과제장〉〈한국의 교육제도〉〈의정부 이야기〉 등이다.[113]

김기영 감독이 연출을 맡은 〈사랑의 병실〉(1953년작)은 서울 세브란스병원을 배경으로 전쟁에서 다친 한 고아의 재활 얘기를 담았다. 목적이 있는 영화였다. 미군과 유엔 군대의 도움을 받았다는 얘기는 빠지지 않았다. 월남한 실향민들이 간척사업을 통해 염전을 만들었다는 실화를 바탕으로 한 〈바다를 밀어낸 사람들〉도 닮은꼴이다. 유엔경제조정관실OEC이 간척 장비를 실은 트럭을 빌려줬다는 것과, 미국의 가톨릭복지협회와 세계식량지원World Food Service 등이 보내준 구호물자를 통해 굶주림을 해결했다는 장면 등이 나온다.

지금처럼 즐길 수 있는 콘텐츠가 많을 때가 아니었다. 정보와 오락에 대한 갈증도 높을 때다. 미국의 심리전이 개입하고 있다는 생각은 아예 못했다. 그들이 읽고 보고 듣고 즐겼던 건 대부분 외국 수입품이 아닌 국산품이었다. 작동방식을 잘 보여주는 곳이 아시아재단이다. 정체성 중에서 논리적 사고와 설득에 개입하는 로고스logos를 겨냥했다.

두뇌 공략

아시아재단의 뿌리는 '자유유럽위원회Free Europe Committee'다. 대상이 유럽이라 이 단체의 본부는 뉴욕에 있다. 1949년 앨런 델러스가 설립했다. 예산과 인사 권한을 가진 이사회에는 『TIME』 소유주 헨리 루스를 비롯해 당시 NATO 사령관이었던 아이젠하워 등이 참여했다. 유럽에 이어 아시아로 확대한 게 자유아시아위원회CFA다. 1951년 출범한 비영리단체다. 겉으로는 그렇지만 뒷배는 CIA다. 본부가 있는 샌프란시스코에서 주도적 역할을 한 인물은 제임스 스튜어트. 미국 CBS 충칭 통신원을 거쳐 전쟁 중에는 OSS에서 정보장교였다. 1947년 군정 산하에 민간정보실OCI이 설립되었을 때 책임자로 왔다. 미국 정부의 재정 지원을 받았고 CIA 산하 '정책조정국OPC'과 함께 비밀작전도 수행했다. "아시아의 사회, 문화 및 정치 지도자들과 광범위한 접촉을 통해 다른 기관에서는 접근할 수 없는 정보를 수집하여 지속해서 CIA에 전달"하는 일을 맡았다.[114]

아시아재단으로 명칭을 바꾼 건 1954년이다. 로버트 브럼Robert Blum이 이사장으로 취임한 직후다. 그는 교수 출신으로 OSS에서 일했다. 주요 활동무대는 워싱턴·런던·파리였다. 전쟁 후에는 OSS를 CIA로 확대하는 데 결정적인 영향을 미친 '정보활동분석팀'을 도왔다. "아시아인들은 자신들 사회의 문화적 패턴과 갈등을 일으키는 서구적 방법과 목표들에 대한 인내심에 한계를 느끼고 있으며 누가 적이고 친구인지를 스스로 선택하기를 원한다"는 판단에서 목표공략층이 저항감을 느끼지 않도록 하는 '현지화' 방식이 채택된다.

학술적 연구에 대한 지원, 반공 문학의 확산, 반공 인사들의 학회 경비 지원, 1952년 창간된 정치문제 중심 종합잡지 『자유세계』와 '자유아시아라디오Radio Free Asia'와 같은 언론사 지원 등이다. 한국과 북한에 관한 지식 생산을 지원하는 한편으로 한국의 지식인 사회를 겨냥한 것으로 유명하다.

가장 대표적인 작업으로 월간 『사상계』 지원이 꼽힌다. "현재를 해결하고 미래를 개척할 민족의 동량은 탁고기명(托孤寄命)의 청년이요, 학생이요, 새로운 세대임을 확신하는 까닭에 본지는 순정무구한 이 대열의 등불이 되고 지표가 됨을 지상의 과업으로 삼는 동시에 종으로 5천 년의 역사를 밝혀 우리의 전통을 바로잡고 횡으로 만방의 지적 소산을 매개하는 공기(公器)로서 자유·평등·평화·번영의 민주사회 건설에 미력을 바치고자 하는 바이다." 1955년 8월에 발간된 '사상계 헌장'의 일부다.[115] 1960년 4·19혁명이 일어나기 직전에 발간된 7주년 기념호에서는 다음과 같은 글을 실었다.

지조 없는 예술가들이여, 너의 연기(演技)를 불사르라. 너의 연기는 독부(毒婦)의 미소 섞인 술잔이다. 부정에 반항할 줄 모르는 작가들이여, 너의 붓을 꺾어라. 너희들에게 더 바랄 것이 없노라. 양의 가죽을 쓴 이리떼 같은 교육자들이여, 토필을 던지고 관헌의 제복으로 갈아입거나 정당인(政黨人)의 탈을 쓰고 나서라. 너희들에게는 일제시대의 노예근성이 뿌리 깊이 서리어 있느니라. 지식을 팔아 영달을 꿈꾸는 학자들이여, 진리의 곡성(哭聲)은 너희들에게 반역자란 낙인을 찍으리라.[116]

정부와 지도층의 부정과 비리를 풍자하는 김지하의 시 〈오적五賊〉을 실으면서 끝내 폐간을 당했다. 1970년이다. 그러나 한국 지식인의 등불로까지 불렀던 이 잡지의 배후에도 미국이 있었다. 접점은 두 개다. 그중 하나는 백낙준 연세대 총장이다. 미군정과 아시아재단 등과 관련이 깊은 인물이다. 백낙준이 문교부 장관으로 있을 때 설립했던 '국민사상연구원'에서 일한 사람이 이 잡지의 책임자였던 장준하다. "국민 전체의 두뇌에서 독재적 공산주의 사상을 일소하고 자주적인 민주주의를 도입하여 국민 전체를 모든 민주 우방과 호흡을 같이 하고 사고를 같이 하고 생활방식을 같이 하게 지도"할 목적으로 만든 조직이다. 1954년부터 아시아재단에서 운영자금과 용지 도움을 받을 때도 힘을 보태줬다.

또 다른 접점은 문화자유회의CCF다. 1967년에야 CIA가 뒷돈을 댔다는 게 밝혀졌다. 좌파 지식인에 대항하기 위해 만든 『차이나 쿼터리』『인카운터』『파르티잔리뷰』 등을 발행한 곳이다. 번역해서 소개했던 논문의 상당수가 이런 잡지에 투고된 글이었다.[117] 공짜 점심은 아니었지만, 강요에 의해서가 아니라 자발적 공모 관계였던 것이다. 공산주의는 '절대악'이라는 것과 '미국이 주도하는 자유 진영에 편입되는 것'이 한국의 전략이라고 믿었다.[118]

부모는 아이가 좋아하는 음식·취미·성향을 관리한다. 먹여주고 재워주고 보호해주는 값이다. 미국 사회 전체가 상당한 공을 들였다. 한국이 잘되기를 바라는 마음을 탓하는 게 아니다. 군인이든 변호사든 의사든 부모가 자식에게 바라는 꿈도 있다. 미국은 한국이 '반공 전사'가 되기를 희망했고 그 꿈은 상당 부분 달성된 상태다. 이제 냉전이 끝난 지도 30년이 지났다. 하지만 한국인 다수는 여전히 '냉전 사고방식'을 버리지 않고 있다. 벌써 자립하고도 남을 수준이 되었어도 부모의 뜻을 거스르지 않으려고 노력한다. 부모가 집을 나가라고 할까 봐 노심초사한다. 더 나쁜 건 한국의 자유의지가 아닌 게 많다는 점이다. 미국은 한국을 지금도 관리한다. 직접 하지는 않아도 대리인을 내세운다. 골짜기에서 소리를 지르면 메아리가 울리는 것처럼 미국은 필요에 따라 집단의 기억과 정서를 '소환'한다. 민족 자존감을 자극해 혐중嫌中 정서를 만든다든가, 주한미군 철수를 거론함으로써 전쟁의 공포를 되뇌게 하고, 또 '빨갱이 공포심Red Scare'을 소환해 북한에 대한 악마 이미지를 굳힌다.

당연히 일부에서는 이런 상황을 비판한다. 한국이 미국에 가스

라이팅 된 상태라거나 자발적으로 노예의 길을 간다고 본다. 동의
하지 않는 사람이 다수라는 게 흥미로운 부분이다. 왜 그럴까? 가
두리 양식장의 비유를 가져다 대면 설명되는 부분이 많다.

제4장

가두리
양식장

그러나 나는 몰랐다. 인천엔가 어디에
맥아더 장군의 동상이 서 있더라는 소리를 듣고
그런 것은 미국의 식민지에는 으레 있는 것으로만 알았지
그런 것이 우리나라에만 있는 줄은 차마 몰랐다.

김남주, 〈남의 나라 동상이 있는 나라는〉 중에서

봄날은
간다

넓은 호수나 인근 바다에는 많은 가두리 양식장이 설치되어 있다. 물고기들은 그물 안에서 마음껏 자유를 누린다. 먹을 것도 넉넉하다. 친구도 많다. 굳이 멀리 나가거나 낯선 바다를 헤맬 필요를 못 느낀다. 경계선 밖에 있는 몸집이 크고 사나운 물고기에 잡아먹힐 우려도 없다. 점차 어른 물고기가 되면서 그물의 존재를 깨닫게 된다. 이때 선택지는 두 가지. 늦기 전에 울타리를 벗어나거나 계속 머물거나. 밖으로 나가는 건 생각보다 어렵다. 자신이 누리던 안락한 환경을 포기해야 한다. 다른 물고기가 말린다. 아직 작은 그들의 눈에는 그물이 안 보인다. '못' 나가는 게 아니라 '안' 나가는 것이라고 믿기 때문에 관심도 없다.

결정적으로, 다 자란 물고기는 조만간 사라진다. 평소 밖으로 나가려고 했으니 어디론가 떠났다고 짐작한다. 가두리 양식장의 평화가 유지되는 방식이다. 모두 좋은 관계다. 양식장 주인은 싱싱한 횟감을 언제든지 확보할 수 있다. 저렴한 가격에 이용할 수 있는 소비자도 좋다. 낚시로 잡은 게 아니라 육질은 좀 못하지만 큰 차이는 아니다. 불행의 몫은 어장에 갇힌 물고기다. 자신의 운명이 전혀 모를 누군가에 의해 결정될 수도 있다는 게 비극이다. 그것을 깨달을 때가 되면 이미 식탁에 올라간다는 게 그나마 위안이다. 한국의 상황이 이 물고기와 같다고 하면 모욕일까?

미국은 한국을 입양하고 키웠다. 부모를 잃고 길거리에 팽개쳐진 한국이라는 고아를 각별하게 챙겼다. 정성이 헛되지 않도록 한국도 많은 땀을 쏟았다. 낯선 땅에서 전우가 되어 직접 싸웠거나 든든한 방패 역할을 했다. 동시에 민주화도 이루었고 남부럽지 않게 먹고 산다. 미국을 따르면 한국처럼 될 수 있다는 걸 보여주는 멋진 전시장이 됐다. 그래서 한국 사회에서 미국은 매우 특별한 존재다. 일부는 불편하게 보지만 압도적인 다수는 미국을 가슴으로 품고 산다. 전쟁과 보릿고개를 다 거친 노년 세대가 특히 그렇다.

또한 미국 덕분에 기독교 공화국을 세울 수 있었다고 믿는다. 노예로 살던 이집트에서 탈출해 홍해를 건너, 40년을 방황한 끝에 마침내 축복의 땅 '가나안'에 도착했다고 본다. 그렇지만 단순하게 봐도 한국인이 열광하는 미국의 대외정책은 문제가 많다. 겉으로는 모든 게 좋아 보이는 한미동맹의 손익계산서 역시 복잡하다. 갈수록 기회비용이 더 늘어나는 중이다. 한국은 왜 이 상황을 벗어나지 못할까? 미국의 '헤게모니'가 한국 사회를 관통하고 있기 때문은 아닐까?

이탈리아 사상가 안토니오 그람시가 제시한 개념이 헤게모니다. 러시아와 달리 이탈리아에서는 왜 노동자 혁명이 일어나지 않을까? 누군가 그들에게 폭력을 쓰지 않았는데도 그들은 왜 무솔리니 정권을 선택했을까? 그람시가 던진 질문이다. 감옥에 있는 동안 몇 가지 생각을 정리했다. 그중 하나는, 국가를 구성하는 요소를 크게 정치사회와 시민사회로 구분한 점이다. 군대·경찰·사법기관 등 국민에게 폭력을 행사하는 쪽은 정치사회 몫이다. 정부가 국민을 통제할 때 동원하는 '채찍'의 역할을 한다. 당근은 시민사회 몫으로, 설득하고 회유하는 힘이다. 역사상 어떤 지배계급도 이 영역을 온전히 장악하지는 못했다. 과거 왕과 귀족이 압도적인 권력을 누리고 있을 때도 혁명이 일어났던 건 이 시민사회를 뜻대로 하지 못했기 때문이다. 1789년 프랑스 대혁명이 대표적 사례다. 왕실 근위대를 비롯해 루이 16세는 막강한 힘을 가졌지만, 프랑스 국민은 다른 세상을 원했다. "모든 인간은 자유롭게 태어났다" 또 "왕도 잘못하면 추방할 수 있다"라는 생각이 널리 알려진 덕분이다.

국민이 정부와 맺는 관계는 '자발적 동의'라는 게 또 하나의 생각과 연결된다. 국민은 채찍을 두려워한다. 그렇지만 잦은 폭력 행사는 반감을 낳는다. 물은 배를 띄우기도 하지만 뒤집을 때도 있다는 걸 기억하면 된다. 폭력을 자주 사용하지 않는 건 이런 까닭에서다. 평소에 국민이 정부에 저항하지 않는 건 왜 그럴까? 국가를 끌고 가는 지배층의 지적, 도덕적 우위를 인정하는 것과 관계가 있다. 권력이 평등하지 않다는 건 국민도 안다. 그래도 누군가 자신들보다 더 뛰어나고, 더 지혜롭고, 더 양심적이라면 어느 정도는 감수해야 한다고 본다. 다수 국민이 그렇게 믿고 행동하면 지배계급은 더 바랄 게 없다. 그래서 학교·교회·언론 등을 통해 국민이 이런 믿음에서 벗어나지 않도록 끝없이 간섭한다. 지배계급의 특권이나 사고체계를 저항감 없이 받아들이게 하는 게 목표다. 누군가 헤게모니를 장악했다는 건 이런 상태를 말한다.

그럼 권력질서를 바꾸는 것은 불가능할까? 덜 억압받고, 더 평등하고, 더 인간다운 세상을 만드는 건 환상일까? 그람시는 그 답을 '진지전陣地戰'에서 찾았다. 논리적으로, 윤리적으로, 그리고 정서 측면에서 지배계급을 압도하는 장기적이고 지속적인 투쟁이다. 물리적 폭력으로 권력을 장악하는 '기동전'과 분리해 문화·교육·언론 활동 등을 강조한다. 한미관계에 이를 적용하면 어떨까?

거부당한 봄

2000년의 6·15 공동선언이 나오기 전, 한반도는 전쟁 직전까지 내몰렸다. 동유럽이 무너지면서 북한도 조만간 무너질 수 있다는 집단사고가 있던 때였다. 미국은 국제원자력기구IAEA를 통해 북한에 대한 광범위한 사찰을 요구했고, 북한은 핵확산금지조약NPT 탈퇴로 맞섰다. 1994년 3월 19일 남북특사 교환을 위한 실무

대표가 만난 자리에서 남북 간 언성이 오갔다. 미국이 주도하는 경제제재에 남한이 동참할 것이냐는 북한의 질문에 남한 대표는 그렇다고 고개를 끄덕였다. 북한 박영수 대표는 그건 전쟁 선언과 같다고 말했고, "우리는 대항할 준비가 돼 있다. 여기서 서울은 멀지 않다. 전쟁이 나면 '불바다'가 되고 말 것이다"라는 말로 이어졌다. 서울이 불바다면 평양은 피바다가 될 것이라는 경고도 나왔다. 다수 국민은 상황이 얼마나 심각한지 몰랐다. 마침 94년 월드컵 경기가 진행중이었다. 스페인과 대결한 6월 17일 경기에서는 2:2로 무승부를 기록하기도 했다. 63.7%라는 높은 시청률을 보였다. 전날 6월 16일, 미국이 자국 민간인들을 한국에서 철수하기로 했다는 건 꿈에도 생각하지 않았다.

대통령 김영삼도 몰랐다. "3일 이내로 한국을 떠나라"는 문자가 전달됐고, 미국은 북한의 영변을 폭격할 준비에 들어갔다. 국방부 장관이었던 윌리엄 페리William Perry는 그때 상황을 "클린턴 대통령에게 '재난을 불러올 수 있는 옵션', 즉 언젠가는 미국을 겨냥하게 될 핵무기를 북한이 보유하도록 내버려두는 대안과, '달갑지 않은 옵션', 즉 재래식 전쟁의 위험성이 있더라도 북한의 핵무기 보유를 적극 저지하는 대안 중에서 한 가지를 선택하게 했다. 대통령은 '달갑지 않은 옵션'을 선택했다"라고 회고했다.[119] 전쟁을 불과 몇 시간 앞두고 미국의 지미 카터 전 대통령 일행이 판문점을 넘었다. 김일성 주석에게 전쟁이 임박했다는 경고가 전달되었고 북한의 양보를 받아냈다. 1994년 10월 21일의 '북한과 미국

간에 핵무기 개발에 관한 특별계약'(일명 제네바 합의)으로 이어졌다. 전쟁이라는 폭풍은 그렇듯 아슬아슬하게 한반도를 비켜갔다.

화해를 위한 첫 삽을 뜬 건 1998년 2월 25일에 발표된 김대중 대통령의 취임사다. "분단 반세기가 넘도록 대화와 교류는커녕 이산가족이 서로 부모형제의 생사조차 알지 못하는 냉전적 남북관계는 하루빨리 청산되어야 합니다"는 문제의식이 뚜렷했다. 북한을 향해 앞으로 적용할 3대 원칙도 밝혔다. "어떠한 무력도발도 결코 용납하지 않겠습니다. 우리는 북한을 해치거나 흡수할 생각이 없습니다. 남북 간의 화해와 협력을 가능한 분야부터 적극적으로 추진해 나갈 것입니다"란 내용이다. 북한에 고향을 둔 현대그룹의 정주영 회장이 소떼 1001마리를 이끌고 판문점을 넘는 일로 이어졌다. 1998년 6월 16일과 10월 30일이다. 해상을 통한 금강산 관광이 그의 2차 방북 때 결정됐다. 그해 11월 18일 '금강호'가 첫 출항을 했다.

2000년 6월 15일에는 김대중 대통령의 역사적인 평양 방문이 이루어졌고 6·15 공동선언이 채택됐다. "남과 북은 나라의 통일 문제를 그 주인인 우리 민족끼리 서로 힘을 합쳐 자주적으로 해결해 나가기로 하였다"는 얘기가 맨 앞에 등장한다. 제4조에는 "남과 북은 경제협력을 통하여 민족경제를 균형적으로 발전시키고 사회·문화·체육·보건·환경 등 제반 분야의 협력과 교류를 활성화하여 서로의 신뢰를 다져 나가기로 하였다"라는 내용을 담았다. 남북관계 개선을 위한 노력은 노무현 정부에서도 계속됐다. 그간의 성과는 2003년 2월 25일 발표된 취임사에 담겨 있다. "이제까지 우리는 한반도의 평화를 증진시키기 위해 많은 노력을 기울였습니다. 그 성과는 괄목할 만합니다. 남북한 사이에 사람과 물자의 교류가 일상적인 일처럼 빈번해졌습니다. 하늘과 바다와 땅의 길이 모두 열렸습니다"라는 부분이다.

대통령으로 있는 동안 "그동안의 성과를 계승하고 발전시키면서, 정책의 추진방식은 개선해 나가고자 합니다"라고 약속했다. 과거에는 없었던 많은 일이 새롭게 진행됐다. 남북 간 군사대화가 그중의 하나였다. 2000년까지는 단 한 차례도 없었으나, 2000년부터 2007년까지 국방장관회담, 장성급군사회담, 남북군사실무회담을 합쳐 무려 44회나 열렸다.[120] 고위급회담이 20차례, 이산가족상봉이 15차례, 평양을 방문한 숫자는 4만 명, 또 200만 명이 금강산을 다녀왔다. 각종 국제경기에서는 남북이 단일팀으로 출전했다. 2000년 시드니 올림픽이 첫 단추였다. 2002년 부산 아시안게임, 2003년 대구 유니버시아드대회와 아오모리 동계 아시안게임, 또 2004년 아테네 올림픽과 2006년 토리노 동계올림픽 등으로 연결됐다.

북한의 핵무기 개발 의혹이라는 장벽을 만났을 때도 미국·남한·북한을 넘어 중국·일본·러시아를 포함하는 6자회담을 통해 풀어갔다. 덕분에, 2005년 베이징에서는 9·19 공동성명이 나왔다. 북한은 "모든 핵무기와 현존하는 핵계획을 포기할 것"과 "조속한 시일 내에 핵확산금지조약(NPT)과 국제원자력기구(IAEA)의 안전 조치에 복귀할 것"을 약속했다. "핵무기를 접수 또는 배비하지 않겠다"는 것과 "북한에 대한 2백만 킬로와트의 전력공급을 하겠다"는 게 남한의 약속이었다. 미국도 "상호 주권을 존중하고, 평화적으로 공존하며, 각자의 정책에 따라 관계정상화를 위한 조치를 취할 것"이라고 밝혔다.

노무현 대통령의 평양 방문으로 연결되었으며 10·4 남북공동선언도 발표됐다. 2007년이다. "남과 북은 우리민족끼리 정신에 따라 통일문제를 자주적으로 해결해 나가며 민족의 존엄과 이익을 중시하고 모든 것을 이에 지향시켜 나가기로 하였다"라는 내용은 제1항에 또 나왔다. "민족내부협력사업의 특수성에 맞게 각종 우대조건과 특혜를 우선적으로 부여"한다는 것과 "해주지역과 주변해역을 포괄하는 '서해평화협력특별지대'를 설치" "개성공업지구 1단계 건설을 빠른 시일 안에 완공"한다는 등의 합의도 포함했다. "백두산 관광을 실시하며 이를 위해 백두산-서울 직항로를 개설한다"는 얘기도 있다. 그러나 2008년 이명박 정부가 들어서면서 달라졌다.

금강산 관광 중단이 시작이었다. 금강산에 관광을 갔던 박왕자 씨가 북한 군인의 총에 맞아 사망하는 사건이 빌미가 됐다. '울고 싶을 때 뺨을 맞았다'에 맞는 상황이었다. 불과 1년 전 남한 근로자의 음주운전으로 북한 병사가 숨졌을 때와 너무 달랐다. 그때는 우발적 사건으로 원만히 합의하여 문제를 풀었다. 2010년 3월 26일에 일어난 천안함 사건은 엎친 데 덮친 격이었다. 백령도 해상에 있던 해군 초계함이 북한의 어뢰 공격을 받아 침몰했다는 게 정부의 발표였다. 북한은 자신과 무관하다고 일찍부터 밝혔다. 북한의 헌법상 최고권력기구인 국방위원회 대변인이 2010년 5월 20일에 발표한 성명에 나온다. "물증도 없이 천안호 침몰사건을 우리와 억지로 연계시키다가 끝끝내 침몰원인이 우리의 어뢰 공격에 있는 것처럼 날조된 합동조사 결과라는 것을 발표"했다는 비난이다. "국방위원회 검열단을 남조선 현지에 파견할 것"이라는 제안도 내놨다. "천안함 공격 등과 관련해 우리가 저지른 행동이 아닌데 사과할 수 없으며, 이는 백년, 천년이 지나도 마찬가지라는 입장"을 지금도 바꾸지 않는다.[121] 정확한 원인은 지금도 밝혀지지 않고 있다.

한국 정부는 이번에도 진실이 밝혀질 때까지 기다리지 않았다. 사건 발생 두 달이 지난 5월 24일 "개성공단을 제외한 남북 교역 전면 중단, 북한 선박의 우리 영해 및 EEZ 항해 불허, 우리 국민의 방북 불허, 대북투자 사업 보류" 등의 조치를 발표했다. 북한이 모든 교류와 대화 노력을 접겠다고 발표한 건 그로부터 1년 6개월 정도가 지난 2011년 12월 17일이다. 김정일 위원장이 사망한 직후에 나온 한국의 반응에 대해 "추모 분위기를 틈타 어리석은 목적으로 실행해 보며 그렇게 안 되는 경우에는 그 무슨 '급변사태'와 '체제변화'를 유도해보려는 고약한 속내의 발로"라고 봤다. "남조선의 각계각층 인사들과 동포들의 조의표시와 조문단 파견요구"를 거부한 것도 문제 삼았다. 국방위원회 명의로 "이미 선포한

대로 리명박 역적패당과는 영원히 상종하지 않을 것이다"라고 선언했다.

겉으로 봤을 때, 미국의 책임은 별로 없어 보인다. 국민이 선거를 통해 보수 정권(이명박과 박근혜 대통령)을 선택했고, 그 위임에 따라 대북정책을 변경한 것으로 볼 수 있다. 그러나 자세히 들여다보면 다른 그림이 드러난다.

채찍

2001년 1월 20일, 미국 조지 부시 대통령의 임기가 시작됐다. 전임자 클린턴 정부에서 추진했던 거의 모든 정책을 뒤엎었다. 'ABCAll But Clinton' 정책으로 알려져 있다. 취임 첫해 9·11 테러가 일어나고 곧바로 미국 우선주의를 내세웠다. 2002년 1월에 발표한 연두교서에는 북한을 '악의 축'에 포함했다. "대량파괴를 목적으로 하는 미사일과 무기로 무장하고 있으면서 자국민을 굶주리게 하는 정권"이라는 게 근거였다. 그해 3월에는 「핵 태세 검토 보고서」를 통해 핵을 선제적으로 사용할 수 있는 적대적인 국가 중 하나로 북한을 넣었다. 중국과 러시아가 포함되는 건 낯설지 않지만, 북한은 의외였다. 당시 함께 거론된 국가는 조만간 미국의 무력 공격을 받게 된 이라크와 리비아다. 미국이 지원하는 반군을 통해 시리아도 내전을 맞았다.

북한과 미국이 1994년 제네바에서 합의한 것에 대한 이행도 미뤘다. 북한은 두 달이 지난 5월에 '테러지원국'으로 다시 지정된다. 9월에는 고농축우라늄HEU을 북한이 개발하고 있다는 의혹도 나왔다. 그해 11월 CIA 보고서를 통해 명확한 증거가 없다는 것이 밝혀졌지만 제네바 협상을 깨기 위한 핑계로 계속 활용됐다. HEU에 대한 증거를 내놓지 못한 채 2003년 10월 이를 우라늄농축프로그램UEP으로 수정한 게 증거다. 북한이 이미 핵무기를 보유하고 있다는 의혹이 불거지면서 그해 11월 13일에는 합의 내용 중 하나였던 중유 제공을 중단한다고 발표했다. 2003년 7월, 미국 의회에서는 제네바 협정의 핵심 내용이었던 '한반도에너지개발기구KEDO' 지원을 금지하는 법안이 통과됐다. 북한은 국제원자력기구 사찰단을 추방하고, 핵확산방지조약 탈퇴와 미사일 시험 발사 재개로 맞섰다. 중국의 중재로 2003년 4월부터 열린 6자회담도 별다른 성과를 내놓지 못했다. 결국 미국이 문제였다.

2003년 9월, 중국의 왕이 외교부장은 "미국이 북핵 문제 해결의 최대 걸림돌"이라고 공개적으로 비판했다. 2004년 12월 선거에서 연임에 성공한 부시 행정부가 구축한 장애물은 더 높아졌다. 국무장관으로 임명된 콘돌리자 라이스Condoleezza Rice의 발언이 신호탄이었다. 1947년의 트루먼 독트린이 다시 나왔다. "전체주의 정부의 전초기지Outposts of tyranny"라는 표현을 통해서다. 북한을 비롯해 쿠바·짐바브웨·미안마·벨라루스·이란 등 6개국을 겨냥했다. 2005년 9월 15일에는 마카오의 소규모 은행 방코델타아시아BDA를 통한 북한 위조지폐와 불법 돈세탁 의혹이 보도됐다. 미국 애국법Patriot Act에 근거를 둔 재무부의 일방적 주장이었고 지금도 증거는 없다. 며칠 뒤 있을 6자회담 참가국의 9·19 베이징 합의에 찬물을 끼얹겠다는 의도가 의심되는 상황이었다. 한국 정부도 동의하지 않았다.

2006년 12월 21일, 노무현 대통령이 민주평화통일자문회의 연설에서 밝힌 내용이 있다. "미국 국무부가 미처 몰랐던 것 아닌가, 베이징에서 모르는 상태에서 그 하루 이틀 전에 제재는 나와 버렸고 나온 것을 풀지 못하고 여기까지 와 버린 것 아닌가, 이렇게 볼 수도 있습니다. 또 나쁘게 보면 '짜고 치는 고스톱' 아니냐, 이렇게도 볼 수 있습니다"라는 발언이다.• 북한은 반발했고 2006년 10월 끝내 핵실험에 들어갔다. 미국이 경수로 지원 사업을 이미 폐기하고 모든 책임은 북한에 있다고 말한 뒤였다.[122] 임동원 전 국정원장도 당시 상황에 대해 다음과 같이 말했다.[123] 『피스메이커: 남북관계와 북핵문제 20년』(2008)이란 책을 통해서다.

빌 클린턴 행정부가 '인게이지먼트engagement' 정책, 포용 정책을 추진해요. 클린턴 행정부는 미국 역사상 최초로 북한과 대화하고 협상한 정부예요. 그전까지는 상대를 안 해줬으니까. 북한 핵 문제 해결을 위해 '제네바 기본합의'를 채택해서 핵 문제를 해결했잖아

• 국무부가 재무부의 기밀 수사를 몰랐을 가능성은 크다. 그렇지만 NSC 차원에서 북한과 관련한 정보가 공유되지 않았을 것으로 보는 건 무리가 있다. 남북관계가 호전될 조짐이 있으면 거의 예외 없이 익명의 정보원이 등장해 '찬물'을 끼얹는 것도 우연으로만 보기는 어렵다.

요. 중단시켰어요. 그리고 미북 관계를 개선해 나갔잖아요. 이렇게 8년을 해서, 미북 정상회담을 하기 위해서 울브라이트 국무장관이 평양에 가지 않습니까? 여기까지 됐었는데 대통령 선거에서 부시가 당선돼서 클린턴이 하던 건 다 틀렸다고 뒤집어 버리니까, 또 우리 운명이 이렇게 되었죠.

평창 동계올림픽을 계기로 다시 맞은 2018년의 봄은 다를 것으로 봤다. 설마 똑같은 실수를, 잘못을, 어리석음을 되풀이할까 싶었다. 막상 뚜껑을 열었을 때 달라진 건 없었다. 결말은 지난번보다 더 참담하다.

지키지 못한 봄

문재인 대통령의 임기는 2017년 5월 10일 시작됐다. 전쟁의 공포가 또 한반도를 떠돌고 있던 때였다. 지난번과 달리 이번에는 핵전쟁이었다. 국제사회가 모두 숨죽이고 지켜봤다. 미국의 트럼프 대통령은 "미국은 커다란 힘과 인내심을 가지고 있지만, 스스로 또는 동맹국들을 방어해야 한다면 북한을 완전히 파괴할 수밖에 없습니다. 로켓맨(김정은)은 자신과 자신의 정권에 대한 자살 임무를 수행하고 있습니다"라고 말했다. 2017년 9월 19일에 열렸던 유엔총회를 통해서다.

북한 김정은 노동당 위원장의 반박 성명이 곧 나왔다. "미국 집권자는 정세 완화에 도움이 될 수 있는 나름대로 설득력 있는 발언은 고사하고 우리 국가의 '완전파괴'라는 역대 그 어느 미국 대통령에게서도 들어볼 수 없었던 전대미문의 무지막지한 미치광이 나발을 불어댔다. (…) 나는 트럼프가 우리의 어떤 정도의 반발까지 예상하고 그런 괴이한 말을 내뱉었을 것인가를 심고하고 있다. 트럼프가 그 무엇을 생각했든 간에 그 이상의 결과를 보게 될 것이다. 미국의 늙다리 미치광이를 반드시, 반드시 불로 다스릴 것이다"라는 내용이다. 말이 아닌 실제 행동으로 연결되기 직전이었다는 게 나중에 밝혀졌다. 탐사보도 전문가 밥 우드워드Bob Woodward가 출판한 『격한 분노Rage』란 책과, 『뉴욕타임스』 기자 마이클 슈미트Michael Schmidt가 쓴 『도널드 트럼프와 미국: 대통령을 말리기 위한 백악관의 내부 투쟁Donald Trump v. The United States: Inside the Struggle to Stop a President』을 통해서다. 관련 내용이 자세하게 나온다.

트럼프 대통령은 일반인이 생각하는 것보다 훨씬 더 진지하게 북한에 대한 핵 공격을 고려했다. 국방장관이었던 짐 매티스Jim Mattis는 퇴근도 못 하고 근처 스포츠센터Gym에서 잠을 잘 정도였다. 트럼프 대통령이 부르면 언제든지 달려갈 수 있도록. 북한을 핵으로 공격한 다음 제3국이 한 것처럼 은폐하자는 구체적인 계획도 논의되었다고 한다. 빈센트 브룩스 전 한미연합사령관의 고백에 따르면, 미국 정부는 한국과 일본에 체류중이던 미국인 수십만 명을 조기에 대피시키는 계획을 세웠다. 선제 공격과 단독 공격 등을 포함한 '모든 선택지'가 가능한 상황이었다. 전례가 있다.

베트남전의 평계가 된 1964년 통킹만 사건이 대표적이다. 구축함 매덕스호가 먼저 공격한 뒤 반격을 받았지만, 정반대로 의회에 보고됐다.

최근에도 유사한 일이 벌어진다. 2022년 9월에 폭파된 러시아와 독일을 잇는 '노드스트림2 가스관'이 미국과 노르웨이에 의해 파괴되었다는 얘기다. 미국 정부는 거짓말이라고 부인해도, 보도를 한 인물이 전설적인 탐사 기자인 세이모어 허시Seymour Hersh다. 믿을 만한 내부 고발자의 증언이 근거다. 누가, 언제, 어떻게 했는지 잘 나와 있다. 그는 폭파 배후로 미국과 노르웨이를 지목했다. 백악관과 CIA, 펜타곤이 모두 관련된 기밀 작전이었다. 러시아의 천연가스가 독일로 공급되는 연결고리를 차단함으로써 우크라이나가 필요로 하는 재정적 지원과 군수품을 계속 얻어내는 게 목표였다. 중국과 러시아 정부도 그렇게 믿고 있다.[124] 만약 트럼프가 핵을 사용했다면 상당히 비슷한 상황이 진행되었을 개연성이 높다.

전쟁의 공포는 문재인 대통령의 취임사에 반영되어 있다. "안보 위기도 서둘러 해결하겠습니다. 한반도의 평화를 위해 동분서주하겠습니다. 필요하면 곧바로 워싱턴으로 날아가겠습니다. 베이징과 도쿄에도 가고 여건이 조성되면 평양에도 가겠습니다. 한반도의 평화정착을 위해서라면 제가 할 수 있는 모든 것을 다 하겠습니다"라는 부분이다. 두 달 뒤 7월 6일에는 독일 베를린을 방문해 '한반도 평화구상'을 내놓았다. 2000년 제1차 남북정상회담으로 연결된 김대중 대통령의 뜻을 이어가겠다고 밝혔다. 한국 정부가 추구하는 것은 "남과 북이 서로를 인정하고 존중하며, 함께 잘 사는 한반도"라는 점을 분명히 했다. "평창 동계올림픽에 북한이 참가하여 '평화 올림픽'으로 만들자"라는 것과 "한반도의 긴장과 대치국면을 전환할 계기가 된다면 나는 언제 어디서든 북한의 김정은 위원장과 만날 용의가 있습니다"라는 제안도 내놨다.

북한의 반응도 좋았다. 2018년 1월에는 박근혜 정권 말기에 2년이나 단절되어 있었던 남북 간 연락 채널이 복원됐다. 평창 올림픽이 열린 2월 9일에는 남북선수단이 공동으로 입장했다. 남북 평화와 협력을 기원하는 남측 예술단의 평양 공연도 열렸다. 평양 동평양대극장에서 열린 이 행사의 주제는 '봄이 온다'였다. "민족은 하나"라는 것과 "통일을 이루자"라는 공감대가 만들어졌다.

문재인 대통령과 김정은 위원장 간 정상회담도 열렸다. 판문점에서 만났다. 평양에서 열린 제3차 정상회담에서는 '평양공동선언'이 채택됐다. 2018년 9월 19일이다. "양 정상은 민족자주와 민족자결의 원칙을 재확인하고, 남북관계를 민족적 화해와 협력, 확고한 평화와 공동번영을 위해 일관되고 지속적으로 발전시켜 나가기로 하였으며, 현재의 남북관계 발전을 통일로 이어갈 것을 바라는 온 겨레의 지향과 여망을 정책적으로 실현하기 위하여 노력해 나가기로 하였다"라는 내용이 앞부분에 나온다. 평화와 통일을 위한 대책도 구체적으로 밝혔다. "동, 서해선 철도 및 도로 연결을 위한 착공식, 개성공단과 금강산관광 사업을 우선 정상화, 10월 중에 평양예술단의 서울공연 진행, 2032년 하계올림픽의 남북공동개최 유치" 등이었다. 북한의 김정은 위원장도 2019년 1월 '조건 없는' 금강산 관광과 개성공단 재개를 제안했다. 남북의 노력에 미국이 걸림돌이 될 것으로 생각하지는 않았다. 그러나 미국의 생각이 한국과 다르다는 건 금방 드러났다.

협박

"한미 외교장관 통화시 남북 군사합의서를 두고 폼페이오 장관이 격분해 강(경화) 장관을 힐난했다." 일본 『니혼게이자이』 신문이 2018년 10월 10일 보도했다. 같은 날, 5·24조치를 해제하는 것을 검토하고 있다는 강경화 외무부 장관의 발표도 바로 표적이 됐다. 평양에서 합의한 내용을 이행하기 위해서는 꼭 필요한 조치였다. 미국 트럼프 대통령은 이 제안에 대해 한국은 미국의 '승인'을 받아야 한다고 분명히 못박았다. 정부는 단순히 검토만 한 상태라고 급하게 꼬리를 내렸다. 2018년 11월 20일에는 말도 많고 탈도 많았던 '한미워킹그룹'이 등장했다. 목표는 "비핵화와 남북협력, 대북제재 문제 등을 수시로 조율하는 데" 있다. 미국이 원하는 조건을 북한이 모두 수용하지 않으면 남북 간 합의를 진행하지 못하도록 하겠다는 게 속내였다. 국내에서는 청와대, 외무부와 통일부가, 또 미국에서는 백악관의 국가안보위원회NSC, 국무부와 재무부 관계자가 참석하는 자리였다. 막연한 우려는 곧 현실이 됐다.

인도적 차원의 지원조차도 온갖 핑계로 막혔다. 작동방식은 이렇다. 가령, 제재대상이 아닌 사업 중 하나로 민간에서 할 수 있는 북한의 산림녹화사업이 있다. 산에 나무를 심기 위해서는 대규모의 양묘장을 만들어야 하는데 비닐하우스와 철제 프레임이 필수다. 미국은 그중에서 철제는 제재 품목이라고 승인을 막는다. 못 가게 하는 건 아닌데 결과적으로는 할 수 없는 상황이 된다. 의약품을 북한에 보내는 것도 문제가 됐다. 북한에 대한 인도적 지원은 워킹그룹에서도 승인된 상태였다. 정부는 타미플루 20만 명분과, 민간단체가 기부한 독감 신속진단키트 5만 개를 북쪽에 전달하기로 했다. 한데 제재 대상에 '운송 트럭'이 포함되어 끝내 아무것도 못 했다.[125]

미국과 북한 간 큰 틀의 합의에 대한 희망도 무너졌다. 희망에 부풀었던 출발이었다. 2018년 6월 12일 싱가포르에서 만난 트럼프 대통령과 김정은 국무위원장은 '북미정상회담' 합의문을 발표했다. 북한에 대한 미국의 체제안전보장을 조건으로 북한은 한반도에서의 완전한 비핵화라는 약속을 내놨다. 북미관계를 새롭게 수립하자는 내용도 들어 있었다. 그러나 기대를 모았던 2019년 2월의 하노이 회담은 아무런 성과도 없이 끝났다. 그해 6월 30일 판문점에서 열린 한국-북한-미국 간 3자 정상회담도 얻은 게 없었다.

북한이 봤을 때는 미국의 장난질을 의심할 만한 상황이 이어졌다. 북미실무회담의 전제조건에 걸려 있던 한미연합훈련이 다시 시작된 게 발단이었다. 김정은 국무위원장은 이를 두고 "남조선 당국자들이 세상 사람들 앞에서는 '평화의 악수'를 연출하며 공동선언이나 합의서 같은 문건을 만지작거리고 뒤돌아 앉아서는 최신 공격형 무기반입과 합동군사연습 강행과 같은 이상한 짓을 하는 이중적 행태를 보이고 있다"고 비난한 것이다.[126]

미국의 협력을 기대할 수 없는 상황에서 한국 정부는 어떻게든 돌파구를 찾고자 했다. 문재인 대통령이 2020년 1월 7일에 발표한 신년사에 잘 반영되어 있다.

지난 1년간 남북 협력에서 더 큰 진전을 이루지 못한 아쉬움이 큽니다. (…) 그러나 북미 대화의 교착 속에서 남북관계의 후퇴까지 염려되는 지금 북미 대화의 성공을 위해 노력해 나가는 것과 함께 남북 협력을 더욱 증진시켜 나갈 현실적인 방안을 모색할 필요성이 더욱 절실해졌습니다.

남북 사이의 협력으로 할 수 있는 일에 대해서도 밝혔다. "2032년 올림픽 남북 공동개최, 남북 간 철도와 도로 연결 사업, 비무장지대의 국제평화지대화, 개성공단과 금강산관광 재개를 위한 노력, 평화통일의 의지를 다지는 공동행사를 비롯하여 김정은 위원장의 답방" 등이다. 문재인 대통령은 이를 위해 북한 개별관광을 먼저 제안했다. 국제제재 대상도 아니었고, 더구나 미국의 승인은 필요하지 않았다. 미국의 생각은 달랐다. 미국은 허락하지 않았다. 만약 한국 정부가 고집을 부리면 대북제재 위반으로 상응하는 값을 치를 것이라고 경고했다. 북한의 불만이 점차 높아질 수밖에 없는 상황으로 치달았다.

2020년 5월 31일, 김여정 조선로동당 제1부부장의 담화문이 『로동신문』과 조선중앙통신에 발표됐다. 일부 탈북자들이 북한 지역으로 풍선을 이용해 전단(삐라)을 뿌리는 행위를 남한 정부가 방관하고 있다는 것에 대한 경고였다. "똥개들은 똥개들이고 그것들이 기어다니며 몹쓸 짓만 하니 이제는 그 주인에게 책임을 물어야 할 때다"라는 얘기였다. "군사분계선 일대에서 삐라 살포를 비롯한 모든 적대행위를 금지하기로 한 판문점선언과 군사합의서의 조항을 결코 모른다 할 수는 없을 것이다"는 말도 덧붙였다. 문재인 정부가 합의를 제대로 이행하지 않는 것에 대한 강도 높은 항의였다. 『로동신문』을 통해 발표한 6월 4일의 담화문에서는 더 구체적인 경고가 담겼다. "남조선 당국이 응분의 조처를 세우지 못한다면 금강산 관광 폐지에 이어 개성공업지구의 완전 철거가 될지, 북남(남북) 공동연락사무소 폐쇄가 될지, 있으나 마나 한 북·남 군사합의 파기가 될지 단단히 각오는 해둬야 할 것"이라는 얘기였다.

며칠 후 6월 11일에는 「최고 존엄은 우리 인민의 생명이며 정신적 기둥이다」라는 사설도 『로동신문』에 실렸다. 북한이 그간 합의 이행을 위해 노력해 왔다는 점은 "민족분열의 장벽을 허물고 자주통일의 새 국면을 열어나기 위하여 우리 당과 정부는 애국애족의 선의를 베풀어왔다"는 문장에 나온다. 북한이 상당히 실망하고 있다는 건 "선의와 아량에도 한도가 있는 법이다. (…) 세계와 민족 앞에 약속한 력사적인 선언을 파기하고 군사합의서를 휴지장으로 만든 이번 사태는 분명 북남관계를 깨뜨리려고 작심하고 덤벼드는 우리에 대한 도전이고 선전포고와 같다"에 잘 반영되어 있다.

짧았던 봄을 상징했던 남북공동연락사무소는 2020년 6월 17일 끝내 폭파됐다. 북한은 『로동신문』을 통해 "북남 공동연락사무소가 6월 16일 14시 50분에 요란한 폭음 속에 참혹하게 완전 파괴되었다"고 전하면서 "반성의 기미도 없는 자들로부터 반드시 죗값을 받아내기 위한 우리의 1차적인 첫 단계의 행동이다"는 설명을 덧붙였다. '때리는 시어머니보다 말리는 시누이가 더 밉다'는 속담에 어울리는 상황이었다. 미국 눈치만 보다가 한국이 자초한 결과였다.

자승자박

자신의 밧줄로 자기 발을 묶는다는 게 자승자박自繩自縛이다. 2020년 6월 17일, 김여정 조선로동당 제1부부장의 담화가 나왔다. 한미워킹그룹을 받아들인 것에 대한 불만이 담겼다. "북남합의문의 잉크가 마르기도 전에 상전이 강박하는 '한미실무그룹'이라는 것을 덥석 받아물고 사사건건 모든 문제를 백악관에 섬겨 바쳐온 것이 오늘의 참혹한 후과로 되돌아왔다"라는 지적이다.

더불어민주당 홍익표 의원도 이런 지적에는 공감대를 표한다. "한미워킹그룹이라는 새로운 틀이 만들어지면서 예를 들면 UN의 대북제재위원회에서조차 허용된 것도 한미워킹그룹이 와서 막는 일이 빈번하게 발생하면서 아무것도 이뤄지지 않았다"고 밝혔다. 전직 통일부장관을 지냈던 정동영은 워킹그룹 때문에 "미국과 마주 앉아서 사실상 결재를 받는 구조가 됐다. 미국의 요구를 뿌리칠 수 없는 틀 속에서 남북관계가 제약이 됐다"고 고백했다.[127]

정세현 전 장관은 한 발 더 나갔다. "미국의 핵 정책이 북한을 핵보유국으로 내몰았다"고 말하면서 "미국이 워킹그룹을 만들 때 국방부, 재무부, 상무부를 상대하기 힘드니 전부 한 그룹으로 묶어서 하면 되지 않겠느냐고 했다. (…) 거기 걸려 헤어나지 못한 결과 북한이 이런 패악질을 부리기까지 했다"고 평가했다.[128] 너무 늦었다. 익숙한 풍경이 또 찾아왔다. 한반도는 다시 핵전쟁의 공포에 떤다. 국민 다수는 언제 죽을지도 모르지만 무감각하다. 일종의 자발적 망각에 가깝다. 남북관계는 예전보다 더 못한 상황으로 내몰렸다.

미국은 2022년에 들어와 각종 핵타격 수단들을 남조선에 상시적인 배치수준으로 자주 들이밀면서 우리 공화국에 대한 군사적 압박 수위를 최대로 끌어올리는 한편, 일본·남조선과의 3각공조 실현을 본격적으로 추진하면서 '동맹강화'의 간판 밑에 '아시아판 나토'와 같은 새로운 군사 블럭을 형성하는 데 골몰하고 있다. 남조선은 그 무슨 '위협'에 대처한다는 간판 밑에 무분별하고 위험천만한 군비 증강 책동에 광분하는 한편 적대적 군사활동들을 활발히 하며 대결적 자세로 도전해 나서고 있다.

2022년 12월 26일부터 열린 로동당 8기 6차 전원회의에서 나온 평가다. 북한의 현실 인식을 잘 보여준다. 한국 정부에 대한 평가도 담겨 있다. "우리 국가를 '주적'으로 규제하고 '전쟁준비'에 대해서까지 공공연히 줴치는 남조선 괴뢰들이 의심할 바 없는 우리의 명백한 적으로 다가선 현 상황"으로 진단했다. 윤석열 대통령도 강 대 강으로 맞섰다. 북한의 위협에 대한 대응책을 묻는 기자의 질문에 "(북한 미사일) 요격이 사실상 불가하다. 그러면 조짐이 보일 때 3축 체제의 가장 앞에 있는 킬체인Kill-Chain이라는 선제타격밖에 막을 수 있는 방법이 지금 없다"고 답했다. 대통령 후보자였던 2022년 1월 11일에 나온 발언이다. 임기가 시작한 후에는 더 강경해졌다. "북한의 어떤 도발에도 확실하게 응징, 보복하라. 북한에 핵이 있다고 해서 두려워하거나 주저해선 안 된다"(2022.12.28) 혹은 "전쟁을 생각하지 않는, 전쟁을 대비하지 않는 군이란 있을 수 없다. (…) 평화를 얻기 위해서는 압도적으로 우월한 전쟁 준비를 해야 한다" 등에서 잘 드러났다.[129]

　한반도를 찾은 봄은 이렇게 저물었다. 언제 다시 봄이 올지 기약도 없다. 2018년은 겨우 2년 만에 끝났다. 먼저 왔던 봄에서 제대로 못 배운 잘못이 크다. 그때는 상황이 정말 좋았다. 한국 정부가 2012년 5·24조치를 취하기 전까지 대략 12년 정도 지속했다. 계절로 치면 몇 번이나 꽃이 피고 열매가 맺는 선순환이 이루어졌을 기간이다. 그런데 놓쳤다. 무슨 이유가 있었을까? 과거를 다시 정리해 교훈을 얻는 복기復棋를 통해 실마리를 찾을 수 있다.

2000년대 한국에서 아시아공동체에 대한 공감대는 강했다. 1997년 발생한 위기를 처리하는 과정에서 미국과 국제통화기금 IMF이 보여준 태도가 문제였다. 국제통화체제의 구조적인 문제와 글로벌 투기자본 등이 무관하지 않았는데 아시아의 문제로만 몰아갔다. 정부, 민간과 금융기관이 협력하는 아시안 모델을 '족벌자본주의Crony Capitalism'로 비난하면서 강도 높은 구조조정을 강요했다. 자본시장을 더 개방하고, 자금난에 직면한 알짜 기업을 해외에 매각하도록 했으며, 자본에만 유리한 노동법 제정을 도입하도록 팔을 비틀었다. 대형 화재로 번지기 전에 소방차 보내는 걸 거부한 것에 가까웠다.

자신들이 원하는 구조개혁을 해야 IMF를 통한 긴급융자가 가능하다고 평계를 댔다. 아시아통화기금AMF을 통해 스스로 문제를 푸는 것도 막았다. 당시 아시아가 집단으로 느꼈던 미국에 대한 배신감은 미국 의회 청문회에서도 언급됐다.

1997년 11월 13일, 증언한 인물은 피터슨경제연구소PIIE 소장 프레드 버그스텐Fred C. Bergsten이다. "멕시코 페소화 위기 때와 달리 태국 상황을 방관했다는 점, IMF의 출자금 증액에 반대함으로써 적절한 지원이 이루어지지 않고 있다는 점, 위기를 대외정책에 활용하려고 한다는 점" 등을 지적했다.[130] 동남아시아 10개국과 한국·중국·일본을 포함하는 ASEAN+3 정상회담이 1997년 12월 출범한 까닭이다. 1998년의 미야자와 선언과 2000년의 치앙마이 선언 등으로 이어졌다. 유럽연합과 유사한 아시아경제공동체를 목표로 한 아시아채권시장은 2003년에 열렸고, 아시아 단일통화 논의도 나왔다. 금융과 경제 분야의 합의는 대외관계의 복원으로 연결됐다.

'21세기 새로운 한-일 파트너십 공동선언'이 그중의 하나다. 1998년 10월 8일, 한국의 김대중 대통령과 일본의 오부치 게이조 총리가 합의한 문건이다. "일본이 과거 한때 식민지 지배로 인하여 한국 국민에게 다대한 손해와 고통을 안겨주었다는 역사적 사실을 겸허히 받아들이면서 이에 대하여 통절한 반성과 마음으로부터의 사죄를 했다"는 것과, "양국이 과거의 불행한 역사를 극복하고 화해와 선린우호협력에 입각한 미래지향적인 관계를 발전시키기 위해 서로 노력하는 것이 시대적 요청"이라는 내용이 나온다. 북한에 대한 언급도 있다. "오부치 총리대신은 확고한 안보체제를 유지하면서 화해와 협력을 적극적으로 추진한다는 김대중 대통령의 대북한 정책에 대한 지지를 표명했다"라는 부분이다.

곧이어 일본과 북한의 대화도 시작되었고, 2002년 9월 17일 '조일朝日 평양선언'이라는 성과를 끌어냈다. "불미스러운 과거를 청산하고 현안 사항을 해결하며 결실 있는 정치, 경제, 문화적 관계를 수립하는 것"이 서로에게 이익이라는 얘기가 먼저 나온다. "국교정상화를 빠른 시일 안에 실현"하자는 것, "무상자금협력, 저리장기차관 제공 및 국제기구를 통한 인도주의적 지원 등의 경제협력" 또 "국제법을 준수하며 서로의 안전을 위협하는 행동을 하지 않는다는 것" 등의 합의도 담았다.

중국과 한국의 관계도 좋았다. 1998년 11월 16일의 '한중 정상회담 공동성명'에 잘 반영되어 있다. 제5항에는 "중국측은 앞으로 한반도의 평화와 안정 유지를 위해 계속 노력해 나갈 것을 재천명하고, 최근 남·북한 민간경제 교류에서 얻어진 긍정적인 진전을 환영하며 한반도 남·북 양측의 대화와 협상을 통한 한반도에서의 자주적인 평화통일 실현을 지지하고, 한반도 비핵화 공동선언의 목표가 하루속히 실현되기를 희망한다"는 내용을 담았다. 한반도의 봄을 통해 냉전이라는 빙벽을 제거할 수 있는 여건을 만들 수 있다는 것을 보여준다. 중국도 일본도 한국을 적극적으로 지지해주는 상황이었다. 한국의 여론도 지금과 너무 달랐다. 북한은 가까웠고 오히려 미국이 멀었다.

통일연구원은 1999년 통일문제에 관한 국민 여론을 조사해 발표했다. 제주도를 제외한 전국의 20세 이상 성인 남녀 1200명이 설문 대상이었다. "귀하는 북한이 우리에게 어떤 대상이라고 생각하십니까"라는 질문에 협력대상과 지원대상으로 본다는 시각은 각각 32.6%와 19.3%였다. 경계대상과 적대대상을 합친 비중 36.9%보다 높았다. 북한을 부정적으로 보는 관점은 1995년에는 59.6%, 1998년에는 54.4%였다. 앞으로 남북관계가 좋아질 것으로 전망한 비중은 58.2%였고, 북한이 전쟁을 도발할 가능성에 대해서는 '별로 없다'(42.4%)가 '다소 크다'(39.3%)보다 많았다.

북한에 대한 인식은 2000년 남북정상회담 이후 더 큰 폭으로 좋아졌다. 북한을 기본적으로 동반자로 본다는 여론은 78.9%로 올랐다. 김정일 위원장에 대한 이미지도 부드럽다(8.1%), 소탈하다(7.9%), 인상이 좋다(5.2%) 등으로 긍정 비중이 53.8%에 달했다. 통일연구원의 조사에서 북한에 대한 긍정적 인식은 2005년 64.9%, 2007년 78.4%, 2008년 78.5%까지 오른 후 다시 내려갔다. 반대로, 부정적으로 보는 시각은 2008년 16.6%로 바닥을 찍은 후 2009년에는 29.6%, 2010년 32.7%, 2014년에는 36.7%로 치솟았다. 진보 정권이 선거에서 패하고 이명박 정부가 들어선 게 2008년 2월이었다.

미국과 중국에 대한 한국의 인식은 어땠을까? 미국과 중국은 '제로섬' 관계였다. 패권을 두고 서로 경쟁하는 국가라는 점에서 한쪽이 좋으면 다른 쪽은 그만큼 나빠지는 구조다. 흥미롭게 봐야 할 부분은 2002년이다. 미국을 좋게 보는 비중은 52%에 불과했는데, 2009년부터 78%로 높아졌다. 2022년에도 이 추세는 바뀌지 않았다. 퓨리서치가 2022년 6월 발표한 자료가 있다. 한국인 80%가 중국을 부정적으로 보는 것으로 밝혀졌다. 미국에 대한 호감도는 이와 달리 89%로 더 높아졌다. 한반도의 봄에 도대체 무슨 일이 일어났을까?

겨울의 역습

동아시아에서는 모처럼 '공동체' 의식이 싹트고 있었다. 중국과 일본도 남북관계를 응원했고, 자신들도 협력할 수 있는 길을 찾았다. 한국 사회도 북한과 중국 모두에 큰 반감이 없었다. 꾸준히 좋아지고 있었다. 그런데 모든 게 180도 달라졌다. 일종의 시대정신으로까지 보였던 '봄'이 '겨울'이 됐다. 2002년 미군 궤도차량에 숨진 여중생을 추모하면서 시작된 반미反美 촛불시위는 오간 데 없고, 미국은 다시 '수호천사'의 지위를 되찾았다. 미국은 분명 곳곳에 개입했다. 북한의 핵만 겨냥한 게 아니라 인권도 문제 삼았다. 북한인권법을 통과시켰고, 탈북자를 의회에 불러 청문회에 세웠다.

일본에 대한 개입 의혹도 있다. 평양에서 돌아온 직후 고이즈미 총리는 일본인 납치문제를 꺼내면서 합의를 한 번에 뒤집었던 게 잘 알려진 사례 중 하나다. 직업 외교관 출신으로 일본 정부의 속사정을 잘 알았던 마고사키 우케루가 2013년에 낸 책 『미국은 동아시아를 어떻게 지배했나』에 나오는 방식으로 진행됐다. 미국에 맞서 일본의 목소리를 내던 자주파가 각종 스캔들로 낙마한 사건의 배후에 미국이 있다는 주장이었다.

미국보다 먼저 중·일 국교 정상화에 나선 다나카 가쿠에이는 록히드 사건으로, 자위대의 군사협력을 거부했던 다케시타 노보루는 리크루트 사건으로, 또 주일미군은 제7함대만으로 충분하다고 주장하면서 친중 정책을 폈던 오자와 이치로는 리쿠잔카이 사건으로 몰락했다는 얘기도 나온다. 권력이 작동하는 방식은 "미국은 달갑지 않은 일본 수상을 몇 개의 시스템을 구동하여 제거할 수 있다. 결코 어려운 일이 아니다. 예를 들어, 미국 대통령이 일본 수상을 잘 만나주지 않고 주요 언론이 이를 문제로 삼을 경우, 그

것만으로 정권 유지는 어려워진다"로 정리한다.

평양선언이 무산된 것도 비슷했다. 미국은 일본이 앞서가는 게 마땅치 않았고 외교 채널을 통해 이 불만을 전했다. 일본인 납치 문제가 불쑥 언론을 통해 공개되면서 북한에 대한 여론도 급격하게 나빠졌다. 북한이 봤을 때는 뒤통수를 세게 맞은 셈이었다. "일본은 조일(북일)관계의 성격과 본질을 부정하고 평양선언을 납치, 핵, 미사일 문제 해결을 위한 것으로 왜곡하면서 저들의 불순한 정치적 목적 실현에 악용했다"라고 비판한 이유다. 2022년 9월 16일에 발표한 담화를 통해서다.

중국에 대한 여론이 갑자기 나빠진 것 역시 미국과 무관하지 않다. 2016년 7월 한국 정부가 고고도미사일방어체계THAAD를 들여오고 중국이 그 후 한국을 겨냥해 보복했던 때가 전환점이었다. 전 세계를 고통에 빠뜨린 '코비드19'를 통해 중국에 대한 이미지가 더 악화했다는 것도 달리 볼 부분이 많다. 필자의 논문 「미국 패권의 조력자 혹은 다자주의 촉진자?: '코로나19'를 둘러싼 국제사회의 패권경쟁과 국내 언론의 담론정치」(2020)에 나온다. 우한 실험실 유출설을 비롯해 중국의 코로나 대응에 관한 많은 내용이 진실과 거리가 멀다는 것과, 미국발 프로파간다의 가능성이 크다는 분석이 소개되어 있다. 국내에서도 특히 보수언론을 중심으로 중국에 대한 의혹을 기정사실로 부풀리면서 미국의 네오콘과 중국의 반체제 인사를 정보원으로 활용했다는 지적이다. 명확한 인과관계는 증명할 길이 없어도 미국의 역할이 컸다는 건 다른 곳에서도 확인된다.

임동원 전 국정원장은 "우리는 부시 행정부의 네오콘 강경파들이 구축한 '신냉전의 방벽'을 극복하기에는 힘에 부쳤다"라고 털어놨다. 그러나 그게 전부일까? 다른 요인은 없을까? 임동원의 책에는 다른 두 가지 요인이 더 등장한다. "핵 개발로 강경대응하려는 북한을 설득하기도 어려웠다"는 것과, "국내의 고질적인 냉전적 사고와 보수 우경화 추세, 그리고 '무조건 미국을 추종해야 한다'는 사대주의적 조류"다. 그중 북한 변수는 미국에 대한 맞대응 전략으로 보는 게 합리적이다. 남은 건 한국의 내부 문제인데 여기에도 의문이 있다.

대략 7년 정도(2000~2007년) 계속된 봄날에는 왜 냉전적 사고가 떠오르지 않았을까? 한겨울로 생각했던 2018년에 그렇게 갑자기 봄이 온 건 또 어떻게 설명해야 할까? 국민 다수가 북한에 대해, 또 남북관계 개선에 대해 희망을 품고 있는 상황에서 보수진영은 어떻게 동조 세력을 모았을까? 한미동맹 옹호론자들은 무슨 전략으로 반미정서라는 높은 파도를 돌파할 수 있었을까? 겉보기엔 엉터리 같아도 많은 의문을 풀어줄 그럴듯한 시나리오가 하나 있다. 앞에 나왔던 '퀴 보노'를 대입해보면 된다.

손익계산서

2023년 현재와 두 번의 봄을 비교했을 때 최고 수혜자는 누구일까? 단연코 미국이다. 꿩도 잡았고 알도 먹었다. 한국과 일본에서 미국은 이제 '믿을 만한 동반자'면서 '의지해야 할 보호자' 지위를 회복했다. 미국이 추구했던 '아시아 회귀' 정책은 큰 성공이다. 안보위협이라는 관점에서 봤을 때 미국은 이 지역의 든든한 방패다. 중국·러시아·북한이 모두 핵무기와 대륙간탄도미사일을 확보한 상황에서 한국·일본·대만이 기댈 곳은 미국밖에 없다. 게다가 미국은 힘이나 돈으로 강제할 수 없는 이들의 '마음'을 얻는 데 성공했다. 미국의 퓨리서치센터가 2022년 봄에 발표한 자료에 나온다. 미국에 대한 호감도는 이 기간에 꾸준히 높아졌고, 중국은 그만큼 나빠졌다. 한 예로, 2002년 기준으로 한국에서 미국을 좋게 생각하는 비중은 52%에 불과했다. 2022년에는 89%로 높아졌다. 91%의 폴란드에 이어 2위다. 한반도에 봄이 와 있을 때는 낮아지고 겨울에 높아진다는 특징이 있다.[131]

패자에 속하는 국가는 많다. 최대 피해자는 북한이다. 각종 경제 제재로 무역도 제대로 못 한다. 꼭 필요한 의료품이나 석유와 같은 물자를 수입하기도 어렵다. 미국의 위협에 맞서 허리띠를 졸라매면서 다시 미사일과 핵에 매달리고 있다. 미국이 유독 많은 이익을 본 게 합리적인 결론이라면 자연스럽게 따라오는 게 '심리전' 가능성이다. 그렇게 볼 만한 근거가 최소 네 개 있다.

미국의 '동기'가 분명했다는 게 첫번째다. '만약'이라는 질문을 해보면 명확해진다. 만약, 한반도의 봄이 지금까지 이어지고 있다면 지금쯤 어떻게 되었을까? 남과 북은 느슨한 형태의 연방제 국가로 발전했을 가능성이 크다. 군사와 외교는 각자 행사하면서 경제·교육·문화·간접시설 등은 통합하는 형태다. 주한미군은 떠났거나 별로 환영받지 못하는 상황이 된다. 북한이라는 악마가 없는데 굳이 비싼 돈을 주면서 호랑이 사냥꾼을 고용할 필요가 없다. 미국과 중국의 대결은 두 나라의 문제다.

한국은 실용주의 또는 중립 노선을 취하면 된다. 국방예산도 자연스럽게 감소할 수밖에 없다. 미국산 무기를 그만큼 안 산다는 뜻이다. 미국이 무역흑자를 기록하는 몇 안 되는 분야에서 시장점유율의 20% 정도를 차지하는 고객이 갑자기 사라지는 셈이다. 국제사회 어디선가 이만한 고객을 다시 만들어야 한다. 정말 쉽지 않다. 장차 중국과 충돌할 경우를 대비한 정보수집과 방어막이 사라진다는 것도 문제다.

홍콩이 중국으로 반환된 후 미국과 영국의 정보자산이 상당 부분 위축된 것과 같은 일이 생긴다. 중국의 군사활동이나 미사일을 감시하기 위한 군사기지도 계속 유지할 수 없을 가능성이 크다. 필리핀의 클라크 공군기지와 인근 수빅만 해군기지를 돌려줬던 미국이 2023년 올해도 계속 기지 사용을 요청하는 상황이 한국에서도 일어난다는 얘기다.

원광대 이재봉 교수는 이와 관련해 "북한과 미국 사이에 종전협정이나 평화협정이 맺어지면 미군이 남한에 계속 머물러 있어야 할 법적 명분이 약해지거나 없어지고, 주한미군이 떠나게 되면 중국을 견제하고 봉쇄하는 데 구멍이 뚫리기 때문이다. 미국은 중국을 견제하기 위해 주한미군을 유지해야 하고, 주한미군을 유지하

기 위해서는 북한을 적으로 남겨 놓아야 하는 것이다"라고 말한다.[132]

동아시아 경제공동체가 발전하면 미국의 입지는 더 좁아진다. "동아시아공동체에 만일 미국이 빠진다고 느끼면 보복도 불사할 것이다. 일본이나 중국은 비싼 대가를 치러야 할 것이다"라는 경고가 나올 정도였다. '소프트 파워'로 유명한 조지프 나이Joseph Nye 하버드대 교수가 한 말이다.[133] 당장 기축통화 달러의 지위가 도전을 받는다. 안보 불안이 없으면 한국 통화의 지위는 높아진다. 중국·한국·일본 3개국만 힘을 합쳐도 유로화와 같은 영향력을 가진 아시안 통화Asian Unit를 운용할 수 있다.

전 세계에서 가장 많은 미국 달러를 보유하고 있는 곳이 중국이다. 2023년 1월 기준으로 3조3724억 달러를 갖고 있다. 일본이 2등으로 1조2200억 달러, 한국은 9위로 4140억 달러를 보유중이다. 모두 합치면 5조 달러가 넘는다. 미국의 대외부채가 2023년 1월 기준으로 대략 34조 달러라고 했을 때 15%나 되는 큰 규모다. 만약 이 돈을 달러가 아닌 다른 통화로 바꾸는 일을 미국으로서는 상상하기 싫을 것이다.

반면, 그리 되면 한국은 이제 외환위기를 걱정하지 않아도 되고, 석유 등 주요 물품을 구매할 때도 가격 변동폭이 낮고 할인된 가격으로 구매할 수 있게 된다. 미국의 견제로 그간 개척하지 못했던 중동이나 남아메리카 등에도 진출하기 쉽다. 세계적인 경쟁력을 가진 상품이 많기 때문이다. 천연자원이나 석유 등을 수입할 수 있는 선택지도 넓어진다. 지금 벌어지고 있는 러시아-우크라이나 전쟁의 배경에는 러시아와 독일 간 개통 예정이었던 '노드스트림2' 천연가스관이 있었다는 점을 기억하면 된다.

미국과 한국이 각자 서 있는 지형이 달라졌다는 게 두번째다. 부모인 미국은 약해졌고 입양아 한국은 성인이 되었다. 장기간에 걸친 군부 독재를 끝내고 한국은 이제 민주화된 사회다.

반미주의

반미정서에 적절하게 대응해야 한다는 필요성만 놓고 보면 1980년대와 2000년대는 큰 차이가 없다. 물론 미국에 대한 분노와 실망감을 놓고 보면 40년 전이 훨씬 더 심각했다. 광주에서 일어난 1980년 5월 18일의 충격 때문이다. 미국이 민간인 학살을 말리기는커녕 방조했다는 것을 알고 난 다음에 분노가 커졌다. 한국의 존재 이유는 그저 공산주의에 맞서기 위한 방파제에 불과했다는 게 확인됐다. 민간인을 대량으로 학살한 군부독재라고 하더라도 미국의 대외정책에 도움이 된다면 오히려 옹호한다는 것도 밝혀졌다.[134]

대학생과 시민단체가 중심이 된 소규모 시위와, 연극과 문학 등을 통한 저항이 쏟아졌다. 대표적인 인물이 김남주 시인이다. 〈학살 2〉란 시를 남겼다.

오월 어느날이었다/ 80년 오월 어느날이었다/ 광주 80년 오월 어느날 밤이었다/ 밤 12시 나는 보았다/ 경찰이 전투경찰로 교체되는 것을/ 밤 12시 나는 보았다/ 전투경찰이 군인으로 대체되는 것을/ 밤 12시 나는 보았다./ (…) / 낮 12시 하늘은 핏빛의 붉은 천이었다/ 낮 12시/ 거리는 한 집 건너 울지 않는 집이 없었다/ 무등산은 그 옷자락을 말아올려 얼굴을 가려 버렸다/ 낮 12시/ 영산강은 그 호흡을 멈추고 숨을 거둬 버렸다/ 아 게르니카의 학살도 이리 처참하지는 않았으리.

미국은 학살을 막을 기회가 두 번이나 있었다. 모두 외면했다. 명확한 증거는 없어도 배후에 미국이 있다고 믿을 정황은 많았다. 그래서 독재정권에 저항해 민주화 투쟁을 하는 한편으로, 다른 쪽에서는 그간 참았던 미국에 대한 불만을 터뜨렸다. 1980년 12월 9일의 광주 미문화원 방화를 시작으로 부산 미문화원 방화사건(1982년), 대구 미문화원 폭발사건(1983년)과 부산 미문화원 투석사건(1985년) 등으로 번졌다. 지방에서 시작된 불길은 마침내 서울로 옮겨붙었다. 미국문화원이 대학생 73명에 의해 점거된 날짜는 1985년 5월 23일이었다. 광주학살을 묵인한 미국 정부의 사과를 요구했다. 자칫 통제할 수 없는 수준으로 반미운동이 확산할 수 있는 상황이었지만 파급력은 강하지 않았다.

미국의 대리인 역할을 했던 전두환 정권 덕분이다. 약방의 감초처럼 사용된 게 국가보안법이다. 물리적 폭력은 백골단으로 알려진 사복경찰과 대공對共 수사를 전담했던 치안본부 몫이었다. 서울대 인류학과에 다니던 박종철이 물고문으로 죽임을 당한 곳은 남영동 대공분실이다. 1987년 1월이다. 그의 죽음은 민주화 시위에 불을 붙였다. 제5공화국(1981~87년) 기간에만 모두 1512명이 국가보안법으로 처벌을 받을 정도로 엄혹한 시절이었다. 부산 미문화원 방화 혐의로 6년 이상 징역살이를 했던 문부식이 탄원서를 통해 "군사파쇼 정권을 지탱시켜주는 가장 큰 힘은 정치적 기반도, 경제력도, 경찰력도, 군사력도 아니며, 바로 비정상적이고 불평등한 한미 관계라고 생각합니다"라고 밝힌 까닭이다.

미국이 2000년대 초반에 직면한 상황은 그때와 너무 달랐다. 미국에 대해 할 말은 하겠다고 밝힌 노무현 정부가 들어섰다. 권력의 감시를 피해 속울음을 삼켰던 많은 대학생이 이제는 국회로 진출했다. 민주당의 임종석·송영길·이인영·오영식과 한나라당의 원희룡·김영춘·오세훈 등이다. 과거와 같은 언론통제는 이제 불가능에 가깝다는 점도 주목할 필요가 있다. 1987년의 민주화 이후 정부의 공식적인 언론 검열은 끝났다. 방송과 신문이 아닌 인터넷 언론사가 쏟아진 때였다. 《딴지일보》는 1998년에, 또 《오마이뉴스》는 2000년에 각각 창간됐다.

미국이 심리전의 최고 전문가라는 게 세번째다. 미국이 유럽의 전쟁에 처음 뛰어든 해는 1917년이다. 당시 여론은 전쟁을 별로 원하지 않았다. 미국 정부는 그걸 뒤집었다. 앞에서 살펴본 크릴 위원회가 해냈다. 한편으로는 '빨갱이 공포' 분위기를 만들고, 다른 한편으로는 독일이 위협한다고 설득했다. 제2차세계대전에 참전하기 전에는 남미를 대상으로 대규모 홍보전을 벌였다. 미국에 안 좋은 감정을 갖는 멕시코가 혹시라도 독일과 손을 잡지 못하도록 하는 게 목표였다.

전쟁이 본격적으로 확산한 1941년 이후에는 펜타곤이 중심이 되어 이 작업을 했다. 정부, 전략기획국, 언론, 종교기관, 지식인 등이 일심동체로 움직였다. 냉전 때는 국무부가 중심이 되는 '심리전'으로 진화했다. 문화 냉전은 공산주의에 우호적인 유럽 지식인 사회를 겨냥했고 상당한 성공을 거뒀다. '적을 알고 나를 알면 위태롭지 않다'라는 전략에 따라 소련·동유럽·남미·동남아시아·중국과 북한 등을 연구하는 지역학도 늘었다. 전쟁을 통해 얻은 방대한 군사기지가 정보전을 하는 데 큰 도움이 됐다. 영국이 일찍부터 구축해왔던 해저케이블과 미국이 주도권을 쥔 인공위성 등의 도움도 받았다. 전 세계를 앵글로색슨권이 감시하고 필요하면 직접 또는 간접적으로 개입하는 '파이브아이즈'란 정보공동체도 굴렸다. 영화·책·잡지·신문·라디오 등에서 미국이 누렸던 압도적 경쟁력은 심리전을 전 세계 규모로 전개할 수 있도록 해줬다. 오늘날에도 크게 달라진 게 없다.

메아리

대외정책에서 미국 언론은 정부와 한통속에 가깝다. 러시아나 중국 같은 사회주의 국가는 물론 불량국가라는 낙인이 찍힌 시리아·이란·북한 등에 관한 언론 보도는 거의 한 목소리다. 지난

2001년의 아프가니스탄과 이라크 침공 때 미국 언론은 앞장서 전쟁의 북소리를 울렸다. 포로 학대나 민간인 학살과 같은 문제가 드러났을 때는 대외적 이미지 손상을 관리하는 데 더 집중했다. 연간 8억1000만 달러의 예산을 사용하는 '글로벌 미디어국US Agency for Global Media'도 있다. 국제사회를 겨냥한 심리전을 뜻하는 '진실 캠페인'을 총괄하는 곳이다. VOA, 쿠바방송국, 자유라디오유럽, 자유아시아방송, 중동방송네트워크Middle East Broadcasting Network 등을 통해서다. 미국이 분류한 전체주의 국가 내부에서 진행되는 민주화를 지원하기 위한 '정보공개 기술지원 기금Open Technology Fund'도 운용한다. 중동·동유럽·북한·시리아 등 미국이 정권교체를 원하는 국가를 대상으로 정부의 검열이나 감시를 피할 수 있는 인터넷 관련 기술 및 온라인 매체 설립과 운영을 지원한다.

정보를 생산해서 유통하는 분야에서 미국은 또 경쟁자가 없다. 한 예로, 미국의 정보기관은 모두 16개나 된다. 잘 알려진 CIA를 포함해서 FBI, 재무부, 육군, 공군, 해군, 국가안보위NSA, 국방정보위DIA 등이다. 2022년 기준으로 예산은 890억 달러나 된다. 국방예산의 10% 정도다. 2022년 기준으로 인도(766억 달러), 영국(684억 달러), 러시아(659억 달러)의 연간 국방비보다 많은 금액이다. 세계 10위인 한국은 502억 달러지만 북한은 43억 달러(2019년 기준)에 불과하다. 국내 언론을 보면 북한의 해킹 수준이 세계적인 것처럼 보이지만 미국과 비교하면 '새 발의 피' 정도다.

미국은 또 2023년 기준으로 49억 명이 사용하고 있는 SNS에서도 가장 큰 손이다. 점유율 상위권 5위 업체 중 미국은 1위부터 4위까지 차지한다. 29억 명이 사용하는 페이스북을 포함해 유튜브(25억 명), 와츠앱(20억 명)과 인스타그램(14억 명)이다. 중국의 틱톡은 5위로 10억 명이 사용한다. 영화 부문도 큰 차이가 없다.

미국 심리전의 놀이터가 한국이라는 게 네번째로 살펴볼 부분이다. "한반도 문제는 민족 문제인 동시에 미국이 깊이 개입돼 있는 국제 문제예요. 그런데 남북이 아무리 좋은 기본합의서를 만들어 놓았다고 해도, 팀스피릿 훈련을 하면서 박살을 내버리면 끝이에요. 미국이 북한에 대한 적대시 정책을 바꾸지 않는 한 남북관계도 발전할 수 없습니다." 임동원 전 국정원장이 한 말이다.[135] 통일부 경력이 있는 정세현도 같은 생각이다. 2020년에 출판한 회고록 『판문점의 협상가』에서 "정책을 결정하는 위치에 가까워질수록 미국의 간섭은 때로는 노골적으로, 때로는 은밀하지만 강력한 압박으로 다가왔다. (…) (한미) 공조를 이유로 사사건건 쥐어박으니 그 기가 센 김영삼 대통령도 결국 미국 하자는 대로 끌려가더라. 1994년 미국의 영변 핵시설 폭격 계획은 지금도 생각만 하면 끔찍하다. 실행됐으면 한반도가 어찌 됐겠나"라고 고백할 정도다.

미국이 직접 혹은 한국의 대리인을 통해 수행하는 심리전의 뒷배가 된다. 물론 권력의 이런 민낯을 일반인이 볼 기회는 거의 없다. 대중은 그 대신 좋은 말과 부드러운 낯빛을 가진 천사의 얼굴만 본다. 권력은 민낯을 자주 드러내지는 않지만 필요할 때는 가

차없이 행사한다는 점이 중요하다.

단순히 북한만 자극할 수 있는 게 아니라 한국에 대해서도 필요하면 여론을 뒤집을 만한 조치를 할 수 있다는 의미다. 한국을 너무 잘 안다는 것도 놓쳐서는 안 될 지점이다. 미국이 한국에 직접 개입한 게 1945년 이후다. 국가를 만들었고, 지켜봤고, 필요할 때는 관리했다. 진보진영에서는 '사상의 은사'로 불리는 리영희 선생도 그렇게 봤다. "대한민국이라는 국가와 정부가 애당초 해방 후 미국의 국가이익에 따라 만들어진 존재"로 "1948년에 미국이 키워서 데려온 이승만이 남북 통일국가 수립을 거부하고, 국토분단을 전제로 남한 단독정부 수립을 획책한 것도 이승만 자신의 권력욕 때문이기도 하지만, 그 배후에는 미국의 한반도 분단정책이 있었다"라고 말한다.[136] 군대와 정보기관을 통해 수집한 정보는 물론 지역학, 유학생, 문화교류 등을 통해 축적한 지식도 상당한 수준이다. 한국 사람이 자신을 아는 것보다 미국이 한국을 더 잘 안다는 말이 있을 정도다. 그게 전부가 아니다. 한국에는 자신을 미국인으로 생각하는 지배층과 대중이 많다.

「국익을 해치는 사람들」, 『한국일보』의 이충재 논설위원이 2020년 5월 25일 쓴 칼럼이다. 《위키리크스》가 2010년에 폭로한 내용 중 일부를 소개한다. 주한 미대사관이 본국에 보낸 보고서에는 모두 1980건의 사례가 정리되어 있다. 한국 정부 곳곳에 미국에 봉사하는 정보원이 있었다. '청와대 정보원, 외교통상부 정보원, 국회 정보원' 등으로 표현된다. 활용 정도에 따라 '보통 정보원' '접촉 빈도 높은 정보원' '오랜 정보원' '믿을 만한 정보원'으로 분류되어 있다는 것도 밝혀졌다. 전직 방통위원장을 지낸 최시중, 청와대 경제정책 비서관 김승호, 반기문 전 유엔사무총장, 한미FTA 협상을 담당했던 김현종과 김종훈, 통일부 차관 엄종식 등의 인물이 등장한다.

2020년에도 이 상황이 계속되고 있다는 게 고민의 지점이다. "한국은 세계에서 유일하고 진정한 슈퍼파워와 특별한 관계를 맺는 것에 자랑스러워하고 있다"는 심리상태와 관계가 있다. 그들만 그렇게 생각하는 게 아니라는 게 더 슬프다. 리영희 선생에 따르면 그들은 "삼장법사 손바닥 위에서 노는 손오공"이다. "미국 하면 껌뻑 죽는 한국 기독교의 신자들, 반공보수주의자들, 자본가와 돈 가진 사람들"이 모두 포함된다.

미국의 심리전이 한국 사회를 손쉽게 관통할 수 있는 또 다른 조건은 언론 환경이다. 「VOA, 북한, 하루이틀 전 고체연료 엔진 시험한 듯」(경향신문, 2023.1.31) 「VOA, 북한, 대북제재 위반 품목인 선박 구매 정황」(펜앤마이크, 2022.9.27) 「VOA, 북한, 핵실험 공간에 전기케이블 연결작업만 남겨 둔 듯」(MBC, 2022.5.28). 인터넷을 조금만 검색해도 쉽게 찾을 수 있는 VOA를 인용한 뉴스다. RFA도 언론을 통해 쉽게 접할 수 있는 매체다. 「RFA, 중국 북한 AIIB 가입 요청 거부」(KBS, 2015.3.31) 「RFA, 중국 거주 북한 주민들, 당국 지시 안 따라」(서울신문, 2016.8.29) 「RFA, 북한 2019년 달력, 김정은 생일은 명절로 표시 안해」 등의 뉴스를 통해서다. 국제사회를 겨냥한 심리전 매체가 분명한데도 국내 언론은 개의치 않는다.

『월간조선』 같은 매체에서는 한술 더 뜬다. 이들 매체에 대한 편견이 생기지 않도록 독자투고도 싣는다. 일종의 대변인 역할이다. CIA가 배후에 있는 국립민주화기금NED의 재정 지원을 받는 탈북자 언론사도 별다른 제약을 받지 않는다. RFA가 2022년 9월 5일 내보낸 기사 「한국 정부, 민간대북방송 지원해야」를 통해 짐작할 수 있다. 방송에 나온 인터뷰 대상자는 김성민 자유북한방송 대표다. 국민통일방송 이광백 대표의 얘기도 나온다. "대북방송을 강화해 북한 주민에게 다양한 정보를 제공할 수 있다면 언론의 자유, 알 권리 등 북한 주민의 인권을 실질적으로 증진하는 효과를 기대할 수 있다" 혹은 "우리 정부가 조금 적극적으로 프로그램 제작과 주파수를 지원한다면 저는 청취율을 적게는 5% 그리고 많게는 10%까지도 끌어올릴 수 있을 것으로 기대하고 있습니다" 등의 얘기가 소개된다.

게다가 미국의 정부관료, 싱크탱크 연구원, 대학교수 등은 국내 유력 일간지에 직접 칼럼을 쓰거나 권위를 가진 정보원으로 자주 인용된다. 관련 기사는 많다. 몇 가지 사례를 들자면 「美 핵전문가, 워싱턴 CIVD는 비현실적… 대체 정책 찾고 있다」(조선일보, 2022.11.2) 「미국 전문가 '북핵에 맞서 미국, 한국과 나토식 핵 공유 논의 가능'」(SBS, 2022.10.19) 「빅터차, 中 북핵문제 협조 안 할 것」(코리아데일리, 2023.1.14) 등이다. 국내 주요 신문의 논설위원은 또 대부분 미국 정부에서 전직 또는 현직으로 일한 사람, 군산 복합체를 대변하는 싱크탱크, 문화 냉전을 위해 설립한 위장단체 등을 전문가로 모신다. 독자가 영향을 받을 수밖에 없다. 높은 자리에 있으면서, 많이 배우고, 또 미국의 권위자라는 것 때문에 반박할 엄두를 못 낸다. 진실이든 아니든 믿게 되는 진실효과가 그래서 발생한다.

권력
효과

"그대 가슴에 얼굴을 묻고 오늘은 울고 싶어라/ 세월의 강 넘어 우리 사랑은 눈물 속에 흔들리는데/ 얼만큼 나 더 살아야 그대를 잊을 수 있나/ 한마디 말이 모자라서 다가설 수 없는 사람아/ 그대 앞에만 서면 나는 왜 작아지는가/ 그대 등 뒤에 서면 내 눈은 젖어 드는데/ 사랑 때문에 침묵해야 할 나는 당신의 여자/ 그리고 추억이 있는 한 당신은 나의 남자요." 김수희가 부른 〈애모〉의 노랫말이다. 미국 앞에만 서면 작아지는 한국과 잘 어울린다.

평화를 원하든 통일로 가든 칼자루를 쥔 쪽은 궁극적으로 미국으로 보인다. 문재인 정부가 북미정상회담에 목을 맬 수밖에 없었던 것도 그런 경험치와 관계가 있다. 국립외교원장을 지냈던 김준형도 "우리가 미국하고 불편한 관계에 있고 뭔가 이익이 달라질 때 이것을 조정하고 협상하기 전에 우리가 미리 미국이 불편하지 않게 우리의 요구를 좀 축소시켜서 가져가는 경우가 있다"라고 말한다.[137] 약소국 한국의 운명처럼 보이지만 조금 달리 바라볼 부분도 없지 않다. 미국의 간섭과 압력이 권력으로서 효과를 낼 수 있었던 건 한국 사회의 자발적 협력이 있기 때문이라는 점이다.

자아분열

고장난명孤掌難鳴, 손바닥이 마주쳐야 소리가 난다는 말이다. 위에 나온 두 사례에서 공통으로 확인된다. 분명 미국은 북을 쳤다. 그렇지만 장구로 맞아준 건 한국이었다. 북한에 대한 정책 변화에 맞서 노무현 정부는 어떻게든 남북 합의를 지키려고 했다. 국내 여론이 받쳐주지 않았다. 대북지원액 2조7658억 가운데 가장 큰 비중을 차지하는 것은 식량차관(8872억 원)과 비료지원(7872억 원)뿐이었지만 '대북 퍼주기'란 생각이 지배적이었다.[138] 이어 '모든 게 노무현 탓'이라는 분위기 속에 이명박 정부가 들어섰다. 금강산 관광객 피격 사망 사고나 천안함 사건이 터졌을 때 미국이 한국 정부의 팔을 비튼 흔적은 없다. 미국이 원하는 것을 알았고 여기에 맞춰줬던 것이다. 물론 진보 정권이냐 보수 정권이냐에 따라 좀 다른 모습을 보여준다. 그러나 반드시 정권의 문제가 아니라는 건 2018년 상황에서 드러났다. 당장 한미워킹그룹을 받아들이고 지나친 간섭에도 침묵한 건 문재인 정부다. 북한이 문제를 제기하고 돌이킬 수 없는 상황이 되어서야 일부에서 문제점을 지적한 정도다. 한국이 단독으로 할 수 있는 일도 북미정상회담 이후로 미뤘고, 그 이후에도 미국 눈치만 봤다. 2020년에 접어들면서 북한이 거듭 경고를 했지만 애써 외면한 것에 가까웠다. 최소한 북한이 그렇게 봤고, 믿었고, 결론을 내렸다. 2020년 6월 17일 조선중앙통신이 보도한 김여정의 담화문을 통해 알 수 있다. 불과 이틀 전 나왔던 문재인 대통령의 6·15 남북공동선언 20주년 축사에 대한 답신이었다.

먼저 문 대통령의 축사부터 보자. 한반도 평화를 향한 우리의 전진이 만족스럽지 않다는 고백이 축사 앞부분에 나온다. "최근의 상황이 그렇지 못해 안타깝고 송구스럽습니다"라고 말했다. 그러나 책임 소재는 북한에 돌렸다. "최근 북한이 일부 탈북자 단체 등의 대북 전단과 우리 정부를 비난하고 소통창구를 닫으면서"라는 부분에서 드러난다. 미국의 허락을 기다려야 한다는 생각은 "한반도는 아직은 남과 북의 의지만으로 마음껏 달려갈 수 있는 상황은 아닙니다. 더디더라도 국제사회의 동의를 얻으며 나아가야 합니다"는 말에 반영되어 있다. "남과 북이 자주적으로 할 수 있는 사업도 분명히 있습니다"라고 밝힘으로써 북한이 조금 더 여유를 갖고 기다려달라는 부탁도 덧붙였다. 필요한 건? "남북 간의 신뢰"와 "끝없는 대화"였다. 북한이 액면 그대로 받아들이기는 어려웠다. '한국 정부가 뭘 했는데? 미국이 승인을 안 해주면 앞으로 할 수 있는 게 뭔데? 또 정말 못하는 게 아니라 미국을 핑계로 안 하는 거 아냐?'라는 의문을 가질 수 있는 상황이었다. 김여정의 담화문에는 이런 인식이 곳곳에 드러났다. 문재인 대통령을 직접 겨냥해 다음과 같이 말했다.

명색은 대통령의 연설이지만 민족 앞에 지닌 책무와 의지, 현 사태 수습의 방향과 대책이란 찾아보려야 볼 수가 없고 자기변명과 책임 회피, 뿌리깊은 사대주의로 점철된 남조선 당국자의 연설을 듣자니 저도 모르게 속이 메슥메슥해지는 것을 느꼈다.

문제를 압축적으로 보여주는 사례로 '반反공화국 삐라 살포행위'를 꼽았다. 미국 핑계를 댈 사안이 아니라는 걸 누구나 인정하기 때문이다. 남조선 당국이 이를 묵인함으로써 "북남관계의 기초이며 출발점인 상호존중과 신뢰를 남측이 작심하고 건드렸다"라고 봤다. 국제사회(달리 말하면 미국)의 동의를 얻는다는 것도 '외적 요인' 탓으로 돌리는 "책임을 전가하는 철면피한 궤변"으로 정리했다. 남북합의문의 맨 앞부분에 항상 등장하는 "우리 민족끼리 서로 힘을 합쳐 자주적으로 해결한다"는 원칙을 지키지 않는 것에 대해서도 따졌다. "북남관계가 한 발자국도 나가지 못한 것이 남조선 내부의 사정 때문이고 미국과 국제사회의 지지가 따라서지 못했기 때문이라는 것인데, 과거 그토록 입에 자주 올리던 '운전자론'이 무색해지는 변명이 아닐 수 없다"라는 말을 통해서다. 문제의 본질이 미국에 대한 사대주의에 있다는 견해도 거듭 밝혔다. "변할 수 없는 사대의존의 본태" "남측이 스스로 제 목에 걸어놓은 친미사대의 올가미" 또는 "북남관계가 미국의 롱락물로 전락된 것은 전적으로 남조선 당국의 집요하고 고질적인 친미사대와 굴종주의가 낳은 비극" 등의 표현을 통해서다.

물론 대통령 문재인, 통일부와 외무부 등에서는 뭔가를 하려고 했을지도 모른다. 그러나 여론이 받쳐주지 않았다. 한국 사회의 최소 절반 이상은 미국의 뜻을 거스르면서 또는 북한의 비핵화를 이루지 않은 상태에서 남북관계를 개선할 의지가 없다. 미국의 장단에 맞추는 것이 국가이익이라고 '진짜로' 믿는다. 남북대화나 교류는 북한이라는 악마를 일시적으로 달래는 것으로, 장기적으로 봤을 때는 치명적인 독毒이 될 것으로 본다. 악마가 성장하기 전에 어떻게든 '봉쇄'하고 필요하면 '멸종'시켜야 한다는 논리로 연결된다. 한국 사회의 이런 정서가 합리적 선택인지, 아니면 만들어진 욕망인지는 분명치 않다. 미국의 의지가 한국의 자발적 협력으로 완성된다는 건 확실하다. '평양선언'을 실천하는 한편, 북한의 비판 이후 추진된 '대북전단금지법'을 둘러싼 논란에서 잘 드러났다.

2020년 6월 4일, 김여정의 담화가 발표된다. "군사분계선 일대에서 삐라 살포 등 모든 적대행위를 금지하기로 한 판문점 선언과 군사합의서 조항을 모른다고 할 수 없을 것 (…) 6·15(남북공동선언) 20돌을 맞는 마당에 이런 행위가 '개인의 자유' '표현의 자유'로 방치된다면 남조선은 머지않아 최악의 국면까지 내다봐야 할 것"이라고 경고했다. 이에 통일부가 먼저 관련법의 개정 의사를 밝힌다. 2020년 12월 15일 국회는 대북전단금지법으로 알려진 남북관계발전법 개정안을 통과시킨다. 국내의 반응은 옹호가 많았다. 북한과 이웃해 있는 옹진군·강화군·파주시·김포시·철원군 등의 지자체와 주민은 법안 통과를 환영한다고 밝혔다. 경기도 역시 "표현의 자유가 국민의 생명과 평화 실현이라는 헌법적 가치보다 우선 할 수 없다"라는 성명서를 냈다. 정치권의 반응은 엇갈렸다. 탈북자 출신 국회의원 태영호와 지성호 등은 공개적으로 비판했다.

반대 목소리가 가장 높았던 곳은 당연히 미국이다. 국무부 차관 스티븐 비건은 비공식적으로 이 법안에 대한 우려를 문재인 정부에 전달한 것으로 알려진다. "민주의 원칙과 인권을 훼손하는 어리석은 입법 (…) 공산주의 북한을 묵인하는 것"이라는 발언도 나왔다. 공화당 출신 크리스 스미스Chris Smith 의원의 말이다.[139] 그가 주도한 게 2021년 4월 15일 미국 의회에서 열린 남북관계발전법에 관한 청문회다. "군사분계선 일대에서의 북한에 대한 확성기 방송, 시각매개물(게시물) 게시, 전단 등 살포" 행위를 하여 "국민의 생명·신체에 위해를 끼치거나 심각한 위험을 발생시켜서는 아니 된다"는 제24조(남북합의서 위반행위의 금지)를 문제 삼았다.

보도자료를 뿌린 단체는 휴먼라이츠워치Human Rights Watch다. 1978년 구 소련의 인권 상황을 감시할 목적으로 발족한 헬싱키워치Helsinki Watch가 이 단체의 뿌리다. 공산권만 감시한다는 불평을 없애기 위해 1981년에는 '아메리카워치'가, 1985년에는 아시아워치, 1986년에는 아프리카워치도 세워졌다. 휴먼라이츠워치는 이들 조직을 한꺼번에 모은 단체다. 국립민주화기금NED, 프리덤 하우스 등과 함께 미국 정부가 재정지원을 하는 비영리단체다.[140]

남북관계발전법안 통과 직후 문재인 정부를 비판했던 스미스 하원의원은, 중국 공산당이 자국 관료에 대해 미국이 입국 조치를 취하자 이에 맞대응해 입국을 금지시킨 인물 중 한 명이다. 당시 명단에 올랐던 인물들의 이력이 독특하다. 테드 크루즈 의원은 트럼프의 심복으로 '증오범죄' 금지안에 반대했고, 트럼프의 선거 결과 불복을 요구한 인물이다. 샘 브라운백Sam Brownback은 미국 정부가 설립한 국제종교자유International Religious Freedom 대사다. 2003년 국립민주화기금에서 탈북자를 대상으로 포상을 할 때 회장인 칼 거쉬먼과 함께 참석한 적이 있다. 당시 청문회에 증언자로 참석한 이른바 권위자들을 보면 의혹이 더 짙어진다.

먼저 박근혜 정부 시절 '국정교과서' 논란의 장본인이었던 KBS 이사장 출신의 이인호가 있다. "촛불혁명은 세밀하게 잘 짜여진 각본과 흥분한 미디어에 의해 추동됐다. (…) 한국은 전체주의적이 되어 가고 있다." 청문회에서 그가 증언한 내용이다. 수잔 솔티 Suzanne Scholte 역시 흥미로운 인물이다. 방위포럼재단Defense Forum Foundation의 설립자다. 단체의 구호는 "강한 미국과 자유, 민주주의와 인권이 신장된 국제사회"다. 해군 장관과 CIA 등을 거쳐 외교관으로 활동하는 존 미덴도프John Middendorf를 비롯해 전직 CIA 국장을 지내고 네오콘으로 잘 알려진 제임스 울시James Woolsey 등이 이사회에 참가하고 있다. 북한 탈북자를 지원하는 주도적인 단체 중 하나로 알려져 있다. 또 다른 증언자인 고든 창도 주목할 필요가 있다. 보수적인 폭스뉴스 해설위원으로 대표적인 중국 비판론자다. 광화문의 태극기 집회에도 영상으로 자주 참가한다. 문재인은 북한의 간첩일지도 모르고 자유·민주주의·대한민국을 전복시키고 있다고 주장한다.

박근혜 대통령의 변호를 맡았던, 반공 소설가로 유명한 김동리의 아들 김평우 변호사가 설립한 '구국재단Save Korea Foundation'에서 다음 세 사람이 나란히 특강 강사로 나온 적이 있다. '민주주의 수호재단' 소속의 예비역 대령 데이비드 맥스웰David Maxwell, 북한인권위 사무총장으로 있으면서 RFA에서 일하는 그레그 스칼라튜Greg Scarlatoiu, 자칭 '종북 감별사' 로렌스 펙Lawrence Peck 등이 같이 어울리는 무리다.

"공연히 사실을 적시하여 사람의 명예를 훼손한 자는 2년 이하의 징역이나 금고 또는 500만원의 벌금에 처한다." 우리 형법 제307조 1항에 나온다. 2항에는 "공연히 허위의 사실을 적시하여 사람의 명예를 훼손한 자는 5년 이하의 징역, 10년 이하의 자격정지 또는 1천만원 이하의 벌금에 처한다"라고 적혀 있다. 대한민국은 엄연히 주권을 가진 국가로 일종의 인격체다. 만약 국내법에 따라 이 남북관계발전법 청문회와 그 증인들을 고발한다면 '유죄'의 판단을 받을 가능성이 매우 크다. 다만 국제사회에 이를 강제할 재판소가 없을 뿐이다. 보이지 않는 시장이 있어 진실을 밝혀

줄 것이라는 기대는 현실에서 실현되지 않는다. 청문회의 정식 명칭은 '한국의 시민 및 정치적 권리: 한반도의 인권 상황에 대한 함의Civil and Political Rights in the Republic of Korea: Implications for Human Rights on the Peninsular'다. 2시간 21분에 걸친 청문회는 유튜브를 통해 전 세계로 전달됐다.[141] 관련 소식은 세계 3대 통신사인 로이터와 AP를 통해 미리 안내까지 됐다.

미국과 영국의 주요 언론에서는 다루지 않았지만 그게 전달되지 않았다는 의미는 아니다. 국제사회, 특히 한국·북한·중국 등으로 확산시킨 일등 공신은 VOA, RFA, BBC코리아다. VOA에서 내보낸 기사는 많다. 「미 의회, 대북전단금지법 청문회, 미·한 이견 드러내… 동맹 영향 없을 것」(2021.4.13) 「킹 전 특사, '미 의회 대북전단금지법 청문회, 주목받을 것」(4.15) 「대북전단 청문회 증인, '전단법' 강행한 한국 민주주의 실태 제기」(4.15) 「청문회 증인, '한국 민주주의 실태. 우려 제기」(4.16) 「미 의회, 대북전단금지법 청문회… 참석자들 '한국 인권 침해 우려'」(4.16) 「톰 랜토스 인권위원장, '친구의 인권 문제 잘못 지적해주는 게 진정한 친구'」 등이다.

관련 기사는 RFA에서도 발견할 수 있다. 「미, '대북전단금지법' 청문회에 엇갈린 반응」 「미 의회, 대북전단금지법 청문회 개최, '법 개정 필요'」 「전단금지법 다룰 톰 랜토스 인권위 '과소평가' 금물」 「국무부, 대북전단금지법 청문회에 '한국에 강력한 입장표명'」 등의 기사다. 미국 언론을 항상 주목하고 있던 국내 언론이 이를 확대 재생산한다. 전형적인 부화뇌동附和雷同의 모습이다. 친구가 장에 가니까 자기도 거름지고 장에 간다는 뜻이다. 당시 청문회 이후 국내 일부 언론이 보도한 행태에 잘 어울린다. 미국 언론이 왜 특정한 시점에, 이런 뉴스를, 무엇을 목표로 내보내는지에 대한 문제의식은 아예 없다.

부화뇌동

미국의 발언을 대신해주는 아바타 같은 단체와 언론사가 너무 많았다. 보수언론만 그렇다고 생각하면 큰 착각이다. 대한민국 대표 공영방송이라는 KBS와 "국가 기간基幹 뉴스통신사로서 정보 주권을 수호"할 것을 근거로 정부 지원을 받는 연합뉴스도 예외가 아니다. 「미 의회, '대북전단금지법 청문회'… 인권 문제 목소리 높여」란 기사는 4월 16일자에 KBS 방송을 타고 나온다. 청문회를 개최한 랜토스 위원회의 성격은 고민하지 않은 채 "인권 문제를 다루는 초당적 기구"로 소개한다. "대북전단금지법이 미국을 포함한 외부 세계의 북한 인권 증진 노력을 방해할 수 있다고 목소리를 높였습니다"란 주장을 그대로 싣는다. 정보원으로 등장한 인물은 크리스 스미스와 제임스 매거번 위원장이다. 연합뉴스의 보도는 더 씁쓸하다.

「미 의회, 대북전단금지법 청문회… 한국에 법개정 주문도 나와」. 같은 날짜에 나온 뉴스 기사다. 주최자에 대해 "미국 의회의 초당적 기구"라는 표현은 똑같다. 청문회 분위기를 객관적으로 전하기 위해서라는 변명은 가능하겠지만 인용된 정보원은 대부분 미국 정부를 대신해 발언한다. KBS에 나온 두 명의 의원을 비롯해 고든 창, 이인호, 제시카 리, 수잔 솔티 등이다. 반대 목소리를 낸 전수미 변호사의 발언은 "미국이 다양한 탈북자 집단과 소통하는 데 열려 있길 희망한다"라는 부분만 간접 인용하고 있다. 영문으로 내보낸 기사도 거의 같다. 제목은 「대북전단금지법에 대한 미국 의원의 우려U.S. lawmakers express concerns over anti-Pyongyang leafleting ban」다. 직접 인용한 내용이나 정보원 활용은 국내 기사와 같다. 공화당 출신의 김영Young Kim 의원의 사진과 발언을 더 포함한 게 다르다. "전혀 양보하지 않는 정권을 위해 언론의 자유를 포기하는 게 양심적인가?"라고 묻는 내용이다. "한국에 대한 국제사회의 올바른 이해"를 목표로 문화체육관광부 산하의 국제방송교류재단이 운영하는 아리랑TV도 예외가 아니다. 「한국의 삐라 금지법안에 대한 톰 랜토스 인권위원회의 청문회」가 기사 제목이다. 수잔 솔티의 발언을 가장 많이 소개한다. 주최자인 스미스 위원장의 말도 인용하는데 '주권침해'가 아니라 '친구를 돕는 행위'라는 얘기다.[142] 북한을 악마화하고, 한미동맹을 신성하게 여기는 보수언론의 보도는 굳이 언급할 필요도 없다.

국내 언론 중 영문으로 관련 기사를 낸 곳 중 하나는 『중앙일보』다. 관련 기사는 4월 14일자 「미국 의회의 '반-삐라' 청문회를 무시하지 말라는 경고를 받은 한국South warned to not 'downplay' U.S. Congress's anti-leaflet hearing」이란 제목이다. 주요 정보원은 휴먼라이츠워치 아시아 지부 부소장인 필 로버슨Phil Robertson이다. 한국 국회가 처리한 법안은 "우스꽝스러운 것"으로 "인권을 유린하는 것"이며, "청문회를 주도한 의원을 얕보는 것은 현명하지 않은 일"이라는 경고를 전해준다. 미국 국무부 대변인의 VOA 관련 인터뷰 기사도 친절하게 실어준다. "정보의 자유로운 유통이라는 관점에서 북한 주민에게 관련 정보를 전해야 한다"라는 견해다. 1970년대 G77으로 알려진 제3세계 국가들이 '정보의 자유로운 유통'이 아니라 '미국 등 강대국으로부터 일방적으로 전달되는 정보'라 했던 비판정신은 전혀 찾을 수 없다. 17일에는 사설에서도 다룬다. 「미 청문회 오른 대북전단금지법, 폐지해야」라는 제목이다.

북한 악마화에 가장 적극적이었던 『조선일보』도 결코 뒤지지 않았다. 청문회가 시작되기도 전인 4월 10일에 「대북전단금지법 청문회, 한미간 논란」이라는 기사를 내보냈다. 10일에는 「미 의회서 열리는 대북전단법 청문회, 文정권 청문회다」라는 사설도 나왔다. 수잔 솔티를 "인권 운동가"로 소개하면서 문재인을 비판하는 내용도 직접 인용한다. 16일에는 「미의회 청문회, '文 정부, 北과 대화하려 언론자유 희생'」이란 기사다.

『동아일보』도 비슷하다. 청문회를 비판하는 「윤건영, 미 하원 대북전단금지법 청문회, 한숨 나와…」라는 기사가 있지만, 출처는 뉴스1이다. 미국의 목소리를 대신 전해주는 기사가 대부분이다. 17일자 사설로 「한국인임을 창피하게 만든 미의회 전단금지법」를 실었다. "국민의 자존심에 상처를 내는 정부의 대북 저자세를 언제까지 지켜봐야 하는지 답답할 뿐이다"라는 주장이 실려 있다. 「'여기가 평양이야 서울이야' 대북전단금지법 미 의회…」(18일) 「대북금지법 청문회 예고한 미, 한국 정부 향해, '폄하말라'」(4.11) 등이다. 명백하게 대한민국의 국익을 해치는 자리였다. 더불어민주당 윤건영 의원도 "주권국가의 국민 안전을 위한 국회 입법이 다른 국가의 청문회 대상이 되는지, 도저히 이해할 수가 없다"라는 입장이었다. 청문회를 주도한 인물과 주요 증인을 봐도 '누구를 위해 종은 울리나?'라고 묻기 충분했다.

호구

너무 어리숙해서 제 발로 호랑이 굴로 들어가는 사람을 호구虎口라고 한다. 한미관계에서 한국이 보여주는 행태가 그렇다. 전시작전권을 아직 돌려받지 못하고 있는 상황도 매우 닮았다.

2012년 4월 17일, 양국의 국방장관 김태영과 로버트 게이츠가 전작권 전환을 마무리하자고 약속한 날이다. 한미 정상회담에서 뒤집혔다. 2015년 12월로 연기하자는 합의가 이루어진 건 2010년 6월이다. 앞으로 더는 미루지 않겠다는 약속도 지켜지지 않았다. 박근혜 정부 때 또 변경됐다. 특정 시한을 정하지 말고 2020년대 중반에 전환 여부를 검토하는 것으로 바뀌었다. 2022년 임기가 끝나기 전에 전작권을 돌려받고자 했던 문재인 대통령의 노력도 물거품이 됐다. 연합방위를 주도할 수 있는 한국군의 핵심 군사 능력, 북한 핵미사일 위협에 대한 동맹의 초기 대응 능력, 전작권 전환에 부합하는 한반도 및 동북아 안보 환경 등 3대 조건에 대한 평가를 마무리하지 못했기 때문이다. 지금 정부는 관심도 없다. 윤석열 대통령이 2022년 5월 7일 미국 VOA와 가진 인터뷰에 잘 드러나 있다. "전쟁에서 승리하는 가장 효과적인 길이 무엇이냐에 따라 결정돼야 하는 것이지 명분이나 이념으로 결정될 문제는 아니다"라고 한 말이다. 전작권 문제를 당분간 논의하지 않겠다는 속내였다. 문제는 더 있다.

2015년으로 전환을 연기할 때 "조건이 충족될 것으로 추정되는 시기"로 못박았다. 평가 주체가 미국이고 항목도 너무 많다. 전환에 부합하는 안보 환경을 미국이 어떻게 판단할 것인지 답이 없다. 2020년 8월 24일 『중앙일보』에서 이 문제를 지적했다. 미국이 검증기준을 자의적으로 높였다는 점을 지적하면서 "전작권 환수 검증기준인 '연합임무 필수과제 목록CMETL'을 2019년 검증(초기운용능력)에서는 90개의 항목이었던 것을 2020년 하반기 실시 예정이었던 검증(완전운용능력)에서는 무려 155개 항목으로 대폭 늘렸다"라고 보도했다.

그렇지만 한국을 자체적으로 방어할 능력이 있다는 평가는 오래전부터 나와 있는 상태였다. 전직 주한미군 사령관을 지냈던 버웰 벨Burwell B. Bell III과 월터 샤프Walter L. Sharp가 증언했다. 국방부도 2010년 6월 "한국군은 한미연합방위를 주도할 충분한 능력을 보유하고 있다"고 밝힌 바 있다.[143] 달라진 게 있다면 북한의 핵 역량이다.

그런데 미국 정부가 굳이 돌려줄 이유도 없다. 불과 1개 사단에 불과한 3만 명을 운용하는 주한미군이 60만 군대를 지휘할 수 있는 것과 관계가 깊다. 패권경쟁을 하는 중국을 견제하는 데 이만한 자산이 없다. 2023년 기준 군사력Global Fire Power으로 세계 6위인 한국을 통제할 수 있는 권한이다. NATO와 비교하는 건 말도 안 된다. 미국의 직접 통제를 받는 대응군Response Force 규모는 2022년 2월 기준으로 4만 명밖에 안 된다. 대략 30개의 회원국이 1000명 정도의 자국 군대를 파견해 그것을 공동으로 운영하는 구조다. 제정신이 아니라면 자국 군대를 모두 미국에 맡길 이유는 없다.

1999년 코소보 사태 때 확인했던 것처럼 육군 일부를 제외하면 대부분 미국 몫이다. NATO 예산의 70% 정도를 미국이 낸다. 트럼프 대통령이 "미국은 너무 많은 돈을 지출하고 있으며 다른 회원국들, 특히 몇몇은 충분한 비용을 내고 있지 않다. (…) 미국 납세자들은 수십 년간 불공평과 불균형을 떠안았고 우리는 이를 공정하게 바꿀 것"이라고 공개적으로 발언한 배경이다.[144] 정말 우연하게도 전쟁이 났고, 지금 유럽은 그간 밀렸던 회비를 급하게 청산하는 중이다.

미국산 군사무기를 구매하고 러시아에서 수입하던 에너지를 미국산으로 바꿨다. 단순하게 봐도 미국이 얻는 게 너무 많다. 그간 거의 미국 혼자 운영하던 NATO는 이제 모두가 필요로 하는 보호자가 됐다. 미군의 통제를 받는 신속대응군도 10배 가까이 증가

할 계획을 세웠다. 미국의 군수업체는 물 만난 고기다. 전 세계에서 미국산 군수품을 사려고 줄을 선다. 러시아의 에너지가 막히면서 그만큼을 이제 미국에서 수입해야 한다. 가격은 문제가 안 된다. NATO를 대신해 유럽 자체 방위군을 만들려던 구상도 물 건너갔다. 전쟁이 계속된다고 나쁠 게 없다. 돌멩이 하나로 잡을 수 있는 새가 너무 많다. 일본과 한국도 아시아판 NATO를 만들어달라고 매달리는 상황이다.

대한민국 헌법 제74조 1항에는 "대통령은 헌법과 법률이 정하는 바에 의하여 국군을 통수한다"는 내용이 있다. 통수권統帥權이라는 단어가 핵심이다. 헌법재판소는 이를 "국군통수권은 군령軍令과 군정軍政에 관한 권한을 포괄하고, 여기서 군령이란 국방 목적을 위하여 군을 현실적으로 지휘·명령하고 통솔하는 용병작용用兵作用을, 군정이란 군을 조직·유지·관리하는 양병작용養兵作用을 말한다"고 정의한다(2013헌바111). 작전통제권은 이 중에서 군령에 해당하는 것으로, 평소에는 대한민국 대통령의 지시를 받는 합참의장이 행사한다.

방어준비태세DEFCON의 단계에 따라 달라진다. 모두 5단계로 나뉜다. 안보위협이 제일 낮은 5단계는 평상시지만, 분단 상황이 계속되고 있는 한국은 늘 경계태세를 뜻하는 4단계에 있다. 작전권은 3단계부터 적용되는데 이때부터 통제권은 한국의 손을 떠난다. 미국 4성 장군이 사령관으로 있는 한미연합사가 모든 권한을 갖는다. 현재 사령관은 폴 라카메라Paul Joseph LaCamera로, 그는 주한미군사령관을 겸직하고 있다. 통수권이 대통령에게 있으니까 여전히 한국의 통제를 받는 것 아닐까? 이론적으로는 그렇다.

연합사령관은 "한·미 통수기구 및 양국 국방장관 간 안보협의회의(SCM), 합참의장 간 군사위원회(MC)의 전략지시와 작전지침을 받아 전작권을 행사"하게 되어 있다. 현실에서는 작동하지 않는다는 게 함정이다. 노무현 정부 때 청와대 국방보좌관으로 근무했던 김종대의 증언이 있다. 절차에 따라 '북한 급변사태에 대비한 개념계획을 만든다'는 합의를 했지만, 연합사령부가 이와 별도로 '작전계획 5027'를 만들었다. 북한에서 급변사태가 발생할 때 미국이 북한의 대량살상무기를 제거하는 작전과, 해병대의 북한 진입 작전을 미군이 주도한다는 작전이다. 문제는 중국과 불가피하게 충돌할 수밖에 없다는 점이다. 중국은 1950년 한국전쟁 때도 38선 이북으로 미군이 넘어오지 말 것을 거듭 경고했고, 경고가 무시되자 끝내 압록강을 넘었다. 무려 1200km에 달하는 국경선을 맞대고 미군이 와 있는 상황을 지켜볼 것이라는 건 환상에 가깝다. 그렇지만 "당시 리언 러포트 연합사령관은 '이러면 동맹 깨자는 것'이라고 노골적인 협박성 발언을 하면서 미 정부 지침대로 작전계획 작성을 강행하려고 했다"고 김종대는 전했다. 미국이 그간 보여줬던 행동을 보면 한국이 '군사주권'을 제대로 못 누린다는 게 더 명확해진다.

한국 정부가 북한에 대한 응징을 요구했을 때 미국은 '확전'을 우려하면서 이를 거부했다. 북한 특수부대가 1968년 1월 청와대를 습격했을 때와, 1983년 미얀마 아웅산에서 북한의 테러가 일어났을 때다. 2010년 11월 북한이 연평도를 포격했을 때도 그랬다. 이명박 대통령의 '도발 원점 타격' 방침에 따라 공군의 F-15K 전투기가 출격했지만, 미군과의 '협의'가 문제가 되어 빈손으로 돌아왔다. 반대로 미국이 필요하다고 판단했을 때는 한국 정부의 반대는 크게 개의치 않았다. 한 예로, 1978년 8·18 판문점 미루나무 도끼만행 사건이 있다. 미국은 곧바로 '데프콘2'를 발령하고 전투 상황에 들어갔다. 북한의 김일성이 유감을 표명하면서 겨우 마무리됐다. 1994년 미국의 영변 폭격 준비도 한국과 전혀 상의하지 않았다. 김영삼 대통령이 항의해서 중단시켰다는 일화가 있는데 설득력이 없다. 미국이 판단했을 때 인명손실이 너무 컸고 북한이 카터 일행을 통한 최후통첩에 동의한 게 더 중요한 이유였다.

작전권을 환수하면 주한미군이 무조건 철수해야 한다는 것도 논리적으로 틀렸다. 대한민국 대통령이 국군을 통제하고, 주한미군은 지금처럼 미국 사령관이 관리하면 된다. 과거 삼국을 통일하기 위해 신라와 당나라가 연합을 맺었던 것과 같다. 당나라 소정방 장군은 신라의 김유신에게 지시할 권한도 없었고, 그 덕분에 신라는 당나라를 한반도에서 밀어낼 수 있었다.

정반대 상황은 임진왜란 때 일어났다. 명나라 군대 지휘부의 횡포로 조선의 선조와 신하들은 제 목소리를 못 냈다. 약 20만 명에 달했던 명군의 약탈과 부녀자 겁탈 등을 방관할 수밖에 없었다. 전쟁의 당사자였지만 조선은 명나라와 일본의 휴전 과정에 끼어

들지도 못했다. 잘 알려진 사례가 「금토패문禁討牌文」이다. 1594년 3월 명나라 황제가 보낸 특사 담종인譚宗仁을 통해 전달한 명령서다. "너희(조선)의 각 병선은 속히 본래 있던 곳으로 돌아가서 일본의 진영에 가까이 주둔하지 말도록 하라. 교란시키는 일을 만드는 것은 사단을 일으키는 것이다"라는 지시다.[145]

대통령 노무현과 문재인 등 진보 정권에서만 '자존감'을 내세워 전작권을 돌려받으려고 했다는 것도 틀린 정보다. 「'미국에 예, 예 해야 하느냐'는 대통령의 自主論」, 『조선일보』가 2006년 8월 10일에 게재한 사설 제목이다. 전작권 환수에 앞장섰던 노무현 대통령에 대해 "시대착오적 자주외교 자주국방 강박증"을 가진 인물로 묘사한다. 북한의 위협이나 주한미군 철수는 생각하지 않는 "대한민국 역사와 정통성을 부정하는 자리에 서서 진실이 아닌 것과 확인되지 않은 것을 진실이고 사실인 양 하는 걸"로 평가한다. 지난 시간을 조금만 거슬러 올라가면 억지라는 게 금방 밝혀진다. 다음의 인용문을 비교해보면 된다.

지금 그들을 붙잡고 '더 있어 달라', '기간을 연장해 달라'고 교섭을 벌이는 것은 우스운 일입니다. (…) 물론 미군이 있으면 없는 것보다는 나을 것입니다. 학생에게 가정교사가 있으면 든든하겠지만 어디 가정교사가 학생 대신 시험을 치러 주겠습니까. 이제 우리도 체통을 세울 때가 되었습니다. 60만 대군을 갖고 있는 우리가 4만 명의 미군에게 의존한다면 무엇보다 창피한 일입니다.

미국한테 매달려서, 미국 뒤에 숨어서 '형님만 믿겠다', 이런 것이 자주국가 국민들의 안보의식일 수가 있겠습니까. 인계철선이란 말 자체가 염치가 없지 않습니까. 남의 나라 군대를 가지고 왜 우리 안 보를 위한 인계철선으로 써야 합니까. 피를 흘려도 우리가 흘려야 지요. 그런 각오로 우리가 할 수 있다는 자신감을 가져야 합니다.

누구의 발언일까? 앞에 나오는 건 박정희 대통령이 '주한미군 철수대책 정부·여당 연석회의'를 통해서다. 1977년 3월 15일이 다. 뒷부분의 인용은 민주평통자문회의 제50차 상임위원회에서 노무현 대통령이 2006년 12월 21일에 한 말이다. 그럼 다음 발언 의 당사자는 누구일까?

독립국가 군대로서 독자적인 전쟁수행 능력 자체가 제한되고 있 지 않나 우려된다. 또한 정보 및 조기경보 능력의 부족, 육·해·공군 간의 불균형, 보병전 위주의 지상전력, 방위기능 위주의 전략 등의 문제는 우리의 안보상황, 특히 주한미군의 역할이 불확실해져 간다 는 점을 고려할 때 심각하고 진지하게 검토되지 않으면 안 된다. 우 리가 평화를 확보하고 전쟁을 억제하기 위해서는 제2창군에 버금 가는 자세로 군의 체질적 혁신을 통한 자주국방의 자주적 억제력 확보가 필수적임을 강조해야 한다.

정답은 노태우 대통령이다. 국방 자주화를 꺼냈을 때 장군들은

"미군이 서울에서 나가면 다 망한다"고 반대했다. 1988년 7월 7일의 일이다. 대략 30년이 지난 2006년 노무현 대통령도 똑같은 문제에 부닥쳤다. "미국하고 일이 생기면 어떻게 하나?" 또는 "노무현이가 미국하고 관계를 탈 내겠다" 등의 비난을 받았다. 똑같은 풍경이 2020년에도 벌어졌다. 대한민국수호예비역장성단이라는 단체가 8·15 광복절을 맞아 발표한 성명서에서 찾을 수 있다. "전작권 전환은 한미동맹의 이완과 궁극적인 해체를 원해온 북한 정권과 중국 공산당 정권의 숙원과제일 뿐"이며, "북한이 70년간 부르짖어온 주한미군 철수와 연방제 통일 및 적화통일로 가는 지옥문을 여는 것"이라는 얘기가 나온다. "미군이 철수하면 군 복무기간을 3년 이상 늘리고 국방예산도 20조 원 이상 더 증액하더라도 최첨단 장비와 전쟁전략을 구사하는 세계 최강 미군의 공백을 메우기에는 역부족"일 것이라는 논리도 폈다. 그래서 국방비가 큰 폭으로 늘었다. 전작권 환수 시점을 앞당기는 게 목표였다. 진보 정권으로 분류되는 노무현과 문재인 대통령이 재직할 때 더 많이 늘어난 이유다.

돈키호테

뭔가 달라졌을 것으로 생각하면 큰 착각이다. 고장 난 녹음기를 트는 것처럼 같은 주장이 지금도 반복된다. "전작권 전환은 미군 철수 또는 축소의 신호탄이기 때문입니다. 미국이 없는 상황에서 한국의 전쟁 억제력이 거의 준비가 안 된 상태입니다. 세계 최강의 전력과 실전경험을 보유한 미군을 대체하는 것은 현 상태로는 불가능합니다." 동양대 교수로 있는 김운회가 2017년 10월 13일 『미래한국』에서 주장한 얘기다. 얼핏 보면 너무 맞는 말이다. 전 세계에서 가장 많은 국방비를 쓰고, 가장 많은 정보를 갖고 있으면서, 누구도 무시하지 못하는 형님이 있는데 왜 자꾸 '주권' 타령이냐는 핀잔에 가깝다.

20세기 초반 영연방을 제안하면서 영국 엘리트가 식민지들에 했던 말과 닮았다. 대동아공영권을 만들어서 일본과 함께, 그러나 약간은 낮은 신분으로 번영을 누리자고 했던 과거도 기억할 필요가 있다. '안보 전도사'로 알려진 국민대의 박휘락 교수가 2018년 11월 5일 《이코노미톡뉴스》에서 한 말도 거의 판박이다. "한국이 한국방위의 주도적 역할을 담당하고자 한다면 최소한 국내총생산의 4~5% 정도의 국방비는 각오해야 할 것인데, 과연 그러한 각오 하에 이러한 방향을 허용한 것인지 아니면 단순히 자주성 강화의 측면만을 보고 그러한 것인지 성찰해볼 필요가 있다"고 말했다. 아래의 인용문 두 개도 비교해볼 필요가 있다.

전시작전권 전환 강행 때문에 미군 파병에 제한을 두면 오랜 동맹에 균열이 생기고, 한국은 북한 정권 아래 복속될 위험이 커질 것이다. 중국의 전적인 대북 군사적 지원이 보장된 가운데 미국이 동맹 파트너 역할에 완전히 전념하지 않는다면, 북한군은 궁극적으로 전투에서 한국군을 격퇴할 가능성이 크다. (…) 북한이 핵무기로 무장하고 있는 한, 한국이나 미국은 전시작전통제권 전환을 추진해서는 안 되고, 미국이 '한국을 위한 핵우산'을 제공하는 한 전투 병력에 대한 전시작전통제권은 미국에 남아 있어야 한다.

우리 군은 북한이 핵과 미사일을 더욱 고도화/다양화하게 되면 현 전력은 물론 향후 증강될 전력으로도 감당하기 어려운 상황이 될 수밖에 없다는 현실을 직시하고, 핵과 미사일 위협을 전제로 한 연합작전계획을 발전시키고 선제타격 능력과 미사일방어 능력을 획기적으로 증강해 나가야 한다. 또한 북한의 위협과 도발이 종식될 때까지는 현 전시작전통제체계를 유지하면서 한미연합방위태세를 강화하고, 전시작전권 전환은 북한의 비핵화가 진전되고 남북관계가 안정된 후에 추진할 것을 촉구한다.

앞의 인용문은 주한미군사령관을 지낸 버웰 벨 장군이 VOA에 기고한 성명서에 나온다. 2021년 2월 10일이다. 뒤 인용문은 성우회가 낸 성명서다. 발표 날짜는 2022년 2월 3일이다. 한미 양국에 있는 전직 장군들의 집단지성으로 보인다. 한국이 작전권을 행사하는 건 좋은 선택이 아니라는 결론이다. 과거에도 그랬지만 핵으로 무장한 북한에 흡수통일될 수 있다는 경고다. NATO 회원국이 되지 못해 러시아의 침공을 받았던 우크라이나 사태를 교훈으로 삼아야 한다는 숨은 뜻도 있다. 전작권 환수를 추진했던 지난 2006년 상황과 달라지지 않았다는 게 비극이다.

노무현 대통령은 그때 "(남한의 국방비가 북한보다) 열 배도 훨씬 넘는데, 이게 한 해 두 해도 아니고 근 20년간 이런 차이가 있는 국방비를 쓰고 있는데, 그래도 지금까지 한국의 국방력이 북한보다 약하다면 70년대 어떻게 견디어 왔으며, (…) 그 많은 돈을 쓰고도 북한보다 약하다면 직무유기한 거죠?"라고 말했다. 2006년 국방예산은 지금의 절반에도 못 미치는 20조 정도였다. 전작권 환수를 위해 그때부터 무려 17년간 쏟아부은 돈을 전부 합치면 340조 원이 넘는다. 얼마나 큰 돈일까? "최순실이 은닉했다는 '10조'로 할 수 있는 것"(인사이트, 2016.12.26)이란 뉴스를 통해 추측해볼 수 있다. 전 국민이 230일 정도 날마다 치킨 축제를 즐길 수 있다. 전국 대학생 전체의 1학기 등록금과 국군 병사 연봉을 2000만 원으로 인상해 33년 동안 줄 수 있는 돈이다. 광역단체 중 부채비율이 가장 높은 서울시의 빚 21조를 17번 갚고도 남는다.

대중의 머리와 마음을 얻는 작업은 다양한 이름으로 불린다. 정보캠페인, 홍보전략, 여론 공작, 프로파간다, 심리전 등이다. '심리전'은 이런 개념 중에서도 특별하다. 죽고 사는 문제를 뜻하는 전쟁이라는 단어가 포함되었다는 게 핵심이다. 전쟁의 연장선이고, 다른 형태의 전쟁이고, 한번 시작한 이상 '패배'하면 안 된다. 미국 대통령이 국가안보위원회NSC를 통해 심리전을 관리하는 건 이런 까닭에서다. 제2차세계대전을 거치면서 물리적 군사력이나 경제력과 분리된 적이 없다. 목표는 '승리'하는 것이고 '전략'만 현지 상황에 따라 달라진다. 한국에 봄이 왔을 때, 미국은 심리전을 위해 무엇을 고민했을까 하는 의문은 이 지점에서 제기된다. 당시 미국이 고려했을 법한 차원은 크게 천시天時, 지리地利, 인화人和라는 3대 요소로 구분해 살펴볼 수 있다. 맹자가 전쟁에서 승리하기 위한 조건으로 제시한 바 있다.

전쟁에서 승리하기 좋은 시점을 뜻하는 '천시' 관점에서 봤을 때 상황은 좋지 않았다. 미국에 대한 반감과 불만이 전례 없이 높았던 때다. 전쟁범죄였던 노근리 학살도 1999년 『뉴스위크』를 통해 공개됐다. 2002년에는 미군 장갑차에 등교하던 여중생 2명이 압사하는 사고도 발생했다. 냉전이 끝난 후라 굳이 미국의 군사적 보호가 필요하지도 않았다. 그나마 위안이 있었다면 북한을 자극해 안보 불안을 만들 힘이 있었다는 점이다. 북한을 '악의 축'으로 규정하고 압박함으로써 북한을 미사일 발사와 핵 개발이라는 벼랑으로 몰았던 것을 기억하면 된다.

한국 사회가 분열되어 있었다는 점에서 '인화'라는 조건도 불리하지 않았다. 일부에서는 미국과 거리를 둘 때가 되었다고 생각했지만, 다수는 여전히 한미동맹을 수호천사로 믿고 있었다. 냉전 사고에 익숙한 사람이 더 많았고, 북한과 중국 등에 대한 경계심은 겨우 누그러지는 상태였다. 남북관계 개선으로 진보진영의 목소리가 높아지면 보수진영이 반발할 수밖에 없는 '남남南南갈등'에 불을 지를 수 있는 상황이었다.

미국은 또 전략적 요충지를 뜻하는 '지리'에서 유리한 위치를 선점하고 있었다. 한국이 무려 70년 이상 미국의 지휘를 받는 자유

자본주의 진영의 모범생으로 지낸 것과 관련이 깊다. 분단질서가 지속하면서 구축된 기존 질서의 수혜자가 많을 수밖에 없다. 작전 사령부는 없어도 느슨한 형태로 연결되어 있으면서 필요하면 인력과 자금을 동원할 수 있는 '복합체'가 잘 형성된 상태다. 한미동맹을 보호하기 위해 앞장설 준비가 된 호위무사다. 미국의 앞잡이로 보면 큰 착각이다. 본인은 진정한 애국자로 생각한다. 집단의 일부로서 자신의 정체성도 미국의 영향을 받았다는 건 전혀 인정하지 않는다.

호위
무사

「조선일보와 기독교의 위험하고 이상한 밀월(?)」, 분당두레교회의 구교형 목사가 《뉴스앤조이》에 2002년 10월 20일 투고한 글이다. 『월간조선』이 중심이 되어, 한국기독교의 인권과 반反독재운동의 맥을 잇고 있는 한국기독교교회협의회KNCC는 일부 진보적인 소수파만을 대변하는 기관으로 분류하면서 보수적인 한국기독교총연합(한기총)을 한국 교회의 대표라고 추켜세우는 것을 문제 삼았다. 여기에 뭔가 불순한 의도가 있다고 봤다. 모든 매체에서 비난받는 한기총을 보호해줌으로써 반대급부로 "북한에 대해 증오와 미움을 넘어 공격을 부추기는 것"을 얻어낸다는 주장이었다. 2000년 2월을 시작으로, 2004년 12월까지 모두 16명의 대형교회 목사 인터뷰가 실렸다. 박정희 정권 때부터 반공 설교로 유명했던 조용기, 인천순복음교회 최성규, 소망교회 곽선희, 지구촌교회 이동원, 사랑의교회 옥한흠, 수원침례교회 김장환, 두레교회 김진홍 등이다.•

뜬금없다는 생각이 들 만큼 낯선 메시지였다. 2000년은 남북이 처음으로 6·15 정상회담을 가진 해였다. 김정일 국방위원장의 답방이 추진되고, 그를 좋게 생각하는 여론도 높아진 때다. 봄날이었는데 『월간조선』은 정반대의 길을 갔다. 다음과 같은 인터뷰를 내보냈다.

> 북한은 공산당원만 300만 명 있으면 남북한을 지배할 수 있다고 생각하고 있습니다. 월남의 사이공이 함락된 뒤 월맹을 도왔던 월남 인사들이 모두 숙청당했습니다. 정말 도와야 할 사람은 탈북자들인데 엉뚱한 데 돈이 나가고 있습니다. (…) 공산주의와 기독교는 일치될 수 없습니다. 스탈린은 목사 한 사람 없애는 것이 적 1개 사단 없애는 것보다 낫다고 말했습니다. 북한이 한기총(韓基總)과 연결하려는 것도 보수적인 기독교 와해 공작의 시작이라고 봅니다. (이억주 목사, 2000.9)

• 김장환 목사는 선교매체로 시작한 극동방송에서 30년 이상 사장을 맡았다. 2003년 이후 열린 구국기도회 등은 이 방송을 통해 매번 생중계됐다. 극우 인사로 분류되는 조갑제(월간조선), 황장엽(망명 정치인), 권영해(안기부장), 박세직(재향군인회), 이철승(정치인), 이양호(국방장관) 등이 출연하는 〈극동포럼〉도 전국으로 방송된다.

줄서기를 확실히 하여야 합니다. 지난날보다 희미하긴 하나 아직도 세계는 두 그룹으로 나뉘어져 있습니다. 정치적으로 민주주의, 경제적으로 자본주의, 사회적으로 복지주의를 지향하는 열린 체제로서의 자유진영과 사회주의 내지 전체주의를 지키는 닫힌 체제 국가들로 나뉘어져 있습니다. 우리는 선택하여야 합니다. 미국, 일본, 유럽으로 이어지는 개방사회 측의 가치관과 질서에 속하여 동맹관계를 맺어 나가든지 아니면 중국, 러시아, 북한으로 이어지는 폐쇄사회 측에 줄을 서든지 먼저 확실하게 선택을 해야 합니다. (김진홍 목사, 2002.4)

작전사령부

국민을 대상으로 한 심리전을 지휘하는 인물 중 한 명이 『월간 조선』의 편집장 조갑제다. 월간 『말』에서 「조부장과 안기부의 유착설」(98년 12월호)로 다뤘던 인물이다. 안기부의 내부 정보가 없으면 보도할 수 없는 특종을 꾸준히 해왔던 것과 관련이 있다. 「긴급취재 서울에 잠입한 북한공작 지도부」(92년 10월호) 「한국의 심장부로 꽂히는 비수(땅굴)」(92년 5월호) 「안기부 수사의 막후, 서경원 밀입북 사건」(89년 8월호) 등이다. 황장엽 망명 사건도 여기서 특종을 했다. 안기부의 수사 발표문을 손봐주고 돈을 받았다는 의혹으로 민주언론운동시민연합과 천주교정의구현전국사제단에 의해 고발을 당한 적도 있다. 전직 국정원장을 지낸 정형근을 만나면서 자신의 인생 진로를 바꾼 것으로 알려진다.[146] 독실한 개신교 신자로 "김일성과 김정일은 사탄이다. 원수와 사탄은 다르다. 김일성 부자를 용서하라고 말하는 목사는 착각한 거다. 반성경적 생각이다. 김일성과 김정일을 돌려놓을 방법이 없다. 사탄처럼 제거해야 한다"라고 말할 정도다.

1991년부터 『월간조선』에서 편집장을 맡았고, 2001년엔 대표이사도 겸임하게 된 그가 2000년 9월호에 쓴 글이 「최근 사태 진단 -左右 대결과 대한민국의 命運」이다. 이런 주장을 담고 있다.

남한 내의 좌우익 대결은 주로 정치, 언론, 출판, 종교, 학원, 문화, 예술 같은 분야에서 말과 글로써 벌어지고 있다. 그 주(主)전장은 정치, 언론이 집중된 서울이다. 대한민국을 수호하려는 애국세력에게 있어서 주적은 정체가 확실한 김정일 정권이 아니라 민주, 통일, 평화, 개혁, 민족이란 말로 위장한 남한 내 좌익이다. (⋯) 국민들이 색깔 싸움에서 이기려면 우리 사회의 표현수단을 동원해야 한다. (⋯) 애국세력은 돈이 많은 편이므로 그 돈으로써 신문의 광고란을 사고 여기에 계속적으로 김정일 비판문을 게재하는 것도 한 방법이다.⋯ 애국 세력이 갖고 있는 단체들(기업, 학교, 교회, 성당, 사찰, 동창회, 동향회, 계모임)을 의식화시켜 김정일 타도 멸공 운동에 나서도록 하는 방법도 있다.

『조선일보』라는 매체가, 또 조갑제란 한 인물이 미국의 대리인이었다는 증거는 없다. 그렇지만 그의 관점과 전략은 미국이 전개했을 것으로 추측해볼 수 있는 심리전과 매우 닮았다. 단순한 우연으로 보기 힘든 변화가 곧 뒤따랐다. 인터뷰에 응했던 목사와 교회를 중심으로 한 단체가 잇달아 모습을 드러냈다. 멍석을 깔아주는 역할은 이번에도 『월간조선』이 맡았다. 2001년 9월호에 나온 「한국 기독교의 주류 장로교단의 반공운동단체 설립 배경, '반공기독교 세력의 행동개시'를 상징」이라는 기사를 통해서다.

직전 7월 11일, 대구 중구 남산동에 있는 서현교회에서 한기총 소속 목사 100여 명이 참석해 '정의사회구현실천협의회'(정구협)를 창립했다는 소식을 전했다. 한기총 공동회장 최해일 목사의 격려사와 정구협 대표회장 김태화 목사의 발언도 전했다. "북한의 대남 적화 전술은 변했지만 전략이 변하는 일은 없을 것"과 "우리나라가 공산화되면 북한 정권이 교회를 탄압하게 될 것이고, 교회가 없어지면 목사들도 목회처가 없어진다"는 발언이다.

『조선일보』와 『동아일보』에 성명서를 실었다는 것과 그 이후 격려 전화와 편지·팩스가 쇄도하고 있다는 소식도 다뤘다. 분단을 통해 기득권을 확보한 집단이 조직적인 저항을 하고 있다고 볼 만한 상황이었다. 《뉴스앤조이》가 2001년 8월 22일에 쓴 「〈월간조선〉의 위험스러운 장난」에 이런 상황에 대한 비판이 나온다. "냉전시대에 〈조선일보〉나 보수교단들은 군사독재 정권에 아부했고, 그 폭력체제를 미화했으며, 그 체제의 폭력 아래 사람이 무수히 죽어나가도 눈 하나 깜짝하지 않고 자신들의 교권확대에 광분하다시피 했던 부끄러운 과거를 지니고 있다. 그러니 이러한 현실을 극복하고 새로운 시대를 맞이하려는 개혁에 대하여 이들이 온통 저주와 비난을 퍼붓고 있는 것은 당연할 것이다. 새로운 시대가 와 자신들의 부패하고 비리에 찬 과거가 폭로되고, 더 이상 특권적 기득권을 행사할 수 없게 되는 것이 공포스러운 것이다. 이걸 솔직히 말할 수는 없으니까 친북세력의 준동이요, 기독교에 대한 탄압이요 하는 식으로 막고 나서고 있는 것이다"라는 얘기였다.

진격의 북소리를 먼저 울린 건 보수 언론사다. 극동방송 같은 영향력 있는 개신교방송도 거들었다. 보수적 성향의 교회와 천주교 등이 맞장구를 쳤다. 광화문과 시청에 대규모 집회가 등장하는 건 시간문제였다. 맨 먼저 등장한 게 '나라와 민족을 위한 평화기도회'로, 날짜는 2003년 1월 11일이었다. 한기총 대표회장을 맡고 있던 김기주 목사 등이 주도했다. 참석자들을 향해 그는 "북한의 핵 개발로 세계가 촉각을 곤두세우고 있는 상황 속에서, 나라가 누란(累卵)의 위기에 놓여 있다고 생각한 신도들의 자발적인 노력으로 이 기도회를 열게 되었다. (…) 이 기도회가 CNN 등을 통해 미국에서도 크게 보도되면서 그 취지에 공감하는 교포, 미국인들의 전화를 많이 받고 있다"라고 말했다.

그해 2월 9일에도 열렸다. 장소는 부산역으로 1300여 개 교회에서 3000명의 교인이 모였다. "북한의 핵개발 재개로 우리의 평화가 심각한 위협을 당하고 있는 때 분열과 대립을 청산하고 새시대 새 나라로 나아가기 위해 우리 모두가 가슴을 찢는 심정으로 차가운 땅바닥에 기도의 무릎을 꿇자"는 게 행사의 취지였다. 한

기총이 점화한 불길은 교회라는 울타리를 단숨에 넘어섰다. '반핵 反核 반김反金 자유통일' 국민협의회를 통해서다. 강영훈(전 국무총리), 박홍(전 서강대 총장), 이상훈(대한민국 재향군인회 회장), 유재흥(전 국방부 장관), 허문도(전 통일부 장관), 신혜식(인터넷《독립신문》발행인), 김상철(『미래한국』신문 발행인) 등이 발기인으로 이름을 올렸다.[147]

종교단체에는 개신교·천주교·불교가 모두 포함되어 있다. 해군참모총장, 국방부 장관, 재향군인회 회장 등 군대에서 고위직을 맡았던 인사도 많다. 탈북자를 비롯해 미국에 거주하는 이민자도 있고, 언론 분야 인사도 있다. "좌 편향적인 노무현 정권에 순발력 있게 대응하기 위한" 목적으로 발족한 상설 집행기구였다. 50명으로 구성된 운영위원회가 지휘본부를 맡았는데, 쟁쟁한 인물들이 모였다. 그중의 한 명은 참전단체연합회 회장 류기남이다. 자유시민연대의 공동대표를 맡은 적도 있다. 안기부 훈령조작 사건의 주인공 이동복이 2004년 설립한 '대한민국을지키기위한만민공동회'에도 참여한 인물이다. 함께한 인물로는 안응모(전 내무부 장관), 이종구(전 국방장관), 김동길(연세대 교수), 김성은(전 국방장관), 채명신(전 주월군사령관), 오자복(성우회 회장), 정기승(전 대법관) 등이 있다.

행사가 열린 3월 1일에는 더 많은 단체와 인물이 참석했다. 행사장에는 태극기와 성조기가 나란히 펼쳐졌다. 팻말과 현수막에 그날의 메시지가 담겨 있다. "한미혈맹 복원하여 국가안전 보장하자""적화통일 획책하는 친북 좌경세력을 박살내자""안보를 잊으면 6·25 다시 온다""퍼다준 대북지원 핵무기 제조되고 있다""북은 핵무기 개발을 즉각 중단하라" 등이다. "We want U.S. military""We support U.S. military""God Bless Korea-US"와 같은 영어 문구도 보였다.

『조선일보』가 3월 2일 보도한 「'침묵하던 다수'가 입을 열었다」라는 기사에 그날 풍경이 잘 설명되어 있다. "행사는 국민대회 불교계 대표인 초우(草宇, 전 조계종 총무원장) 공동대회장의 개회선언과 함께 평화를 상징하는 파란색 풍선 수만 개를 하늘에 날리는 것으로 시작됐다. 성조기와 태극기를 두 손에 든 참석자들은 '와~'하는 함성을 터뜨리며 양국기를 흔들었다. 시민들은 행사 중간중간 월드컵 거리응원 때처럼 '대~한~민~국'을 외쳤다"는 설명이 먼저 나온다. "미군 철수를 일부에서 주장하는데, 만약 그렇게 된다면 미군만 철수하는 게 아니라 미국 자본도 철수되고 우리 경제가 불안해질 것" 또 "그동안 북한에 의료품·식량 등을 지원했지만 북은 변하지 않았다. 한국 정부는 햇볕정책만 고집하지 말고 북에 (핵개발을 포기하라고) 압력을 넣어야 한다"와 같은 인터뷰도 담았다.

모두 110여 단체가 참석한 것으로 알려졌는데 여기에는 "납북자가족협의회, 대한민국건국회, 재향군인회, 전몰군경미망인회, 베트남참전전우회, 성우회, 자유시민연대, 천주교경제인회, 탈북난민보호운동본부, 한국기독교신도연맹, 헌법을생각하는변호사

모임, 금란교회, 광림교회" 등이 포함되어 있다.

이 가운데 관심을 가져야 할 단체는 자유시민연대다. 2000년 11월 27일 헌법을생각하는변호사모임(헌변), 대한참전단체연합회, 건국회, 실향민중앙협의회, 전몰군경유자녀회, 월남참전전우회 등 40개 단체가 모여 만들었다. 대표는 임광규 변호사다. 반공 검사로 유명한 오제도, 박근혜 대통령 탄핵 심판 대리인을 맡았던 정기승 대법관 등과 함께 "좌파정권이 태동하면서 이 나라가 공산화될지도 모른다는 우려"에서 1998년 '헌변'을 설립한 인물이다.

『월간조선』은 4월호를 통해 이 행사를 다뤘다. 『조선일보』 논설위원 출신의 도준호가 쓴 글의 제목은 「반핵반김反核反金 자유통일 3·1절 국민대회 내막 – 서울시청 앞 3·1절 국민대회를 보고」였다. "피땀 흘려 가꾼 역사를 '패배한 역사'로 치부하고, 죽음으로 지킨 자유의 가치가 이상한 '민족논리'에 짓밟히고, 친북세력이 활개치는데 그들은 참을 수 없었던 것이다"는 말로 행사의 성격을 정리했다. "지금 나라가 넘어가게 생겼다. 죽을 날도 얼마 남지 않았는데, 그렇게 되면 6·25때 죽은 전우들 볼 면목이 없다" 또 "오늘날 북한 땅을 굶주림과 억압의 땅으로 만든 장본인은 김정일이다. 김정일의 잘못을 규탄하지 않고, 북한 돕기와 통일을 얘기하는 것은 위선이다"와 같은 인터뷰도 인용한다. 〈애국가〉와 〈조국찬가〉에 이어 〈전우여 잘가라〉는 노래도 불렀다. "전우의 시체를 넘고 넘어 앞으로 앞으로/ 낙동강아 잘 있거나 우리는 전진한다/ 원한이야 피에 맺힌 적구를 무찌르고서/ 꽃잎처럼 떨어져 간 전우야 잘자라"라는 내용이다. 이뿐만이 아니다. 국가보안법도 뜨거운 전선이다.

간첩몰이

「해방연대 국가보안법 사건 8년 만에 최종 무죄」(2020.5.14)「국가보안법 위반 이광철 전 의원 무죄 확정」(2022.7.13)「전두환 정권 '막걸리 보안법' 재심 사건, 38년 만에 무죄」(2019.12.12)「평통사 간부 '국가보안법' 위반, 전원 무죄」(2017.12.21)「32년 '빨갱이 교수' 낙인 벗었다… 법원, 국가보안법 위반 해직」(2021.9.2). 인터넷에서 금방 찾을 수 있는 관련 뉴스다. 국가보안법에 의해 억울하게 감옥살이를 하거나, 빨갱이로 몰려 평생을 피맺히게 살아온 사람들의 얘기다. 재심을 거치면 무죄판결을 받을 확률이 70.5%나 되는 대표적인 악법이다. 1948년 12월, 여수와 순천에서 민중항쟁이 벌어졌을 때 이를 탄압하기 위해 급하게 제정되었다는 태생적 한계에서 벗어나지 못하고 있다. 국가의 기본정책 방향을 반공으로 정했던 박정희 정부 이래 국보법과 반공법으로 입건된 후 기소된 사람이 너무 많다. 지금도 대략 600명 이상이 관련법 위반으로 입건되어 수사를 받는다.

게다가 국정원(과거 안기부), 경찰 정보과, 검찰 공안부 등에서 압도적으로 적용하는 조항은 제7조(찬양·고무·동조)다. 권력의 입맛에 따라 얼마든지 다르게 해석될 수 있는 대표적인 고무줄 조항이다. 법적인 논리로만 따져도 문제가 많다. 2004년 8월 24일, 국가인권위원회가 법무부 장관에게 보낸 국보법 폐지 권고문에 자세한 내용이 나온다.

국보법이 지닌 문제점은 첫째가 형법과 충돌한다는 점이다. 한 예로, 제1조에 명시된 "국가의 안전을 위태롭게 하는 반국가활동"은 형법 제1장 '내란의 죄', 제2장 '외환의 죄', 제3장 '국기에 관한 죄', 제4장 '국교에 관한 죄' 및 제5장 '공안을 해치는 죄' 등에 모두 들어 있어 따로 둘 이유가 없다. 형법 제87조는 "대한민국 영토의 전부 또는 일부에서 국가권력을 배제하거나 국헌을 문란하게 할 목적으로 폭동을 일으킨 자는 다음 각 호의 구분에 따라 처벌한다"고 밝히고 있다.

국보법의 규정 자체가 가진 문제점이 둘째다. "명백하고 현존하는 위험"이 아닌 "국가변란, 사회 질서의 혼란을 조성할 우려가 있는 사항, 이적, 찬양, 고무, 동조, 기타 중요시설, 기타 물건" 등의 규정이 특히 문제다. 송호창 변호사는 이에 대해 "광범위한 확대해석을 가능하게 하는 백지형법"이라고 말한다. 잘못에 비해 지나치게 무거운 형벌이 가능한 것도 함정이다. 무엇보다 '사형'까지 시킬 수 있는 조항이 너무 많다. "반국가단체를 구성하거나 가입한 자 중에서 수괴의 임무에 종사"했거나 "국가기밀을 탐지·수집·누설·전달하거나 중개한" 경우 사형에 처할 수 있다. "교통·통신, 국가 또는 공공단체가 사용하는 건조물 기타 중요시설을 파괴하거나 사람을 약취·유인하거나 함선·항공기·자동차·무기 기타 물건을 이동·취거한 때"에도 사형, 무기징역 또는 5년 이상의 징역을 받는다. 관련 사건에서 가장 자주 적용되는 "반국가단체나 그 구성원 또는 그 지령을 받은 자의 활동을 찬양·고무·선전 또는 이에 동조하거나 국가변란을 선전·선동한 자"(7조)에 대해서도 7년 이하의 징역이 가능하다.

국제사회의 보편적 기준과 어긋난다는 게 셋째다. 한국이 유엔에서 1976년 채택 발효된 '시민적 및 정치적 권리에 관한 국제규약'(일명 자유권 규약)을 적용하기로 약속한 날짜는 1990년 7월 10일이다. "인간의 고유한 존엄성"을 인정하고 "모든 사람이 자신의 경제적, 사회적 및 문화적 권리뿐만 아니라 시민적 및 정치적 권리를 향유할 수 있는 여건"을 조성할 의무를 국가에 부여했다. 국보법 중에서도 이 원칙과 정면 충돌하는 것 중 하나가 제10조다. "제4항의 죄를 범한 자라는 정을 알면서 수사기관 또는 정보기관에 고지하지 아니한 자는 5년 이하의 징역 또는 200만 원 이하의 벌금에 처한다. 다만, 본범과 친족관계가 있는 때에는 그 형을 감경 또는 면제한다"는 부분이다. 이른바 불고지죄不告知罪.

국가인권위의 권고안에 따르면, 이 조항은 "양심의 자유에는 널리 사물의 시시비비나 선악과 같은 윤리적 판단에 국가가 개입해서는 안 되는 내심적 자유는 물론, 이와 같은 윤리적 판단을 국가권력에 의하여 외부에 표명하도록 강제받지 않는 자유, 즉 윤리적 판단사항에 관한 침묵의 자유까지 포괄한다고 할 것이다"라는 헌법재판소의 결정에도 어긋난다.

헌법과 남북교류협력법 등과 모순되는 게 마지막 논쟁 지점이다. 대한민국 헌법 제3조에는 "대한민국의 영토는 한반도와 그 부속도서로 한다"는 내용이 나온다. 북한은 따라서 국가보안법 제2조에서 규정한 "정부를 참칭하거나 국가를 변란할 것을 목적으로 하는 국내외의 결사 또는 집단으로서 지휘통솔체제를 갖춘 단체"에 해당한다. 제4조에는 "대한민국은 통일을 지향하며, 자유민주적 기본질서에 입각한 평화적 통일정책을 수립하고 이를 추진한다"는 좀 다른 내용이 나온다. '북한'을 평화적 통일정책의 대상으로 다르게 정의되어 있다. 헌법재판소에서는 이를 "자유민주적 기본질서를 저해하지 아니하는 범위 안에서 북한을 대화와 협력의 일방 당사자로 인정할 수밖에 없다는 인식"으로 해석한다.

북한에 대한 다른 해석은 1990년 8월 1일 제정된 '남북교류협력에관한법률'에도 들어 있다. 제3조를 통해 "남한과 북한과의 왕래·교역·협력사업 및 통신역무의 제공 등 남북교류와 협력을 목적으로 하는 행위에 관하여는 정당하다고 인정되는 범위 안에서 다른 법률에 우선하여 이 법을 적용한다"고 밝혔다.

여기엔 1991년 남과 북이 유엔에 동시 가입한 것도 반영될 필요가 있다. 제3조 영토조항을 근거로 '반국가단체'로 규정하기 어렵다는 의미다. 1991년 12월 13일에 체결한 「남북한 사이의 화해와 불가침 교류 협력에 관한 합의서」도 문제가 된다. 전문을 통해 북한은 "쌍방 사이의 관계가 나라와 나라 사이의 관계가 아닌 통일을 지향하는 과정에서 잠정적으로 형성되는 특수관계라는 것을 인정하고, 평화통일을 성취하기 위한 공동의 노력을 경주할"

대상으로 규정된다. 그 제1장 남북화해에는 더 자세한 얘기가 나온다. 남과 북은 "서로 상대방의 체제를 인정하고 존중"하고, "상대방의 내부 문제에 간섭하지 아니하며" "국제무대에서 대결과 경쟁을 중지하고 서로 협력하며 민족의 존엄과 이익을 위하여 공동으로 노력"할 대상이 된다. 남북화해 시대가 본격적으로 열렸던 2000년대 이후 국보법은 이런 배경에서 자연스럽게 망각의 대상이 됐다. 그러나 독일에 거주하던 송두율 교수가 이 법으로 구속되면서 다시 논란의 중심에 섰다.

민주화기념사업회의 초청으로 송두율 교수 가족이 인천공항에 도착한 날짜는 2003년 9월 22일이다. 국가정보원이 국보법 위반 혐의로 이미 체포영장을 발부 받아둔 상태였다. 독일 뮌스터대학 사회학과 교수로 있을 때 그는 박정희 정부에 의해 '반체제 인물'이라는 낙인을 받았다. 독일에서 '민주사회건설협의회'를 만들어 1972년 제정된 유신헌법을 비판한 게 문제가 됐다. 1991년 북한 사회과학원의 초청으로 북한을 방문한 이후에는 '친북인사'라는 비판도 받았다. 하지만 그는 분단 극복을 고민한 학자였다. 『역사는 끝났는가』 『21세기와의 대화』 『전환기의 세계와 민족지성』 『통일의 논리를 찾아서』와 같은 저서를 통해 국내에서도 인지도가 높았다.

귀국 직전 『부산일보』와 가진 이메일 인터뷰에서 망명 지식인의 고민을 털어놨다. "남과 북이 분단 반세기 간에 걸쳐 각각 구축해온 체험공간의 구조가 다를 수밖에 없어 갈등은 피할 수 없다"

라는 게 그의 진단이었다. "중요한 것은 상대방을 각각 자기 속에 들어 있는 타자他者로서 바라보려는 태도"라고 말했다. "우리의 통일은 단순히 정치 경제 사회문화적 통합을 넘어선, 그래서 미래를, 그것도 아무도 밟아보지 못한 미래의 '고향'을 함께 만든다는 원대한 전망 속에서 준비해야 한다"는 말도 덧붙였다.[148] 그가 조선노동당 정치국 후보위원 김철수와 동일 인물이라는 황장엽의 주장에 대한 명예훼손 소송 판결은 이미 난 뒤였다. 2001년 8월 서울지방법원 민사합의16부는 "송 교수가 사망한 김일성을 면담했고 수차례 북한을 방문하는 등 친북 성향을 가진 사람은 맞더라도 '김철수'라고 입증할 만한 증거는 없다"고 판단했다.

체포영장에 나온 북한 방문을 미리 알리지 않았다는 것과, 1985년 독일에서 유학하던 오길남에게 입북을 권유했다는 혐의는 그렇게 무거워 보이지 않았다. 귀국 이틀날인 9월 23일에는 국정원에도 스스로 나갔다. 그의 생각이 순진했다는 건 곧 드러났다. 변호인이 입회하지 않은 상태에서 조사를 받은 직후 법무부는 그를 출국 금지 대상에 포함시켰다. 귀국한 지 겨우 1주일 정도가 지난 시점부터 그는 "북한 지도부의 핵심 인물이고, 해방 이후 위장 귀순한 최고위급 북측 인사"가 됐다. 검찰은 11월 19일 반국가단체 구성 등 잠입 탈출, 회합통신 등의 혐의로 구속 후 기소했다. 진보 진영에서 항의 성명을 발표하고 국제사회가 비난했어도 '쇠귀에 경 읽기'였다.

2004년 3월 30일에 열린 1심 재판에서 그는 징역 7년을 선고받았다. 반국가단체인 북한의 정치국 후보로서 지도적 임무를 수행했다는 것, 북한으로 잠입 탈출했다는 것, 북한 당국자와 만나고 대화를 나누었다는 게 모두 유죄가 됐다. "송두율 교수는 북한 정치국 후보위원 김철수다"는 주장을 법원이 수용한 게 결정적이었다. 4월 7일에 열린 항소심에서는 바로 이 혐의에 대해 무죄가 나왔다. 2001년에 받았던 "정치국 후보위원이라는 의심은 없지 않지만, 증명력이 없다"라는 판결을 한 번 더 확인해줬다. 징역 3년에 집행유예 5년을 받으면서 그는 자유의 몸이 됐다. 독일로 출국한 건 그해 8월 5일이다.• 노무현 대통령이 국보법 폐지를 공개적으로 밝혔던 건 한 달 정도가 지난 2004년 9월 5일이다. MBC〈시사매거진 2580〉방송을 통해 공개적으로 밝혔다. 폐지의 정당성에 대해 다음과 같이 말했다.

(국가보안법은) 국가를 위태롭게 한 사람들을 처벌한 것이 아니라 정권에 반대하는 사람들을 처벌하는 데 주로 압도적으로 많이 쓰여왔습니다. 말하자면 정권을 반대하는 사람을 탄압하는 법으로 많이 쓰여왔고 그 과정에서 엄청난 인권탄압이 있었고 비인도적인 행위들이 저질러졌습니다. 그래서 이것은 한국의 부끄러운 역사의 일부

• 대법원의 판결은 2008년 4월 17일에 나왔다. 독일 국적을 취득하기 이전, 즉 대한민국 국민으로 있을 때, 방북한 혐의만 유죄를 받았고 나머지는 모두 무죄를 받았다. 한국 사회의 마녀사냥에 대한 자세한 내용은 강국진 외(2022)「한국 보수언론의 담론정치: '송두율 간첩사건'을 중심으로」『담론201』, 41~77을 참고하면 된다.

분이고 지금은 쓸 수도 없는, 독재시대에 있던 낡은 유물입니다.

분단복합체●

만 24시간이 지나지 않아 반대 성명이 쏟아졌다. 대한민국재
향군인회가 운영하는 《KONAS》라는 인터넷 매체에 나온 기사의
제목은 「국가보안법 우리가 사수한다, '보수단체 일제히 성명 발
표'」(2004.9.6.)다. 제국의 호위무사로 볼 수 있는 '자유민주주의
를지키는사람들'이라는 단체가 등장한다. 대표는 봉태홍이다. 북
한에서 내려온 실향민 2세로 노무현 정부가 들어선 이후 '종북·
좌익 척결'을 외치며 거리로 나선 인물이다. "국가보안법 폐지를
반대한다!"로 성명서는 시작한다. "김정일을 찬양 고무하고 싶은
자들, 인공기를 휘날리고 싶은 자들에게만 국가보안법이 걸림돌
이 될 뿐"이고, "국가보안법 폐지는 김정일의 대남적화 전략이며
지구상에 가장 수구세력인 김정일 집단이 가장 바라는 것이다. 국
보법 폐지를 반대하면 수구세력이라는 주장은 김정일의 억지주
장과 같다"라는 주장을 담았다.

며칠 후 9월 9일에는 '대한민국의 자유와 민주주의 수호를 위한

● 복합체(complex)는 1961년 미국 아이젠하워 대통령의 군산복합체 발언을 통해
널리 알려졌다. 정치적·경제적·이념적 이해관계를 공유하면서 국가의 중요한 의사
결정에 영향을 미치는 핵심 엘리트 연합을 뜻한다. 분단복합체는 분단체제를 통해
성장한 기득권 집단으로 한미동맹을 중심으로 한 현재 질서의 변화를 적극적으로
방해하는 사람 간 형성된 느슨한 연대를 뜻한다.

시국선언문'이 나왔다. 뭔가 잘못되고 있다는 위기의식이 뚜렷했다. "지금 이 나라는 운동권 출신 386세대를 비롯해 친북·좌경·반미 세력의 손아귀에 들어가 있다. 사람들 사이에서는 '아직 적화통일은 안 됐지만, 대한민국은 이미 공산화됐다'는 말이 공공연하게 회자되고 있다"는 진단이었다. 국가보안법과 한미동맹을 운명공동체로 봤다. "국가보안법 폐지를 유보하고" "민족공조를 운운하는 북한의 사상전에 농락당하지 말고" "북한의 적화통일 전략의 산물인 연방제 통일을 수용함으로써 명백히 우리 헌법을 위반한 6·15 남북공동선언을 파기"하라는 주장을 통해 알 수 있다. 모두 1119명이 이 선언문에 서명했다.

2004년 10월호 『월간조선』에 이들에 대한 설명이 들어 있다. "1945년부터 1948년까지 해방공간의 좌우대립 속에서 공산주의를 거부하고 자유민주주의를 선택하여 대한민국을 건국하는 데 동참했던 '건국 세력', 북한의 6·25 남침을 격퇴하고 그 뒤에도 끊임없이 지속된 북한의 대남 적화통일 기도로부터 이 나라를 지키는 데 동참했던 '호국 세력', 나라의 산업화와 근대화에 동참했던 '근대화 세력', 그리고 순수한 의미에서의 민주화 투쟁을 전개했던 '민주화 세력'이 모두 망라된 '애국 세력'"이 함께 참가했다는 얘기다. 분단 기득권으로 분류할 수 있는 지도층 인사들이 많았다. 분야는 정치권·군대·관료·교육계·학계·종교계 등으로 다양하다.

정치권에서는 "5명의 전직 국회의장(김수한·김재순·박관용·정내

혁·채문식)과 7명의 전직 국무총리(강영훈·남덕우·노재봉·신현확·이영덕·현승종·황인성), 그리고 4명의 전직 정당대표(유치송: 민주당, 이민우: 민주당, 이철승: 민주당, 최병렬: 한나라당), 그리고 126명의 전직 국회의원"이 참가했다. 감사원장(김영준·이원엽·채명신), 안기부장(박세직·안무혁), 50명의 전직 장관, 33명의 법조계 인사도 서명자에 이름을 올렸다. 전직 장군도 540명이나 된다. 관계에서는 "3명의 전직 서울시장(김용래·염보현·우명규), 2명의 전직 차관(김찬재·홍성좌), 2명의 전직 보훈처장(민경배·장동운), 4명의 전직 도지사들(김문탁·박중배·이해재·주병덕), 2명의 전직 병무청장(박명철·방경원), 1명의 전직 조달청장(장홍렬) 및 한호선 전 농협회장"이 힘을 보탰다. 전직 검찰총장·대법관·경찰청장·해양경찰청장·지방경찰국장 등도 이름을 올렸다. 끝으로, 교육계에서 명단에 포함된 인물로는 "김동길·송복(이상 연세대), 임원택(서울대), 이규창·정용석(이상 단국대), 한승조(고려대) 등 명예교수들, 그리고 7명의 전·현직 대학교 총·학장" 등이다.

탄핵에 대한 반발로 국회 의석의 과반을 차지한 열린민주당이 관련 법안을 발의한 건 그해 10월이다. 보수정당 한나라당도 2005년 4월 개정안을 내놨다. 문제가 된 조항은 '찬양 및 고무' 등에 관한 제7조와, '불고지'를 다룬 제10조였다. 전면 폐지를 주장하는 쪽과 일부 조항만 개정하자는 견해가 충돌하면서 끝내 무산됐다.

화룡점정畵龍點睛. 용을 그릴 때 맨 마지막 작업으로 눈을 새겨 넣는다는 뜻이다. 심리전에서 언론이 하는 역할이 이와 닮았다.

단순한 이유에서다. 대중은 결국 언론을 통해서 세상을 본다. 정보가 아무리 많아도 평소 믿는 언론사에서 나오는 말을 더 신뢰한다. 대통령을 비롯해 권력 있고 돈 많은 사람의 말을 더 믿을 것 같지만, 그렇지 않다. 권력과 돈을 위해 진실을 말하지 않을 가능성을 잘 알기 때문이다. 언론은 다르다고 믿는다. 진실을 찾고, 가능한 한 공정하고 균형감 있게 보도한다고 생각한다. 그래서 정치인도, 기업인도, 학자도, 예술가도, 연예인도 언론에 나가고 싶어 하는 것이다. 언론을 통해서 말하면 진실이라고 믿어주는 효과가 발생한다는 것을 잘 아는 까닭이다.

미국은 진작부터 정부나 펜타곤이 직접 말하는 대신 언론을 통해 대중에게 말을 건넸다. 통치자의 관점에서 귀찮긴 하지만 언론의 자유를 보장해주는 게 나중에 필요한 시점에 필요한 메시지를 전달하는 데 더 유리하다는 것을 잘 알았다. 미국 내부에서는 언론사 사장과 유착관계를 만들어서 '공감대'를 형성했다. 국제사회를 향해서는 조금 다른 전략을 찾았다. 독립국가의 언론사 주인은 자신이 토착 엘리트일 가능성이 크고, 이 경우 웬만한 채찍과 당근으로 그들의 '머리와 가슴'을 얻기 어렵기 때문이다. 방법은 뭘까?

중견 언론인에게 미국식 가치관을 심어주면 된다. 필요하면 미국의 관점을 잘 대변해줄 수 있는 언론사를 찾아 재정적인 지원을 하는 것도 가능하다. 무려 70년 이상 일종의 공생관계를 형성해왔다는 점에서 한국 언론은 이런 역할을 맡기에 최적의 상태였다. 무슨 일을 할까? 많은 사람이 항상 모여서 세상 얘기를 나누는 일종의 광장을 만들어 운용하는 것으로 보면 된다. 공론장으로 불리는 상설무대를 세우고 여기에 대한민국 국민이라면 누구나 알아야 하는 정보, 한국 사람이 되는 데 필요한 기억과 정서, 또 국민이 되는 데 필요한 학습과 교류를 돕는다. 대중에 대한 영향력에서 봤을 때 보수언론은 이 공론장에서 진보적인 색깔의 언론사를 압도한다. 정부 각 부처, 기업체, 군대, 도서관, 학교 등에서 가장 많이 읽고, 쉽게 접하고, 필요한 정보를 잘 전달한다는 점도 장점이다. 영향력 있는 언론사는 그래서 뉴스 중에서 더 중요한 게 뭔지 결정하고, 특정한 관점으로 보게 하고, 무슨 교훈을 얻어내야 하는지에 개입한다.

분단질서를 옹호하는 데 앞장서는 언론사는 과연 어디일까? 그들을 복합체로 불러도 될까? 필자와 강국진이 2019년에 쓴 『천사 미국과 악마 북한: 언론복합체의 대한민국 요리법』에 자세한 내용이 나온다. 일반적으로 생각하는 것보다 훨씬 많은 언론사가 여기에 속한다. 복합체라는 점에서 일사불란하게 움직이는 아바타나 클론으로 생각하면 안 된다. 각자의 영역에서 독립성과 자율성을 누린다. 그렇지만 미국 중심의 분단질서를 지키고, 이를 위협하는 세력을 공격하고, 필요한 진지를 수호한다는 지향점은 분명하다. 누가 시켜서가 아니라 장기간에 걸친 학습과 경험을 통해 각인된 것에 가깝다.

종합일간지 중에는 『조선일보』 『동아일보』 『중앙일보』 『문화일보』가 있다. 종교지로는 『세계일보』와 『국민일보』가 포함되며, 경제지 중에서는 『매일경제』 『머니투데이』 『한국경제』 등을 이 집단에 넣는다. 매월 또는 매주 발행하는 잡지도 많다. 『월간조선』과 『신동아』을 비롯해 『한국논단』 『시대정신』 『미래한국』 등이다. 방송은 앞에 잠깐 나왔던 극동방송을 중심으로 순복음방송이 여기에 속한다. 개신교에서 발행하는 매체가 꽤 많다. 미국은 천사라는 신화를 일찍부터 전파해온 곳을 포함해 『크리스천투데이』《크리스천타임스》 『한국기독공보』 『기독일보』가 있다. 탈북자가 운영하는 〈열린북한방송〉 〈자유북한방송〉 〈북한개혁방송〉 〈자유조선방송〉 〈자유북한신문〉 〈데일리NK〉도 주목 대상이다. 인터넷 매체는 국내와 해외 구분이 없다. 미국 정부가 배후에 있는 VOA와 RFA는 북한과 중국 등에 대한 뉴스를 맡는다. 미국 교포사회에서 발행하는 『기독일보』 『아멘뉴스』 『미주조선일보』 『미주중앙일보』 『시카고코리아타임스』 등도 확성기 역할을 한다. 탈북자가 미국을 방문하거나 한미동맹에 영향을 미칠 수 있는 집회나 행사가 있으면 보도한다. 국내에서는 《뉴데일리》《뉴스타운》《팬앤드마이크》《데일리안》《자유일보》《독립신문》《블루투데이》《Why타임스》《올인코리아》《미디어펜》 등이 활약중이다. 국내의 정치 지형을 바꿀 정도로 영향력이 크다.

2007년 6월 9일 노무현 대통령에 대한 지지율은 21.4%로 떨어졌다. 그해 12월 19일에 열린 대선에서 한나라당 이명박 후보는 48.7%의 득표로 대통령에 당선됐다. '모든 게 노무현 탓'이라는 게 통념으로 받아들여지던 때였다. 특히 불만이 많았던 영역은 먹고 사는 문제였다. 대선에서 이명박 후보가 내건 구호에 잘 반영되어 있다. '실천하는 경제대통령'과 '국민성공시대' 등이다. 홍보를 책임졌던 유우익 전 통일부 장관도 동의한 얘기다. "회의에서 이명박 후보의 실물경제에 대한 경륜을 강조하면서 '경제대통령'으로 가야 한다는 얘기는 일찍부터 나왔다. 거기에 후보가 표방하는 실용주의 국정철학을 반영, '실천하는 경제대통령'이라는 구호가 나왔다"고 밝혔다. 노무현을 비판하는 강력한 프레임 중 하나는 '경제를 포기한 대통령'(경포대)이었다. 진실과 거리가 멀었다. 언론이라는 선출되지 않은 권력의 작품이다. 국민의 눈과 귀를 효과적으로 차단하는 좀비와 같은 존재다.

냉전 좀비

「노무현에 씌워진 '경포대' 프레임, 팩트체크」(시사IN, 2019.5.28)란 기사에 그 이유가 설명되어 있다. 재임 동안 경제성장률은 낮지 않았다. 집권 5년 동안 연평균 4.5% 성장했다. 3.2%의 이명박 정부(2008~2012)와 3.0%의 박근혜 정부(2013~2016)보다 못하지 않다. 수출증가율도 평균 18.2%였고, 2006년에는 수출액이 3000억 달러를 넘었다. 주식시장의 성적은 더 좋았다. 종합주가지수KOSPI는 2003년 620대에서 2007년 말 1900선으로 300% 이상 늘었다. 임기 초반 1200억 달러였던 외환보유고 역시 임기 말에는 2600억 달러가 됐다. 2003년 1만4000달러였던 1인당 국민소득도 2007년 2만3000달러로 올랐다. 노무현 대통령이 2007년

1월 신년 연설을 통해 "(재임기간 중) 세계시장에서 조선 1위, 반도체 3위, 전자 4위, 자동차 철강 5위를 점유하는 등 우리 주력산업이 세계시장을 주도"하고, "4% 이상의 연평균 경제성장률은 OECD에서 7위 정도의 성적"이라고 자랑했던 건 틀린 게 아니었다. 물론 부동산과 양극화는 제대로 해결하지 못했다. 외부 요인이 있었다는 걸 고려해야 한다.

주택가격이 크게 올랐던 건 2000년대 초 'IT 거품'과 무관하지 않았고, 결국 2008년 미국발 금융위기로 이어졌다. OECD 24개국을 놓고 봤을 때 한국의 주택가격 상승률은 9.3%로 상승 폭은 18위에 불과하다. '토지+자유연구소' 남기업 소장의 분석에 따르면 1위는 유럽의 덴마크로 53.8%다. 뉴질랜드(51.9%), 프랑스(46.1%), 스웨덴(44.2%), 미국(15.3%)에 비하면 양호한 편이다.

국정홍보처장을 지낸 김창호의 인터뷰에 그 얘기가 나온다. "(노무현이) 가장 가슴앓이했던 것이 바로 양극화 문제였다. 양극화란 것은 전 지구적 현상이다. 한 나라의 정부 처지에서는 해결하는 데 뚜렷한 한계가 있다는 이야기다. (…) 그러나 양극화가 참여정부 시기에 심화된 것은 객관적 사실이다. 노 전 대통령이 자신을 '실패한 대통령'으로 부른 속내는, 이 문제에 만족스러운 대안을 찾지 못했다는 짙은 회한이다"는 부분이다. 그런데 왜 노무현은 '실패'한 대통령이 되었을까? 미국의 심리전을 언급한 연구는 없지만 '언론'이 문제였다는 건 명확하다. 당시 홍보수석이었던 조기숙 이화여대 교수가 『마법에 걸린 나라』란 책을 통해 꺼냈던 얘기다.

제1장에 노무현 대통령의 고민이 소개되어 있다. "어제 신년인사회를 했습니다. 저는 돼지 한 마리를 잘 그렸다고 생각했는데, 보도에 나온 것 보니까 돼지는 어디로 가버리고 꼬리만 달랑 그려 놨어요. 그것도 밉상스럽게 그려놨습니다"라는 말을 통해서다. 정부가 아무리 좋은 정책을 펴고 그게 국민에 도움이 되어도 언론이 중간에서 왜곡하면 제대로 소통할 수 없다는 문제의식이었다. 원인이 무엇이었는지에 대한 설명도 나온다. "진보진영이 보수세력과의 담론경쟁에서 패했기" 때문이라고 평가했다. 보수언론(조선·중앙·동아)이 70~80%의 점유율로 담론 시장을 장악하고 있는 상황에서 "국민들의 눈과 귀에는 보수언론의 주술만 들릴 수밖에 없으니 무기를 갖지 못한 참여정부가 경쟁에서 승리하는 건 불가능했다"는 평가였다.

당연한 반응이 보수언론에서 나왔다. 한 예로, 황호택이 쓴 「조기숙 교수의 마법 프레임」(2007.2.14)이라는 칼럼이 있다. 진단 자체가 달랐다. "집권 4년의 실패 원인을 신문에 미루는 '변명의 프레임'일 뿐이다"는 말에 나와 있다. '메시지를 비판할 수 없으면 말한 사람Messenger을 비판한다'는 전략도 보인다.

익명의 "전직 장관 A"를 인용하면서 "칼럼을 읽으며 똑똑하고 괜찮은 교수라고 생각했는데 솔직히 요즘은 그를 잘 이해하지 못하겠다"는 말을 전한다. "'공정한 논평가'의 자리를 잃고, 실패한 정치권력의 논리에 함몰된 폴리페서Polifessor(정치교수)의 모습에서 A씨처럼 안타까움을 느끼는 이도 적지 않다"는 의견도 보탰다.

미국이 봤을 때는 고생 끝에 행복이 온다는 고진감래苦盡甘來 단계였다는 것 또한 관심 대상이다. 정말 운이 좋은 것인지 아니면 뭔가 작업을 했는지는 모른다. 단순한 우연으로 보기엔 미국이 너무 많은 걸 얻었다는 게 그저 놀랍다. 미국은 이제 자존심 강한 민족주의자가 아닌 호위무사에 가까운 대통령을 얻었다.

《위키리크스》가 폭로한 자료에 관련 내용이 잘 정리되어 있다. 차기 정부의 외교정책에 관해 "(MB 독트린은) 노무현 정부를 간접적으로 비판하는 것인데, 보수세력들은 노무현 정부가 북한에 유약하고 한미동맹을 충분히 지지하지 않는다고 딱지를 붙여왔다"고 평가했다. "이명박의 외교정책 참모이며 전 외무장관인 (1996~98) 유종하는 미국이 대통령 당선인 이명박에 대해 하등의 걱정할 것이 없다고 대사관 측에 반복적으로 말해왔다"고 전하면서 "이라크에 남한 부대 파견 연장과 한미 FTA 비준을 찬성한다. 비록 이명박은 전시작전통제권 이양이 재협상돼야 한다고 말하고 있지만, 그는 전작권 이양 합의안의 상세 내용보다는 단지 이양 시기의 재검토를 아마 생각할 것"이라고 봤다. 대북정책에 있어서도 "그는 노무현과는 반대로 경제원조는 비핵화의 진전이란 조건을 엄격하게 적용해야만 한다고 주장한다"고 적었다.[149]

미국을 추앙하는 분위기도 다시 형성되고 있었다. 2008년 8월 5일에 실린 《데일리안》에 자세한 설명이 나온다. 장소는 시청 앞 광장이다. 참가 단체로 "대한민국재향군인회와 한국자유총연맹,

국민행동본부, 뉴라이트전국연합 등 374개 보수단체"가 이름을 올렸다. 연사로 나선 이상훈 전 국방부 장관은 먼저 "미국은 오늘날 한국이 있게 한 유일한 동맹자, 지원자이고 앞으로도 우리에게 절대적으로 필요한 세계 유일의 동반자"라는 점을 강조한다. "지정학적 위치로 그동안 970여 차례 침략을 받고 아직도 김정일 세력이 야욕을 버리지 않고 있는 한국이 지난 50년간 전쟁을 억제할 수 있었던 것은 한미동맹의 성과다. 그러나 한국에서는 미국이라면 사사건건 이를 악물고 물고 늘어지려는 배은망덕한 무리가 있는데 이들은 바로 북한과 연결되어 있는 친북, 반미, 좌파 세력이다"는 말도 덧붙였다. 세월이 지나도 퇴색하지 않는다.

2018년 6월에 열린 '한미동맹 강화와 미군철수 반대'를 위한 구국금식회가 돋보인다. 한국기독교총연합회, 한국기독교지도자협의회 등 300여 개 단체가 협력단체로 나섰다. 국민호소문을 발표했는데, 제3조에 '미국에 드리는 말씀과 축복의 기도'가 포함되어 있다. "미국이 패권국가로서 만든 '세계질서'로 전 세계가 계속적인 자유와 평화를 누릴 수 있도록" 해주시고, "한미동맹이 지금의 동맹보다 높은 미·영 수준으로 강화"해 달라는 내용이다. '자유통일 및 주사파척결 8·15 국민대회'도 있다. 2022년 8월 15일 광화문에서, 또 2023년 1월 26일부터는 미국 뉴욕에서 열렸다.

2023년 한반도는 구한말과 해방정국의 연장선이다. 풀지 못한 숙제를 다시 마주하고 있다. 분단 70년이 지나고 있지만 끝이 안 보인다. 주변 강대국을 탓하는 것 역시 현실에 안 맞다. 러시아와 우크라이나 전쟁으로 국제사회는 이미 격랑을 맞고 있다. 누가 역사의 승자가 될지 아무도 모른다. 각자 알아서 생존을 도모한다. 한국의 모습은 그런데 위태롭기만 하다. 자기 스스로 보고, 듣고, 판단하려는 노력을 안 한다. 한미동맹의 본질도 제대로 보려는 노력도 않고 '영원한 동맹'만 외친다. 지난 70년의 분단체제 속에서 누가 이익을 보고 누가 피를 흘렸는가에 대해 질문하지 않는다. 한국의 선택을 미국이 가로막고 있다는 것도 틀렸다. 한반도의 봄에서 확인한 것처럼, 우리에게 과연 문제를 풀 의지가 있는가. 멀쩡한 성인 자녀가 계속 부모에 얹혀살려는 형국에 가깝다. 양부모 역할은 했어도 우리를 고아로 만든 사람들이다. 동맹을 유지하는 비용은 앞으로 얼마나 더 늘어날지 모른다. 동맹이 계속되는 한 미국이 만들어내는 무수한 적에 맞서는 전사로 살아야 한다. 같은 민족인 북한과는 영원히 '적'으로 남아야 할 운명이다. 잘 지내면 많은 걸 얻을 수 있는 중국과 러시아 그리고 브릭스와 자칫하면 관계를 끊어야 한다. 한국은 이제 어디로 가야 할까?

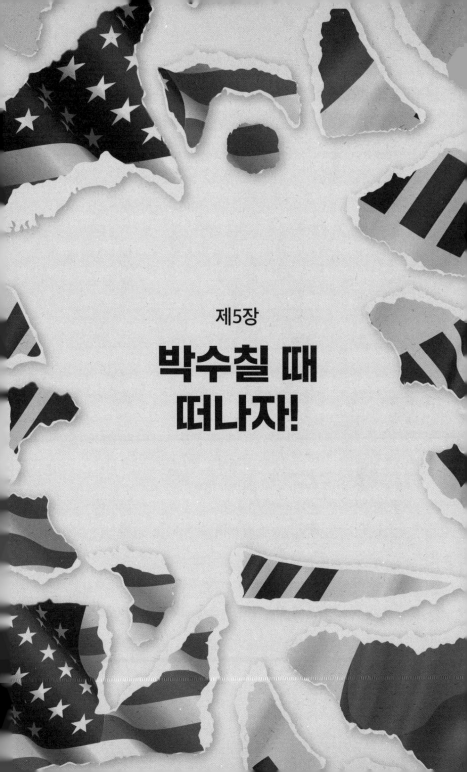

제5장

박수칠 때 떠나자!

무서워서 편리해서 살기 위해서

빨갱이라 할까보아 무서워서

돈을 벌기 위해서는 편리해서

가련한 목숨을 이어가기 위해서

(…)

타성같이 습관같이

그저그저 쉬쉬하면서

할 말도 다 못하고

기진맥진해서

그저그저 걸어만 두었던

(…) 썩어진 어제와 결별하자

김수영, 〈그놈의 사진을 떼어서 밑씻기로 하자〉 중에서

반면
교사

남의 잘못을 거울삼아 교훈으로 삼는다는 게 반면교사反面教師다. 다른 나라의 경험을 통해 한국의 미래를 준비할 수 있다는 의미다. 한국의 위상은 현재 놀랍다. 미국의 역린만 건드리지 않으면 국제무대에서 할 수 있는 게 많았다. 1988년에는 올림픽을 유치했고, 1994년에는 선진국협력기구라 할 OECD 회원국이 됐다. 반기문 외교통상부 장관은 2006년 UN의 최고 직위인 사무총장에 올랐다. 미국이 주도하는 G20 의장국이 된 것도 벌써 13년 전이다. 2023년에는 민주주의 정상회의를 공동으로 주최하는 국가로 뽑혔다. 그러나 모든 게 좋지는 않았다. 그중에서도 스스로 운명의 주인이 되지 못한다는 게 가장 큰 고민거리다. 한국보다 앞서갔던 독일과 일본의 경험을 통해 알 수 있다. 국가안보와 외교 부문에서 주권을 행사하지 못한다는 점에서 세 나라는 공통점이 있다.

일본이 직면했던 고약한 상황은 앞에서 설명한 바 있다. 북한과 일본 간 체결되었던 2002년의 '평양선언'이 미국의 견제로 휴지 조각이 되고 만 게 대표적이다. 외환위기라는 폭풍우를 만나 아시아통화기금을 설치하려고 했을 때도 미국의 반대로 뜻을 접었다. 중국이 G2 국가로 성장하고 북한이 핵무장을 완성하면서 일본의 고민은 더 커졌다. 독자적으로 방어를 하고 싶어도 군대를 가질 수는 없다. 방법은 미국과 동맹을 유지하는 것인데 평등할 수 없다는 게 문제다. 미국과 영국이 맺고 있는 동맹 수준으로 높이고 싶어도 미국이 당장 그렇게 해줄 이유가 없다. 영국도 지금의 관계를 쟁취한 것이지 선물로 받은 게 아니다. 앞으로가 더 문제다.

쉽게 떠올려볼 수 있는 것은 미국 달러와 관련된 문제다. 1970년대 초반 상황이 반복될 수 있다는 것이다. 금 1온스와 35달러를 바꿔주겠다는 미국의 약속이 유지될 수 없는 때였다. 금값은 오르고 달러 가치는 추락했다. 프랑스와 유럽 각국에서 달러 대신 금을 달라고 아우성쳤다. 미국도 처음에는 그렇게 했다. 금괴 보유량이 빠른 속도로 줄었다. 독일과 일본도 이 행렬에 끼고 싶었지만 그럴 수 없었다. 정반대로 자신들은 금으로 바꿔달라고 요구하지 않겠다고 공개적으로 선언해야 했다. 향후 몇 년 안에 바로 그런 상황이 다시 올 수 있다.

지금 미국의 재정 상황이 너무 안 좋다. 러시아·중국·브릭스는 '대안 통화'를 만들고 있다. 전 세계 산유국 13개가 모여 있는 석유수출국기구OPEC에서도 이탈 조짐이 보인다. 미국 달러 대신 유로화를 받은 건 꽤 오래됐다. 우크라이나 전쟁이 터지면서 이제는 결제통화로 위안화도 받는다. 러시아도 자국의 에너지를 루블화로만 팔겠다고 선언했다. 지금의 달러 가치가 지속하기 어렵다고 전망하는 건 이런 까닭에서다. 달러화 외환 자산이 가장 많은 중국은 미국의 눈치를 보지 않고 전략적으로 준비할 수 있다. 일본은 그렇게 못한다. 1980년대 엔고 파동 때 한번 겪었던 일이다. 태평양에 자동차를 그냥 버리는 속도보다 달러화 추락 속도가 빨랐다. 덕분에 잃어버린 30년을 맞았다.

독일의 앞날도 밝아 보이지 않는다. 2022년 시작한 러시아와 우크라이나 분쟁에서 최대 피해자는 독일이다. 유럽 경제의 심장부였던 독일 기업들은 낮은 단가의 질 좋은 에너지에 더는 의지할 수 없다. 러시아의 석유와 천연가스가 차단되면서 최소 30% 이상 비싼 미국이나 노르웨이 또는 중동산 에너지를 수입해야 한다. NATO 분담금도 늘려야 한다. 미국이 현재 70% 정도를 부담하고 있는데, 그중에서 독일이 얼마를 더 책임져야 할지 모른다. 국방예산을 아무리 늘려도 혼자서 러시아를 막을 수 없다는 게 더 큰 문제다. 독일에 있는 무수한 미군 부대를 생각하면 된다. 안보 문제에 있어 독일은 잘해야 미국의 '사냥개'가 될 수 있을 뿐이다. 전쟁을 두 번이나 일으킨 독일이 재무장하도록 놔둘 국가도 없다. 영국과 프랑스가 용납하지 않는다.

유로화도 위기를 맞았다. 1999년 출범 때 미국 달러와 1:1 교환

비율을 만드는 게 목표였다. 미국발 금융위기가 터지고 미국의 재정적자가 계속 늘어나면서 2008년에는 교환비율이 1.54까지 올랐다. 우크라이나 전쟁 직전만 하더라도 1.23 수준이었다. 그 후 한때 0.91까지 떨어진 다음 2023년 2월 말 현재 0.94 수준을 못 벗어나고 있다. 앞으로 더 나빠질 가능성이 크다.

통화가치가 떨어지면 산유국 입장에서는 유로화로 결제할 이유가 없어진다. 원유와 원재료 등을 수입할 때 더 많은 돈을 내야 한다. 정말 고약한 건 최근에 일어난 사건이다. 탐사보도 전문기자인 세이모어 허시가 폭로한 내용이다. 러시아와 독일을 잇는 천연가스관을 미국과 노르웨이가 의도적으로 파괴했다는 얘기다. 미국 정부는 아니라고 해도 진실에 가깝다. 진실 추구를 가장 소중한 가치로 알고 살아온 기자가 일부러 거짓말을 할 이유는 없다. 정보가 틀렸을 가능성도 없다. 믿을 만한 내부자가 전해준 것이라는 상세한 얘기가 담겼다. 미국의 『뉴욕타임스』 『워싱턴포스트』와 CNN과 같은 언론사는 물론 영국의 BBC도 침묵하는 게 강력한 증거가 된다. 틀렸다면 벌써 몇 번이고 관련 기사가 나왔을 시간이다.

흥미로운 건 독일 정부의 태도다. 공개적으로 아무 말 안 한다. 못 한다고 봐야 한다. 평소라면 몰라도 전쟁이 한참 진행중이라 더 말하기 어렵다. 혹시라도 러시아 편으로 기울면 미국이 어떻게 할지 이미 행동으로 보여준 셈이다. 가두리 양식장에 계속 머문다고 가정할 때 한국도 이 운명을 벗어나기는 어렵다.

20세기를 맞으면서 영국은 어떻게 하면 제국을 유지하면서 자신의 기득권을 지킬 수 있을지 고민했다. 전 세계 4분의 1을 식민지로 만들었어도 풀어야 할 숙제는 많았다. 그중 하나는 식을 줄 모르는 식민지의 독립 열기였다. 1804년 아이티를 시작으로 베네수엘라·칠레·콜롬비아·파나마·엘살바도르·니카라과 등이 이 대열에 합류했다.

한때 세계 최대의 제국이었던 스페인이 그렇게 무너졌다. 영국이 안전지대가 아니라는 건 1857년에 발발한 인도의 제1차 독립전쟁(일명 세포이항쟁)에서 드러났다. 최소 100년 동안 얌전히 복종했던 인도에서 일어난 저항이라 더 충격이었다. 독일과 러시아 등 제국주의 경쟁자들이 등장한 것도 불안 요인이었다. 1870년 프랑스의 베르사이유 궁전을 점령한 후 제국을 선포한 독일은 특히 무서운 상대였다. 영국 혼자서 헤쳐가기엔 역부족이었다. 뭔가 방법을 찾아야 했다.

크게 두 가지 전략이 채택됐다. 그중 하나는 식민지를 대상으로 한 작업이다. 직접통치를 가능한 한 줄이고 간접통치로 바꿨다. 해당 식민지 출신에게 총독의 자리를 맡겼고 영국은 외교와 군사 정도만 통제했다. 특정 종교를 강요하지 않았고, 각 지역의 문화와 언어를 존중했다. 또 1907년부터는 그들의 자존감을 건드리는 식민지Colony 대신에 자치령Dominon이라는 단어를 썼다. 통치를 받는 식민지 사람들이 봤을 때 영국이 배후에 있다는 걸 의식하지 못 하게 만드는 게 목표였다. 제국주의 동반자를 찾는 게 또 다른 전략이었다.

원래 후보군 중에는 독일도 있었지만, 제1차세계대전을 거치면서 갈라섰다. 다른 동맹을 찾아야 했고, 자연스럽게 미국을 중심으로 하는 앵글로색슨권이 형성됐다. 앞서 잠깐 말한 것처럼 영국이 미국을 포섭하기 위해 들인 노력은 상당하다. 미국 엘리트 중 극소수를 선발해 로즈장학생으로 키웠다. 영국의 채텀하우스Chatham House의 자매 싱크탱크로, 미국외교협회 설립도 도왔다. 두 단체 모두 대외정책 분야에서 압도적인 영향력을 행사한다. 덕분에 두 차례에 걸친 세계대전에서 영국은 승리자가 될 수 있었다. 미국이 없었다면 결과는 알 수 없는 상황이었다.

뒤이어 시작된 냉전에서 양국의 관계는 각별했다. 적색 제국주의 소련에 대항해 연합전선을 편 중심세력은 미국과 영국이다. 앞에서 본 것처럼 영국 수상 처칠의 관점이 트루먼 행정부의 대외정책에 고스란히 담겼다.

현재 진행되는 러시아와 우크라이나 전쟁도 닮은꼴이다. 러시아의 안보 불안을 자극한 건 미국과 영국이다. 2022년 2월, 러시아와 우크라이나가 협상을 통해 전쟁을 끝내려고 했을 때는 이를 말렸다.[150] 덕분에 전쟁은 지금껏 이어지고 있으며 지금은 러시아와 서방의 대리전으로 발전했다.

앞장서 중국을 자극하는 세력도 앵글로색슨권이다. 미국·영국·호주·캐나다가 앞장선다. 최근의 신新냉전에서 제국주의 흔적을 보는 건 이런 까닭에서다. 현재 진행되는 국제사회의 갈등에서 관점의 차이는 있어도 러시아가 무조건 틀린 건 아니다. 만약 러시아가 멕시코와 캐나다에 자국 군대를 주둔시키고 미사일 기지를 설치하면 미국이 어떻게 대응할지 생각하면 답이 나온다. 1962년 소련이 쿠바에 미사일 기지를 건설한다고 했을 때 인류는 3차대전 직전까지 몰렸다. 미국이 중국을 자극하고 있는 것도 이런 시각에서 보면 제국주의 연장이다.

대만에 미군이 직접 주둔하고, 미사일 기지가 계속 늘어나고, 중국을 겨냥한 군비증강이 계속되면 중국은 어떻게 대응해야 할까? 중국의 위협에 대한 준비로 볼 수 있지만 전 세계에 군사기지를 두고 약소국에 수시로 개입하는 건 미국이다. 윤석열 정부가 들어서면서 미국이 한국에 각별한 공을 들이는 데서 이런 위험을 예감한다면 잘못된 일일까? 무려 60만 대군이 있다. 국방력에서 세계 6위다. 대외정책은 미국이 마음대로 할 수 있을 정도다.[151]

대영제국이 공영권Common Wealth을 띄우면서 식민지를 회유했던 전략이다. 인도는 거부했다. 민족지도자 간디와 네루 등은 감옥에 가면서도 맞섰다. 국방과 외교에서 독립하지 못한 국가는 정상이 아니라고 봤다. 험난하고 고단한 투쟁이었지만 보람은 있었다. 최근 러시아-우크라이나 전쟁에서 인도는 중립을 지키고 있다. 미국과 영국이 자기편으로 끌어들이려고 하지만 제 길을 간다. 만약 한국이 하나의 길을 선택해야 한다면 무엇이 더 좋은지를 보여준다. 아무리 봐도 미국과 '헤어지는 것'이 답이다. 그래야 한국이 산다.

작별의
이유

한미동맹의 나이는 올해로 70세다. 일본의 식민지로 살았던 36년의 두 배에 이른다. 평범한 사람이 태어나서 죽을 만큼의 세월이다. 강제로 맺은 악연은 아니었다. 손익계산서를 놓고 봤을 때도 한국은 얻은 게 잃은 것보다 많다. 과거 제국주의가 그랬듯이 영토나 자원이나 노동력을 뺏어가지도 않았다. 전쟁 후에는 잿더미에 버려진 한국을 외면하지 않았다. 목숨을 바쳐 적과 싸웠던 군인은 전후 재건사업을 도왔다. 장차 한국을 이끌어갈 인재를 키우는 일에도 소홀하지 않았다. 엘리트 장교를 비롯해 다수의 지식인·언론인·관료·법조인 등이 미국 정부와 공익재단의 도움으로 유학을 다녀왔다. 미국의 은혜는 여기에 그치지 않는다. 지금껏 한 번도 하지 않았던 파격을 한국에 베풀었다. 전쟁고아를 미국으로 입양하는 엄청난 일이었다. 대략 10만 명 이상의 고아가 그렇게 미국인 가정에 입양됐다. 한미동맹에 관해 우리가 아는 건 대략 이 정도 수준에서 멈춘다. 동맹이 '성역'이 된 건 이런 까닭에서다. 그간의 자취를 돌아봤을 때 지금에 와서 미국과 헤어질 특별한 이유는 없어 보인다. 중국과 북한이 핵무기로 우리를 위협하는 엄혹한 시기라는 것도 인정해야 한다. 그렇더라도 달리 생각해볼 부분은 없을까?

만약 우리가 동맹에 대해, 미국에 대해 알고 있는 게 틀린 거라면? 만약 미국에 대해 우리가 갖는 감정과 태도가 우리 자신이 선택한 게 아니라 외부에서 이식된 것이라면 어떻게 해야 할까? 만약 한국의 집단정체성이 미국 심리전의 결과물이라면 어떻게 대응해야 할까? 만약 한국의 지금 상황이 가두리 양식장의 물고기와 닮았다면 그래도 무조건 동맹을 외칠 수 있을까? 분단 70년이 넘도록 현 상황이 지속한다는 점을 고려했을 때 한미동맹은 '해결책'이 아니라 오히려 '질병'이 아닐까? 무슨 호강에 겨운 넋두리냐고 타박할지 몰라도 전혀 터무니없는 건 아니다. 미국과 작별해야할 이유가 '충분히' 있다는 점에서 그렇다. 최소한 네 가지에 주목할 필요가 있다. 첫째는 한미동맹의 민낯이다.

동맹의 민낯

등잔 밑이 어둡다. 동맹을 찬양하는 목소리가 너무 높아 미처 살펴보지 못한 어둠이 많다는 뜻이다. 동맹으로 얻는 것도 있지만 기회비용이 그에 못지않다. 특정 진영에 속한다는 것은 진영 밖에 많은 적을 만든다는 뜻이다. 영원한 적도 친구도 없는 국제사회에서 꼭 필요할 때가 아니면 동맹은 체결하지 않는 게 좋다. 동맹의 책임 때문에 원하지 않는 분쟁에 휩쓸릴 수 있다는 부작용도 문제다. 당장 한국은 중국과 대만에서 일어날 분쟁에서 구경꾼이 될 수 없다. 미국은 명령을 내리고 한국은 이를 수용하는 관계라는 것도 불편한 지점이다. 대표적인 게 주한미군지위협정SOFA으로, 한국 정부는 미군 범죄에 정상적인 사법권도 행사하지 못한다. 동맹이 갖는 더 심각한 문제는 '동맹이 강해질수록 적은 더 많아지고 강해진다'라는 역설이다. 동맹이 유지되기 위해서는 없는 적도 만들어야 한다. 한미관계가 좋아질수록 북한과 중국은 더 무서운 악마가 되고 있다는 게 그 증거다.

둘째는 미국을 추앙하는 근거가 되는 많은 상식이 '우상'이라는 점이다. 일종의 '세뇌' 작전을 통해 진실이 아닌 게 진실인 것처럼 굳어져 검증이나 비판을 용납하지 않는 상황이다.

먼저 무너뜨려야 할 우상은 한국전쟁에 있어 미국은 '구원자'였을 뿐 아무런 책임도 없다는 착각이다. 한국전쟁은 북한의 남침으로 시작된 건 맞다. 그러나 미국의 행동을 보면 전쟁을 속으로 기다리고 있었던 게 아니냐는 의혹이 있다. 이라크의 1990년 쿠웨이트 침공과 2022년 러시아의 우크라이나 침공과 아주 닮았다. 주목해야 할 부분은 시점이다. 하필 1950년 1월에 발표된 미국 방위선(일명 애치슨 라인) 말이다. 미국이 군사적으로 방어하겠다고 밝힌 경계선 '내부'가 아닌 '바깥'으로 한반도를 분류했다.

한반도 문제에 미국이 개입하지 않을 것이라고 북한이 착각했을 법한 상황이었다. NSC68로 알려진 보고서가 트루먼 대통령에게 보고된 것도 그해 4월 7일이다. 전쟁이 끝난 직후라 대규모 예산과 인력을 확보하기 어려웠던 펜타곤은 어떤 구실이라도 찾아야 할 때였다. 마침 가뭄의 단비가 된 게 한국전쟁이다. 단순한 내전을 국제전으로 키운 것도 미국이다. 유엔의 결의안 82호와 83호를 '의도적'으로 무시했다. 결의안에서는 38선 이남 지역의 질서 회복이라고 분명히 밝혔는데, 미국은 이를 지키지 않았다. 덕분에 전쟁은 강대국 간 대리전으로 커졌다.

미국이 '한국의 자유와 인권을 지켜준 은인'이라는 것도 허상이다. 전쟁범죄와 미국을 연결하기는 쉽지 않다. 국제사회의 여론을 미국이 장악하고 있는 것과 무관하지 않다. 건국 후 가장 많은 전쟁의 당사자지만 영웅의 이미지가 더 강하다. 한반도 전쟁도 그런 경우다. 1950년 10월, 중국 인민군의 개입으로 전선에서 후퇴하면서 악행이 늘었다. 그간 한 번도 패하지 않았던 군대라 당혹감도 컸다. 북한 지역을 대상으로 융단폭격을 퍼부었다. 무려 3만 2000톤이 넘는 폭탄이다. 지상에 서 있는 건물이 하나도 남지 않을 정도로 혹독했다.

미국을 무조건 욕하는 공산주의 선동이라고 생각할지 몰라도, 사실관계가 그렇지를 않다. 그간 감춰졌던 많은 범죄가 미국 언론을 통해 공개되는 중이다. 한 예로, AP통신이 1999년 보도한 노근리 학살이 있다. 피난민 중에 빨갱이가 잠입해 있을지 모른다는 우려로 그냥 모두 없애는 쪽을 택했다. 노무현 정부 때 출범한 '진실·화해를위한과거사정리위원회'를 통해 더 많은 내용이 밝혀졌다. 침략자인 북한만 대상으로 한 게 아니라는 점이 더 중요하다. 전쟁 전만 하더라도 제주와 여수 지역에서 벌였던 대규모 민간 학살을 지시하거나 묵인했다. 대표적인 사례가 1950년 6월 27일부터 몇 달간 벌어진 '보도연맹' 사건이다. 전쟁이 터지면서 적을 도울 우려가 있는 인물로 분류된 민간인이 재판도 없이 떼죽음을 당했다.[152]

민주주의와 경제발전의 후견인으로 미국을 보는 것 역시 틀렸다. 미국이 개입했던 많은 전쟁 중 한국이 특별대우를 받았다는 건 맞다. 단, 조건 없는 기부가 아니라 '전략적 개입'이었다는 게 본질이다. 미국이 얻은 게 많다. 막대한 희생을 치렀지만, 미국은 강력한 반공 전초기지를 얻었다. 제2차세계대전 때보다 더 많은 국방예산도 챙겼다. 덕분에 군산복합체만 신났다. 미국 내부의 불만도 효과적으로 잠재웠다. 공산주의라는 악마와 싸우는데 자유와 민주주의는 후퇴할 수밖에 없었다. 동맹에 참여하지 않으려고 했던 많은 국가를 미국 편으로 끌어들인 것도 상당한 성과였다. 한국을 도운 것도 '천사'의 모습과는 거리가 멀었다. 당장 경제원조만 해도 '자립'이 아닌, 낮은 단계의 근대화가 목표였다. 공짜도 아니었다. 명백한 불법이었던 베트남전쟁에 공범으로 참여한 사례비였다. 민주화 영역에서도 미국은 오히려 장애물이었다. 공산주의 위협을 막는 데 도움이 된다면 한국의 민주주의는 중요하지 않았다. 국가보안법 등을 통해 인권과 자유를 짓밟아도 모른 체했다. 1961년과 1979년 두 차례에 걸친 쿠데타에 대해서도 문제를 제기하지 않았다. 국빈 자격으로 미국으로 초대해 오히려 면죄부를 줬다. 덕분에 한국은 혹독한 군부독재를 겪어야 했다.

한국이 '반공 십자군'으로 길러졌고, 냉전 동안 많은 희생을 치렀다는 게 셋째 이유다.

만들어진 정체성

전쟁고아가 입양되어 국적 없는 미국인 2세로 자란 것처럼 한국은 과거와 단절된 채 새로운 집단정체성을 갖게 되었다. 부모가 자녀를 키우고, 통제하고, 궁극적으로 질서에 순종하는 착한 시민으로 길러낸 과정을 똑같이 밟았다. 일본 식민지를 거치면서 황국신민이 되어본 경험이 도움이 됐다. 미국은 최소 세 가지 단계를 통해 '2등 시민' 한국을 만들었다. 민족성을 구성하는 DNA를 파악하기 위해 관찰자료를 축적한 게 첫 작업이다. 자녀의 특성을 알아야 좋은 부모 노릇을 할 수 있는 것과 관계가 있다. 전쟁포로라는 살아 있는 실험실이 있다는 게 도움이 됐다.

부모가 된 미국은 또 다수의 미국 숭배자를 육성했다. 장차 엘리트가 될 인물은 미국 유학의 기회를 줬다. 풀브라이트 장학금을 비롯해 아시아재단·한미재단·록펠러재단·포드재단 등이 도왔다. 특별하게 관리한 집단은 군인이다. 한편으로는 미국이 지향하는 '반공'이라는 가치를 공유하고, 다른 한편으로는 군사적 종속관계를 만들 수 있는 전략이었다. 약방의 감초인 심리전도 펼쳤다. 한국인의 취향을 관리하는 동시에 두뇌도 공략했다.

문맹률이 높았던 1950년대 한국에서 가장 중요한 설득 수단은 영화였다. 연작으로 나온 〈자유소식〉을 비롯해 많은 다큐멘터리 영화가 제작됐다. 〈사랑의 병실〉〈거리의 등대〉〈제2의 적〉〈바다를 밀어낸 사람들〉 등이다. 미군과 유엔에 대한 긍정적 이미지를 만드는 게 목표다. 미국이 직접 하는 게 아니라 한국인 중 미국의 관점을 대신 전달해줄 영향력 있는 인물을 내세웠다. 대학생과 지식인은 주로 『사상계』를 활용했다. CIA가 배후에 있었던 아시아재단이 도왔어도 대부분은 이 사실을 몰랐다. 농민의 비중이 높을 때라 이들을 겨냥한 잡지가 일찍부터 배포됐다. 1945년 12월 22일부터 나온 『농민주보』가 대표적이다. 미국에서 전쟁 여론을 조성하기 위해 1917년 시작했던 '4분 연설'과 같은 대중 강연도 잇따랐다.

한국인의 취향 역시 관리대상이었는데 그중의 하나가 클래식 음악이다. 사회주의 진영에서는 유럽 엘리트 문화라고 배척받던 분위기였다. 미국은 다르게 다가섰다. 공산주의와 달리 미국은 정치에서 벗어난 자유로운 예술을 옹호한다고 선전했다. 모차르트와 바흐 등을 들으면서 자유를 즐기라는 의도였다. 한국의 전통음악에 대한 지원에도 앞장섰다. 과거 식민지로 있을 때 일본이 억압했던 영역이라는 걸 반대로 이용했다. 전통을 보호하고 육성하는 모습을 통해 '자유의 수호자'라는 이미지를 만들어갔다.

미국의 아바타가 되어 제 운명조차 스스로 건사하지 못하고 있다는 게 미국을 떠나야 하는 마지막 이유다. 한반도를 찾아왔던 두 번의 봄이 너무도 허무하게 저물어버린 게 그 증거다.

꼭두각시

먼저 찾아온 봄은 꽤 길었다. 대략 2000년부터 2007년까지 이어졌다. 전쟁의 위기를 가까스로 넘긴 다음에 찾아온 굴러온 복이었다. 1997년 외환위기가 일어나면서 대한민국이 출범한 이후 처음으로 야당이 정권을 잡았던 시기다. 미국에 대한 호감도는 상당히 떨어진 상태였다. 냉전이 끝난 후라 미국의 군사적 보호는 그렇게 절실하지 않았다. 국제통화기금IMF을 배후에서 조종하면서 자국의 이익만 챙기는 미국에 대한 실망감도 높았다. 동아시아 공동체에 대한 희망이 싹트던 때다. 제네바 합의를 이행하는 단계라 북한과 미국의 관계는 좋았다. 미국의 올브라이트 국무장관이 평양을 찾았고, 북한에서도 조명록 차수가 백악관을 처음으로 방문했다.

북한과 일본도 2002년 '평양선언'을 통해 국교 정상화 직전까지 갔다. 남북 정상이 만나 발표한 2000년의 6·15선언 이후 남북관계도 순풍에 돛을 단 배였다. 그간 상상도 못 했던 일이 잇따라 벌어졌다. 북한 김정일의 배지를 달고 서울 시내를 활보해도 괜찮았다. 국가보안법은 폐기된 것으로 보였다. 금강산 관광이 시작되었고 남북이 공동으로 운영하는 개성공단도 문을 열었다.

조지 부시 정권이 들어서면서 먹구름이 몰려오기 시작했다. 북한은 2002년 다시 '악의 축'이 됐다. 미국 의회와 유엔에서는 북한 인권을 문제 삼았다. 진실과 거리가 멀었던 북한의 고농축우라늄 의혹이 등장하면서 제네바 합의도 깨졌다. 한국에서도 보조를 맞추는 집단이 늘어났다. 2003년 3월 1일을 시작으로 '반공 집회'가 들불처럼 번졌다. 불씨를 지핀 건 보수 개신교였지만 점차 보수 진영 전체로 확산됐다. 보수 성향의 이명박 대통령이 당선되면서 봄은 그렇게 저물었다.

촛불시위로 탄생한 문재인 정부가 추진했던 2018년의 봄도 다르지 않았다. 지난번보다 훨씬 심각한 핵전쟁의 공포에서 겨우 벗어난 직후였다. 북한 선수단은 2018년 평창에서 열린 올림픽에 참가했고, 남측 공연단은 그해 4월 1일 평양에서 함께 무대에 올랐다. 주제가 '봄은 온다'였다. 문재인 대통령은 9월 19일 평양을 찾았고 '평양공동선언'이 나왔다. 남북이 손을 잡고 남북화해와 경제협력 등을 추진하자는 내용이었다. 미국이 동의하지 않았다는 게 문제였다. 남북교류와 협력을 금지한 5·24조치를 해제하겠다는 한국 정부에 대해 트럼프 대통령은 "한국은 미국 승인 없이는 아무것도 하지 않을 것"이라고 경고했다. 북한을 다녀온 지 한 달 정도가 지난 시점이었다. 미국은 또 남북협력에 대한 속도 조절의 필요성을 내세우면서 '한미워킹그룹'을 만들었다. 희망을 걸었던 북미정상회담도 아무런 성과 없이 끝났다. 한반도는 다시 익숙한 상황으로 되돌아갔다. 전쟁의 위험은 여전히 크다.

미국은 한국을 잘 안다. 70년 이상 지켜보고, 관리하고, 정보를 축적해왔다. 집단으로서 한국이 무엇을 두려워하고, 무엇에 자극을 받으며, 집단기억 중에서 소중하게 간직하는 게 뭔지 안다. 직접 나서지 않아도 될 만큼 제국의 호위무사 집단도 잘 갖춰진 상태다. 그들이 지켜야 할 전선도 분명하다. 한미동맹을 중심으로 전시작전권, 국가보안법, 한미연합훈련 등이다. 손익계산을 했을 때 유독 미국이 많은 특혜를 누리는 영역이다.

심리전을 펼칠 수 있는 환경도 좋다. 정부의 뜻을 온전히 반영하는 VOA와 RFA를 비롯해 CIA의 지원을 받는 여러 탈북자 언론사가 자유롭게 활동을 한다. 미국 사대주의에 물든 지식인과 서방 정보에 대한 의존성이 강한 언론도 항상 대기중이다. 미국 정부관료, 군산복합체가 배후에 있는 싱크탱크 연구원, 미국 예외주의를 당연하게 받아들이는 대학교수는 한국 언론을 통해 언제라도 목소리를 낼 수 있다. 작동방식은 거의 판박이다.

미국 중심의 분단질서에 도전하는 집단은 '악마'가 된다. 북소리는 주로 『조선일보』를 선봉장으로 하는 언론복합체가 먼저 울린다. 보수적인 개신교, 탈북자단체, 반공 관변단체 등에서 맞장구를 친다. 전선의 성격에 따라 특정한 집단이 물리적으로 나선다. 전시작전권은 성우회를 중심으로 전·현직 군인이 맡는다. 국가정보원, 공안검사와 경찰 등은 국가보안법을 지키는 데 앞장선다. 분단 70년이 지나도록 한반도의 위기가 반복되는 건 이런 악순환을 통해서다. 미국은 군이 전면에 나설 필요가 없다. 은근한 압박

을 하는 한편으로, 자신이 싫어한다는 눈치만 전하면 된다. 행여
미국으로부터 버림받을 것을 두려워하는 호위무사가 심리전을
대신해준다. 한미동맹이 '처방'이 아니라 반대로 '불행의 씨앗'일
수 있다는 걸 잘 보여준다. 낯선 길이어도 작별을 해야 할 이유다.

미국과 헤어지는 게 그렇게 어려운 일도 아니다. 한국이 통보하
면 된다. 미국과 상의하지 않아도 된다. 한미상호방위조약 제6조
에 명시되어 있다. "본 조약은 무기한으로 유효하다. 어느 당사국
이든지 타 당사국에 통고한 일 년 후에 본 조약을 중지시킬 수 있
다"라는 문장이다. 앞서 살펴본 것처럼 이유는 차고 넘친다.

문제는 의지다. 다리만 뻗으면 되는 누울 자리도 마련되고 있다.
맹자가 말한 국가의 큰 일을 결정하는 데 있어 필요한 3대 요소가
충족되는 중이다. 천시天時와 지리地利는 어느 정도 준비가 됐다.
인화人和를 위한 전략도 있다. 우선 국가의 내부 역량 또는 준비와,
관련한 지형이 갖는 이점(즉 지리)은 한반도 역사상 최고 수준이
다. 국방력·경제력·문화력 등에서 한국은 세계 10위 안에 든다.
동맹 해체와 같은 중요한 결단을 내릴 수 있는 시점(그래서 천시)
도 좋다. 국제사회의 뜻하지 않은 지각변동 덕분이다.

지각
변동

물과 공기는 너무 소중하다. 그렇지만 뺏기거나 없어지지 않으면 그 중요성을 잘 모른다. 질서도 그렇다. 전쟁이 나고 혼돈이 벌어지면 그제야 눈에 보인다. 국제사회가 작동하는 방식도 크게 다르지 않다. 평소에는 어떤 질서가 있는지, 누가 질서를 관리하고 있는지, 질서로 인한 구조적인 불평등이 무엇인지 알지 못한다. 모두가 주목할 수밖에 없는 큰 사건이 터지고서야 비로소 눈길을 준다. 2022년 2월에 발발한 러시아-우크라이나 전쟁을 보자. 미국과 유럽의 눈에는 러시아가 '미친 짓'을 하기 전까지 국제사회가 평화로운 것처럼 보였다. 물론 그동안에도 불만의 목소리는 꾸준했다. 가깝게는 2001년 아프가니스탄, 2003년 이라크, 2011년 리비아가 절규에 가까운 비명을 질렀다. 미국과 유럽이 말하는 질서란 '제국주의' 행태로, 국제법을 어긴 행위에 다름 아니라는 지적이었다. 하지만 국제사회의 반응은 냉담했다. 오히려 그들을 욕했다. 테러리스트·독재자·미치광이 등의 낙인을 받으면서 이들 국가의 지도자는 외면당했다. 그들과 체급이 다른 러시아가 이제 골칫거리로 떠오르면서 상황은 달라졌다.

'일극 세계질서'(unipolar world)의 시대는 끝났다. 어떤 대가를 치르더라도 그것을 유지하고 보존하려는 모든 시도에도 불구하고 끝났다. (…) 일부 서방국가 지배 엘리트들은 이와 같은 명명백백한 변화를 인정하기 거부하고 과거의 그림자에 집착하고 있다. 영원한 것은 없다. (…) 냉전에서 승리했을 때, 미국은 지구상에서 자신을 신의 대리인으로 선언했다. (이들은) 책임은 없고 이익만 가진 사람들이다. 일방통행으로 세상을 불안정하게 만들고 있다. 그들은 망상 속에서 과거를 살고 있다. 나머지는 모두 식민지, 뒷마당이며 2등 시민이라고 생각한다. (…) 유럽연합(EU)은 정치적 주권을 잃어버렸다. 국제관계에서 정치, 군사적인 그 어떤 주권도 행사하지 못한 채 미국에게 단지 하나의 '앙상블'(한 벌의 여성복 같은 속국) 같은 존재로 남았다.[153]

2022년 6월 27일, 러시아의 상트페테르부르크에서 열린 국제경제포럼SPIEP에서 나온 발언이다. 국제사회에서 전범으로 처벌해야 한다고 비난받는 독재자의 '넋두리'라고 치부할 수 있지만 그렇게 간단하지 않다. 한때 미국과 나란히 '양극체제'를 이끌었던 러시아 최고지도자의 발언이다. 자국민을 대상으로 한 연설이 아니라 중국·이집트·카자흐스탄 등의 대표가 참석한 국제회의였다. 언론을 통해 전 세계로 전달됐다. 말 한마디, 단어 하나, 표현 하나가 전문가의 손을 거쳐 정제된 '연설문'이다. 100% 진실이라고 말할 수는 없어도 '질서'에 대한 다른 관점이라는 걸 인정할 수밖에 없다.

미국과 유럽의 주류 학자들은 동의하지 않아도 생각을 공유하는 학자들도 꽤 있다. 대표적인 인물이 영국 런던시립대와 맨체스터대 교수인 인더지트 파마르Inderjeet Parmar다. 자유주의 국제질서Liberal International Order, LIO에 대해 "개방적이고 포괄적이면서 다수가 합의한 규범적 질서"는 신화에 불과하며, 실제로는 "인종주의적이고, 엘리트 중심적이면서, 제국주의라는 본질에 뿌리를 둔 위계적 시스템"에 불과하다는 관점이다. 질서의 기원은 1945년이 아닌 "제1차세계대전이 끝난 직후인 1918년"이며, "당시 민족주의, 반제국주의, 사회주의 혁명과 같은 통제 불능의 도전에 직면해 앵글로-아메리칸의 주도권을 유지하기 위한 기획"에서 출발했다는 시각이다.[154] 푸틴과 이들은 도대체 무슨 말을 하고 있는 걸까?

제국의 황혼

눈여겨봐야 할 지점이 몇 있다. 그중 하나는 현재 상황을 국가

간 평등한 관계가 아닌 특정 국가에 의해 지배되는 위계적 관계인 '일극 질서unipolar order'라고 규정짓는 대목이다. 미국과 함께 G2로 평가되는 중국을 권력 행사에서 있어서는 경쟁 상대가 아니라고 본다. 양극체제의 한 축이었던 러시아가 미국의 경쟁자였다는 것도 인정하지 않는 발언이다. 미국을 '제국'이라는 잣대로 이해하지 못한 사람들에게는 너무 낯선 얘기다. 왜 그럴까? 왜 러시아조차 미국이 지배하는 세상이라고 말할까? 푸틴의 착각은 아닐까? 러시아를 둘러싼 국제사회의 대응을 보면 꼭 그렇지는 않다는 것을 알 수 있다.

우선, 미국과 유럽의 경제제재는 국제법에 따른 게 아니다. 미국 정부가 일방적으로 결정하고 유럽은 그저 따랐다. 국제기구, 특히 유엔의 동향도 독립적이거나 공정한 것과는 거리가 있다. 미국이 이라크와 리비아를 침공했을 때와는 판이하다. 유엔 총회는 러시아의 전쟁을 규탄하는 결의안을 채택했고, 유엔인권이사회는 러시아의 회원 자격을 박탈했다. 국제금융시장에서 러시아 은행과 기업은 퇴출당했다. 러시아의 해외자산은 동결되었고, 미국 달러로 결제하는 것조차도 금지됐다. 구글·페이스북·트위터·유튜브 등이 장악하고 있는 온라인에서도 러시아는 고립됐다. 러시아를 옹호하는 목소리는 차단됐고 그 반대는 부풀려졌다.●

● 미국과 영국 정보부가 글로벌 IT 기업들과 맺고 있는 유착관계는 잘 알려져 있다. 최근에 밝혀진 정보공작은 다음 기사에 나온다. Ari Blaff (2022. 10. 31) Leaked

1970년대 이래 제3세계 국가들이 꾸준히 지적해왔던 '정보의 불균형'이다. 국제사회를 대상으로 약소국이 아무리 소리를 질러도 미국과 영국이 장악하고 있는 '관문'을 통과할 수 없었던 그 모순이다. '단극'이라는 국제 권력질서의 정점에 "일부 서방국가의 지배 엘리트"가 있다는 지적도 흥미롭다.

권력 관계에서 미국과 유럽은 차이가 난다. 푸틴은 이와 관련해 "유럽연합은 정치적 주권을 잃었고 (…) 미국의 조연배우와 같은 존재로 남았다"고 말한다. 주권의 본질이라고 할 수 있는 안보 차원을 보면 틀린 말이 아니다. 독일과 이탈리아에는 수백 개의 미군 기지가 있다. NATO의 군사작전을 총괄하는 동맹작전사령부 Allied Command Operation의 책임자는 미국의 4성 장군이다.[155] 현재 크리스토퍼 카볼리Christopher Cavoli가 재직중이다. 1951년 임명된 초대 사령관은 드와이트 아이젠하워였고, 한국전을 이끈 매튜 리지웨이도 잠깐 거쳤다.

폴란드·체코·헝가리 등 동유럽 국가는 경제원조를 받는 대가로 군사기지를 제공하는 중이다. 제국주의 동지였던 프랑스·네덜란드·포르투갈·스페인 등의 사정도 크게 다르지 않다. 많게는 수천 명에서 적게는 수백 명의 미군이 파견되어 있다. 해군·공군·육군 등을 가리지 않고 군사기지도 배치되어 있다. 그럼 그 '일부

Documents Reveal DHS Collaborated with Facebook to Target 'Disinformation', National Review.

서방'에는 누가 포함될까?

앵글로색슨권이 포함되는 건 자연스럽다. 그중에서도 미국과 영국이 중심에 있다고 짐작하기는 어렵지 않다. '지배 엘리트'라는 말도 주목할 필요가 있다. 제국주의가 다시 소환된다는 점에서 그렇다. 제국의 본토에 있는 핵심 집단이 식민지를 물리적으로, 정신적으로, 경제적으로 착취하고 통치하는 게 제국주의였다. "(미국을 제외한) 나머지는 모두 식민지, 뒷마당이며, 2등 시민으로 생각한다"는 지적과 관련이 있다. 제국주의는 분명 끝이 났는데 푸틴은 왜 이런 얘기를 했을까? 전쟁 책임을 회피하기 위해 괜히 '음모론'을 꺼낸 건 아닐까? 진실은 몰라도 확실한 동기를 가진 쪽이 누구인지는 알 수 있다.

전쟁 당사자에겐 비극이지만 누군가는 이를 통해 돈을 번다. 러시아-우크라이나 전쟁도 예외가 아니다. 단연 눈에 띄는 수혜자는 미국이다.[156] 최소 3개 전선에서 미국에 유리하거나 나쁘지 않은 구도가 형성됐다. 제1의 전선은 군수산업이다. 미국이 압도적 우위를 지키는 분야다. 2021년 기준 세계 점유율에서 미국은 39%로 1위다. 러시아는 19%, 프랑스 11%, 중국 4.6%, 독일 4.5% 등이 그 뒤를 따른다. 영국·한국·스페인·이스라엘·네덜란드·튀르키예·스웨덴 등도 상위권에 속한다.[157]

전 세계 군수산업 시장점유율에서 상위 업체는 대부분 미국이 본사다. 록히드마틴, 보잉, 노드롭그루만, 레이테온, 제너럴모터스 등이다. 중국은 6위 AVIC과 8위 CETC, 영국은 7위 배시스템을 보유한다. 전쟁이 길어지고 미국과 유럽연합의 무기 지원이 확대된 건 축복이다. 특히 휴대용 스팅거 미사일과 탱크용 자블린 미사일 등을 공급하는 미국의 레이티온과 록히드가 떼돈을 벌었다. 최소 19명의 상원의원 직계 가족이 이들 회사의 주요 주주라는 점도 드러났다.[158]

제2의 전선은 석유와 천연가스로 대표되는 에너지 분야다. 2022년 기준으로 유럽연합은 천연가스 40%, 석유 27%, 석탄 46%를 러시아에 의존한다.[159] 특히 독일은 2015년부터 건설을 시작한 해저 천연가스관 '노드스트림2'를 통해 천연가스 수입을 75%까지 늘릴 계획이었다. 유럽으로 보내지는 기존의 가스관(노드스트림1)을 통해 20억 달러 규모의 중간 경유지 비용을 챙기던 우크라이나와 폴란드의 반대는 당연했다.

양국 간 에너지 협력이 못마땅했던 건 미국도 마찬가지였다. 겉으로는 러시아가 에너지를 무기로 사용할 수 있다는 우려였지만 제 식구 챙기자는 속셈이 있었다. 그러나 가격경쟁력이 없다는 게 문제였다. 미국산은 최소 30~40% 정도 더 비싸다. 게다가 LNG(액화천연가스) 수송선을 이용하기 위해서는 신규로 터미널과 가스관을 건설해야 한다.

때마침 전쟁이 상황을 역전시켰다. 국민의 소비 자제를 요구하거나 대안을 찾아야 하는 상황으로 내몰렸다. 전쟁 직후 셰니에르 에너지, 텔루리안TELL, 엑셀러레이트 에너지 등 관련 기업의 주가는 폭등했다. 『포브스』(2022.4.27) 보도에 따르면, 올 연말이 되면 미국은 호주와 카타르를 제치고 세계 1위 LNG 수출국이 될 것으로 전망된다.

제3의 전선은 외환시장이다. 미국패권의 심장에 해당하는 달러와 관련된 분야다. 안전자산으로서 미국 달러는 국제사회에서 가장 인기 있는 준비통화Reserve Currency다. 2022년 3분기를 기준으로 점유율에서 59.79%를 차지한다. 유로 19.66%, 일본의 엔 5.26%, 영국 파운드 4.62%, 중국 위안화 2.76% 등의 순서다. 국제 결제통화 시장에서도 달러의 비중은 40.51%다. 유로화는 2위로 36.65%를 차지한다.

그럼에도 불구하고 달러의 위세가 예전 같지 않다는 게 문제다. 지난 100년의 역사가 잘 보여준다. 1900년대부터 1940년대까지 최고 통화는 영국의 파운드화였다. 미국은 1960년대 61.7%로 1위가 되었고, 2000년대에 70.2%까지 상승했다가 지금은 59%까지 밀렸다.

앞날도 밝지 않다. 국내총생산GNP 규모에서 중국은 미국에 이어 2위다. 2030년이면 순위가 바뀔 것이 확실하다. 게다가 미국은 가장 많이 수입하고 적게 수출하는 경상수지 적자국이다. 경제 체력으로만 봤을 때 달러는 안전자산과 거리가 멀다. 경제 외적인 요소를 고려해야 지금 수준의 위상이 설명된다. 대체통화가 없었다는 게 가장 큰 문제였지만, 미국이 전쟁이나 경제위기를 통해 인위적 수요를 만든다는 음모론도 그치지 않는다. 증거는 없어도 지금까지 경험이 그렇다.

다자주의

우크라이나 사태의 파급효과도 유사한 방향으로 흘러갈 가능성이 크다. 장기적으로 결제통화에서 달러화를 위협하던 유로화는 퇴색할 수밖에 없다. 원유를 달러가 아닌 유로화로 결제하려던 국가의 움직임에 제동이 걸릴 가능성이 크다. 막대한 군사비 투자와 일상적인 안보 불안으로 인해 교환조건이 나빠지면 굳이 결제통화를 바꿀 이유가 없어진다. 유로화가 출범한 직후 성공적으로 안착할 수 있을지 우려되던 2000년 유로화 대비 달러 환율은 0.83까지 떨어졌다. 미국의 서브프라임 모기지 위기가 발생했던 2007년과 2008년 교환비율은 1.54까지 치솟았다. 같은 돈으로 유럽은 전 세계 물건을 더 많이 살 수 있었다. 2014년 러시아의 크림반도 침공 사태가 발발한 이후, 즉 유럽이 안보위기를 맞기 시작하면서 유로화는 추락하기 시작했다. 2015년부터 2017년 3년의 평균은 1.05 정도다. 전쟁 직전 1.23까지 올랐던 유로화는 2023년 2월 20일 기준으로 0.94달러까지 떨어졌다.

국제예탁자산의 변화를 통해서도 확인된다. 유로화가 출범했던 1999년 기준으로 미국 달러가 차지하는 비중은 72%였고 유로화는 18%에 불과했다. 미국발 금융위기가 터졌던 2009년 초반 달러의 점유율은 61%로 떨어졌고 유로화는 27.7%까지 상승했다. 러시아발 전쟁이 벌어지기 직전이었던 2022년 초반의 상황은 더 나빠졌다. 미국 달러는 58%까지 낮아졌고 유로화는 20%를 넘었다.[160] 유로화의 추격전은 여기서 멈췄다. 2023년 1/4분기 달러화

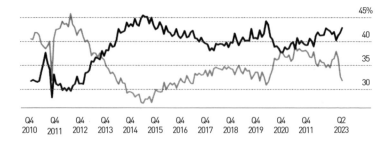

Q4 2010	Q4 2011	Q4 2012	Q4 2013	Q4 2014	Q4 2015	Q4 2016	Q4 2017	Q4 2018	Q4 2019	Q4 2020	Q4 2011	Q2 2023

〈도표〉 달러와 유로화의 격차 확대
4월에는 격차가 11%포인트로 확대됐음.

✏ US dollar use for international payments ✏ Euro

의 비중은 다시 59%로 높아졌고 유로화는 19.8%로 떨어졌다.

위의 〈도표〉에 나오는 것처럼 한때 국제결제 시장에 미국 달러를 넘어서기도 했던 유로화는 다시 추락중이다. 결제통화에서 유로화가 차지하는 비중은 2023년 4월 기준 31.74%로 전년 대비 10%포인트가 낮아졌다. 미국 달러가 그만큼을 회복해 41.74%에서 42.71%로 높아졌다.[161] 음모론이라고 무시하고 싶어도 작동하는 방식이 상당히 흥미롭다.

푸틴만이 아니라 이런 관점은 생각보다 넓게 퍼져 있다. 미국의 어깨너머로 세상을 보는 데 익숙한 한국에서만 낯설 뿐이다. 권위주의 국가로 질서를 파괴하려는 극소수 불만세력의 입장이라고 무시하고 싶어도 현실이 안 그렇다. G7과 맞먹는 규모의 인구와 영향력을 가진 브릭스의 관점이기도 하다. 기존의 질서를 '단극'으로 보면서 '다극질서' 또는 '다극체제'를 공개적으로 요구한다.

2022년 6월 23일, 중국 베이징에서 제14회 브릭스 정상회의가 열렸다. 독일에서 개막한 G7 정상회의와 여러 면에서 대비되는 모임이다. 한쪽은 주로 개발도상국이 모였고 다른 쪽은 미국·영국·프랑스·캐나다·독일·일본 등 선진국 중심이다. 인구 규모 차이는 30억 명과 10억 명이다. 경제 규모는 미국 달러 기준으로 23.5조 달러와 33.93조 달러다. 당장은 G7을 따라잡지 못한 상태다. 국제사회를 바라보는 관점이 서로 매우 다른데, 이는 회담 후 발표된 '베이징선언Beijing Declaration'에 잘 담겨 있다. 단극질서가 아닌 '다자주의multilateralism'를 추구한다는 내용은 제5조와 6조에 나온다.

목표도 구체적으로 제시되어 있다. "국제사회의 중요한 의사결정 과정에서 개도국은 물론 저개발 국가에 속하는 아프리카의 목소리가 정당하게 반영될 수 있는 구조"를 만들겠다는 게 첫번째다. 미국과 유럽이 과도하게 대표하는 유엔의 안전보장이사회를 개혁하는 게 여기에 포함된다. 강대국의 일방적인 압력이나 부당한 판단에 의해서가 아니라 '평등'과 '상호존중'의 원칙을 통해 인권을 비롯해 기본적인 자유를 보장하고 향상한다는 내용이 뒤따른다. 국제법이 존중되어야 한다는 부분은 미국과 유럽의 일방적인 경제제재에 대한 비판이 반영된 결과다. 미국이 17% 정도의 지분으로 과도한 영향력을 행사하는 국제통화기금IMF의 의사결정 구조를 개혁함으로써 보다 안전한 국제금융망을 구축해야 한다는 논의도 있다.

그밖에 우크라이나 문제에 대해서도 G7과는 다른 견해를 밝힌다.

제22조에 나온다. "러시아와 우크라이나 간 대화를 지지한다. (…) 유엔 총회에서 결의한 인본주의, 중립성과 정치적 공평성의 원칙에 적극적으로 협력한다"는 내용이다. 전쟁의 책임을 푸틴에 물으면서 러시아의 군사적 패배를 목표로 하는 진영과 분명 다르다.[162]

국제질서를 개혁해야 한다는 논의는 꾸준히 있어왔다. 경제질서만 하더라도 이미 1960년대부터 개발도상국에 의해 제기됐다. 제국주의를 통해 경쟁력을 확보한 선진국과 후진국이 자유무역을 하면 불평등이 커질 수밖에 없다는 문제의식이었다. 과거 자신을 지배하던 국가에 본부를 둔 다국적기업에 의해 약소국의 산업기반과 경쟁력은 무너질 수밖에 없다는 점도 지적됐다. 유네스코를 통해 신국제정보질서New International Information Order를 수립해야 한다는 운동 역시 1970년대 등장했다. 국제사회의 정보가 강대국에서 약소국으로 '일방향'으로 흐른다는 점과, 이로 인해 약소국의 목소리가 묻히고 강대국 중심의 국제여론이 만들어진다는 문제의식이었다. 제3세계가 힘을 합쳐 이들과 경쟁할 수 있는 통신사를 만들고 약소국 간 상호교류를 늘리자는 해법도 나왔지만, 상황을 바꾸지는 못했다.

잇따른 금융위기를 통해 IMF로 대표되는 국제금융질서를 개혁해야 한다는 목소리도 점차 높아졌다. 미국 달러가 아닌 국가 간 합의할 수 있는 '기축통화'를 만들고, 미국만 거부권을 행사할 수 있는 IMF와 세계은행World Bank의 의사결정 구조를 평등하게 만들자는 얘기였다. 권력을 양분하고 있는 미국과 유럽의 반대로 무산됐다. 특히 기존 질서의 최대 수혜자였던 미국이 받아들일 이유가 없었다. 각자도생으로 내몰렸다. 최소한 경제적으로는 미국을 견제할 수 있었던 유럽은 그래서 단일 통화인 유로화를 출범시켰다. 약소국엔 사치였다. 석유 대금으로 달러 대신 유로화와 자국 통화를 사용하겠다고 선언했던 이라크와 리비아는 국가 붕괴 상태다. 핵무기 보유설이나 자국민 대량학살 등은 핑계에 불과했다.● '찻잔 속의 태풍' 정도에 불과했던 국제질서 개혁을 '폭풍'으로 만든 게 이번 러시아-우크라이나 전쟁이다.

민주주의 정상회의, NATO, 칩4 동맹 등에 한국이 참여하는 것도 국익 차원에서는 별 도움이 안 된다. 한쪽과 동맹을 맺으면 여기에 속하지 못한 국가와 부득이 불편해진다. 적대 진영에 속한 국가의 보복도 참아야 한다. 국제사회가 점차 다극질서로 가는 것에도 역행한다. 냉전 때처럼 자본주의 진영이 더 크고 힘이 센 시대가 아니란 건 러시아-우크라이나 전쟁에서도 확인됐다. 단극질서를 누렸던 미국의 지위는 위태롭고, 도전자는 넘친다. 대표적으로 브라질·러시아·인도·중국·남아프리카공화국이 뭉친 브릭스

● 관련 내용은 『칠콧보고서: 이라크 사태 조사에서 밝혀진 몇 가지 쟁점(Chilcot Report: Key points from the Iraq inquiry)』과 『리비아: 개입과 실패에 대한 조사 그리고 향후 영국 대외정책의 선택(Libya: Examination of intervention and collapse and the UK's future policy options)』 등에 나온다. 《위키리크스》의 폭로를 통해 미국의 개입 목적이 '석유' 자원의 강탈에 있다는 것도 확인됐다. 관련 자료는 Avi Sher-Schapiro (2016. 1. 13) Libyan Oil, Gold, and Qaddafi: The Strange Email Sidney Blumenthal Sent Hillary Clinton In 2011, Vice News.

가 꼽힌다. 최근에는 이란·아르헨티나·알제리 등이 브릭스 가입 승인을 기다리는 중이다. 중국 외무성은 공개적으로 「미국의 패권과 그 종말U.S. Hegemony and Its Perils」(2023.2)이라는 보고서를 낼 정도가 된 시절이다.

종이와 잉크만 있으면 무한대로 찍어 낼 수 있었던 미국 달러 중심의 금융체제도 위태롭다. 러시아·중국·인도 등이 앞장서 대안 통화를 찾는 가운데 사우디아라비아를 비롯한 산유국은 원유 대금을 중국의 위안화로 결제하는 방안을 추진하고 있다. 앞서 이라크와 리비아 등이 추진했을 때는 찻잔 속의 태풍이었지만, 러시아·중국·브릭스 등이 공동전선을 형성하고 있는 지금은 다르다. 전쟁이라는 특수 상황이라 물러날 곳도 없다.

한국 사람에겐 자유와 인권과 민주주의를 수호하는 문명국이지만 그들 눈에는 제국주의자들에 불과한 미국과 서유럽이 난감해졌다. 동맹을 더 찾아야 한다. 미국이 손만 뻗으면 달려올 국가로는 캐나다·호주·뉴질랜드가 있다. 겉으로는 독립국이지만 실제로는 영연방 국가들이다. 남은 건? 일본·한국·대만 등이다. 전통적인 우방이었던 필리핀조차 머뭇거린다. "한국은 미국에 진 빚을 갚아야 한다" 혹은 "한미동맹 강화는 미국에 대한 보은의 길이다" 등의 주장이 그래서 나온다. 그러나 한국에게는 다른 선택지가 있다. '한반도 중립화'라는 길이다. 전쟁에서 승리하는 데 있어 천시天時와 지리地利보다 더 중요한 인화人和에 특히 도움이 된다.

중립화

만약 한미동맹을 해체하고 남과 북이 공동으로 중립화를 선언하면 어떤 일이 벌어질까? 미국과 중국 등 외부 세력이 가장 격렬하게 반대할 것 같지만 현실은 다를 수 있다. 몇 가지 이유가 있다. 무엇보다도 하고 싶어도 못 한다. 유엔을 통해 한 약속 때문이다. 제1조 2항의 "평등권 및 자결의 원칙을 존중"한다는 것과, 제2조 7항 "본질상 어떤 국가의 국내 관할권 안에 있는 사항에 간섭할 권한을 국제연합에 부여하지 아니하며"란 내용이다. 이와 관련해 미국과 중국 중에서는 미국만 걱정하면 된다. 때로는 무력으로, 때로는 쿠데타로, 때로는 심리전으로 약소국의 내정에 간섭한 전과가 너무 많다. 남북관계에도 미국은 '항상' 개입한다. 중국은 다르다. 1953년 저우언라이周恩來 총리가 발표한 '평화공존 5원칙'을 지금도 지킨다. "주권존중 및 영토보존, 상호 불가침, 상호 내정불간섭, 호혜 평등, 평화공존" 등이다. 미국과 영국이 홍콩·대만·신장 등에 간섭할 때마다 중국은 내정에 간섭하지 말라고 맞서왔다. 중국에 대한 혐오가 일상이 된 한국에서 봤을 때 '설마' 싶어도 현실이 그렇다. 당장 소수민족에 대한 인권탄압만 해도 우리가 잘 모르는 사정이 있다.•

외부의 장애물을 걱정하지 않아도 된다면 다른 문제는 없을까? 전혀 그렇지 않다. 내부의 갈등이 훨씬 더 무섭다. 북한은 최고지도부에서 결정하면 되니까 내부 분열을 걱정할 필요는 없다. 문제는 한국이다. 북한과 미국에 관한 국론 분열 수준이 장난이 아

• 중국에는 공식적으로 56개의 민족이 있다. 그중 약 30개 민족이 국경을 걸쳐 살아가는 과계민족(跨界民族, Cross-Boarder Ethnicity)이다. 북한과 국경을 접하고 있는 조선족을 생각하면 된다. 그들 중 일부는 독립국가를 꿈꾸는데, 대표적인 지역이 서부의 티베트(시짱장족자치구)와 신강위구르족자치구다. 그냥 독립을 시켜주면 될 것 같아도 간단하지 않다. 중국이라는 국가의 정체성을 부정하는 일이기 때문이다. 헌법 전문에 나오는 "중화인민공화국은 전국의 각 민족이 공동으로 창조한 통일된 다민족 국가이다. (…) 국가는 각 소수민족의 특징과 필요에 의거하여 각 소수민족 지구의 경제와 문화발전을 가속화하는 데 적극 협조하여 각 민족의 공동번영을 추구한다"와 충돌한다. 자국에 속한 일부가 독립하려고 할 때 이를 순순히 허락할 국가도 없다(김재기, 2004, 「중국의 민족문제와 티베트 이슈: '화평해방(和平解放) 17개조 협의'를 중심으로」, 『한국동북아논총』 30, 75~101). 전쟁을 통해서라도 아일랜드의 독립을 막았던 영국을 생각하면 된다. 대만 문제 역시 약소국에 대한 내정간섭이나 주권 훼손으로 보기는 어렵다. 중화인민공화국을 건국하면서 내세운 '하나의 중국' 원칙과 관계가 깊다. 다시는 외세에 짓밟히지 않을 것이며 이를 위해서는 "영토의 분열과 주권의 침해는 어떤 일이 있어도 다시는 용납하지 않겠다"는 다짐이다. 미국 등이 대만 문제에 개입하거나 대만 내부에서 독립운동이 벌어질 때 중국이 단

니다. 다른 곳에서는 유례가 없는 '남남갈등'이라는 말이 나올 정
도다.

언론을 통해 이 용어가 처음 알려진 건 2000년대 초반이다. 한
반도에 봄이 왔던 때다. UN의 승인 없는 이라크 침공으로 국제사
회에서 미국에 대한 여론은 안 좋았다. 미국이 한국의 반미 감정
을 우려하던 때였다. 한국에 가장 위협적인 국가를 묻는 여론조
사에서 미국은 39%로 북한(33%)보다 더 높았다.[163] 앞서 제4장에
언급됐던 '제국의 호위무사'가 거리로 몰려나올 만큼 동맹이 위태
로울 때였다. 그들이 봤을 때 북한이 남북대화와 교류에 나선 건

호하게 행동하는 건 이런 까닭에서다(김옥준, 2010, 「마오쩌둥 시기의 통일정책: '하
나의 중국' 원칙 확립과 정책변화」, 『사회과학연구』 21(4), 117~136). 물론 중국이 전
쟁을 일으킨 사례는 있다. 1962년에는 인도와 또 1979년에는 베트남과 싸웠다. 그
러나 중국이 봤을 때는 국제연합의 합의를 어긴 건 아니었다. 제51조에서 규정한
"이 헌장의 어떠한 규정도 국제연합 회원국에 대하여 무력공격이 발생한 경우, 안전
보장이사회가 국제평화와 안전을 유지하기 위하여 필요한 조치를 취할 때까지 개
별적 또는 집단적 지위의 고유한 권리를 침해하지 아니한다"에 해당하는 경우로 해
석할 수 있었다. 인도와 전쟁했을 때는 국경분쟁과 달라이 라마의 망명이 문제가 됐
다. 분쟁의 씨앗은 맥마혼 라인(McMahon Line)이라고 하는 국경선이다. 영국이 인
도를 통치할 때 티베트를 압박해 정한 4000km에 달하는 국경이다. 1950년 중국이
티베트를 점령한 후 이를 인정하지 않으면서 문제가 됐다(구정은, 2023.4.8, 「인도
땅에 중국식 이름 붙인 중국… 3400km 길이 국경서 벌어지는 '영토 전쟁'」, 한국일
보). 만약 베트남이 중국의 동맹국이었던 캄보디아를 침공하지 않았다면 1979년의
전쟁도 피할 수 있었다는 것 역시 주목할 필요가 있다(김명섭·최정호, 2008, 「1979년
중국-베트남 전쟁의 원인에 관한 재고찰」, 『세계지역연구논총』 26(1), 145~167).

'위장 전술'이었다. 〈해님과 달님〉 동화에 나오는 것처럼 이미 엄마를 잡아먹은 후 집에 있는 아이들을 회유하는 호랑이였다. 밀가루를 발라 엄마 손처럼 보이려고 꾸미는, 겉과 속이 다른 존재였다. 전쟁의 경험이 항상 그것을 증명해줬다. 군사훈련 중 교통사고를 당한 여중생을 핑계로 반미 집회를 벌이는 세력도 의심스럽다. 북한의 지령을 받았거나, 정치적 목적으로 국민을 선동하거나, 혹은 국제사회의 냉혹한 현실을 모르는 철부지였다.

그러나 맞은편에 있는 사람들은 상황을 전혀 다르게 봤다. 불편한 지점이 너무 많았다. 광화문과 시청 앞에서 구국기도회를 주도하는 세력인 보수 개신교, 반공주의를 통해 부와 명성을 얻은 집단이다. 한반도에 평화가 오면 잃을 게 많은 집단과 인물이 동참하고 있는 사태 역시 문제였다. 탈북자 단체를 비롯해 한국자유총연맹, 고엽제전우회, 전직 국정원 출신의 양지회, 재향군인회 등이다. 소금을 먹은 사람이 물을 찾는 것처럼 그들이 원하는 건 분단을 통한 기득권 유지일 뿐이라는 관점이었다. 동맹의 본질에 대해서도 다르게 봤다. 원광대 평화연구소를 운영하는 이재봉 교수의 다음 발언에 잘 압축되어 있다.

미국은 중국을 견제하고 봉쇄하는 데 주한미군과 한미동맹을 이용하려고 북한을 자극하며 '도발'을 부추기는데, 남한은 북한의 핵·미사일 때문에 한미동맹을 강화할 수밖에 없다고 합니다. 북한의 핵·미사일 개발이나 사용하지 않거나 못 하게 하려면 전쟁 끝내고 평화협정 맺어야지, 종전선언조차 반대하고 한미연합훈련 증강하며 북한에 핵·미사일 개발하지 말라는 게 말이 되는가요? (한겨레, 2023.5.3)

누구의 말이 옳을까? 분단 이후 지금껏 총부리를 겨누고 사는 현실을 고려하면 한쪽만 탓할 수는 없다. 남한은 북한이 무섭다. 한번 침략을 당한 경험이 있다. 지금은 핵과 미사일로 무장한 상태다. 중국과 러시아는 북한 편이다. 미국이 없으면 균형이 무너진다. 그래서 주한미군을 붙잡아둬야 하고, 미국의 핵우산에 기대야 한다. 하지만 북한은 다르게 본다. 내전에 개입한 게 미국이다. 군사력에서 미국은 비교 상대가 아니다. 한미연합훈련을 핑계로 언제든지 북한을 공격할 수 있다. 휴전협정을 종전협정으로 바꾸고 외교 관계를 복원하고 싶어도 미국이 거부해왔다. 필요한 생필품을 사고파는 것도 막는다. 결제통화인 달러도 못 쓰게 한다. 그래서 '주체사상'을 외칠 수밖에 없다. 자신을 지키기 위해서는 스스로 강해져야 한다고 믿는다. 한반도가 직면한 현실이다. 돌파구는 없을까? 있다. 한 번도 가보지 않은 길이라 낯설고 엄두가 나지 않을 뿐이다. 적대 관계가 지속되면서 제대로 주목을 받지 못했을 뿐 역사가 깊다. 무엇보다 그렇게 복잡한 얘기도 아니다.

주목 받지 못한 역사

1882년 임오군란이 일어나면서 청나라는 조선에 대한 영향력을 다시 회복했다. 1876년 강화도조약을 통해 조선에 진출한 일본으로서는 중국의 방해를 받고 싶지 않았다. 중국은 또 자신의 영향권에 있던 조선에 대한 일본의 의도가 의심스러울 때였다. 외교관 출신의 이노우에 코와시井上毅는 이런 상호불신을 해결할 방책으로 중립화를 꺼냈다. 그가 제시한 「조선정략의견안朝鮮政略意見案」에는 "일본, 청, 미국, 영국, 독일의 다섯 나라는 서로 회동하여 조선의 일을 의논하고, 조선을 하나의 중립국으로 삼아, 즉 벨기에·스위스의 예에 따라 그를 침략하지 않고 타국으로부터 침략받지도 않는 나라로 하여 다섯 나라가 함께 이를 보호한다"는 내용이 담겼다.[164] 주변국 누구도 조선에 대한 압도적인 영향력을 행사할 수 없도록 "조선은 하나의 독립국으로 남아야 한다"는 것도 분명하게 밝혔다. 유길준의 생각도 같았다. 조선인 최초로 미국과 일본을 다녀온 유학파 출신으로 관료 생활도 했던 인물이다. 1885년 '항구恒久 중립' 방안을 밝히면서 그 이유를 아래와 같이 설명했다.

한 나라의 위치가 각국의 요충지를 차지하고 부강하지만 후세 사람들이 스스로 지킬 수 없고 형세가 급박해져서 강대국의 수중에 들어가면 시국의 큰 방향을 뒤흔들어 이웃 나라에 화가 미치므로 여러 나라가 조약을 협정하여 그 나라를 중립으로 만든다. (…) 이것은 우리나라의 입장만 위한 것이 아니고 중국에게도 이익이 되며 여러 나라가 서로 보존하는 계책이기도 한 것인데 어찌 근심만

하면서 이를 행하지 않는가. 유럽의 대국들이 러시아를 막아 자국을 보존할 계책에 급급하다가 벨기에와 불가리아 양국의 중립이 한번 제창되자 모두 동의하여 잠깐 사이에 성취되었는데 어찌하여 아시아 지역의 대국들은 단지 우려만 할 줄 알고 이를 꾀할 바를 알지 못하는가.[165]

일본의 기만술에서 나온 게 중립화라는 주장도 허점이 있다. 청일전쟁에서 승리한 다음에도 일본은 이 생각을 바꾸지 않았다. 1895년 체결된 시모노세키 조약의 제1항에 "조선은 자주 독립국이다"라는 내용을 넣었다. 러시아의 입장도 한반도의 중립화 또는 독립에 우호적이었다. 경제적으로 큰 이익은 없지만 "대한제국이 (일본에게) 점령된다면 러시아의 대청(對淸)·대영(對英) 관계의 균형이 깨어질 것이며, 러시아를 적대하는 도구가 될 것"을 우려했기 때문이다.[166] 물리력으로 조선을 점령할 의사가 없었다는 것은 일본 외무대신 니시 도쿠지로와 주일 러시아공사 로젠 사이에 체결된 '니시-로젠' 의정서를 통해 확인된다. 1898년(고종 35년) 4월 25일이다. 제1조에 "일·러 양국 정부는 한국의 주권과 완전한 독립을 확인하는 동시에 그 내정에 직접 간섭하지 않기로 약정했다"라는 얘기가 나온다.

물론 일본의 말과 행동은 달랐다. 한국은 끝내 일본의 식민지가 됐다. 고종과 집권세력이 국제정세를 제대로 알았다면 다른 경로를 택할 수 있었다는 게 고민의 지점이다. 무식하면 용감하다는 말이 들어맞는 상황이었다. 너무 민감한 시기에 힘의 균형을 무너뜨렸던 것이다.

고종과 친러파 이범진·이완용·이윤용 등은 러시아가 조선을 지켜줄 것이라 믿었다. 러시아의 계산속이 달랐다는 게 문제였다. 왕을 보호한 지 불과 2개월이 지난 1896년 4월 함경북도 경원과 경선의 광산채굴권을 얻어냈다. 5월에는 군사교관단 14명을 파견했다. 그해 9월에는 두만강과 압록강 및 울릉도의 삼림 채벌권을 따냈다. 중국 진출도 꾸준히 확대했다. 청일전쟁 후 러시아는 일본의 랴오둥遼東반도 진출을 막았다. 일본의 대륙 진출을 경계하던 프랑스·독일과 함께 청나라를 편들었다. 역사책에 삼국간섭(1895)으로 알려진 사건이다. 1898년 이 지역의 뤼순旅順과 다롄만大連灣 항구를 빌려 해군기지로 삼을 수 있었던 것은 그 반대급부였다. 러시아는 한발 더 나아가 하얼빈에서 뤼순에 이르는 만주 철도의 부설권까지 챙겼다. 1900년에는 의화단 사건을 진압한다는 구실로 만주로 진출했다. 1903년에는 압록강 하구와 용암포 지역을 점령한 후 이곳을 빌려 자신의 통제구역으로 만들려고 했다.

하지만 일본의 생각은 달랐다. "표면상 영리사업이지만 실은 러시아의 한국 잠식 전략의 실행"이며 "용암포를 니코라이항으로 명명함은 우연이 아니다"고 봤다.[167] 위협을 느낀 일본이 손을 내민 곳은 영국과 미국이었다. 1902년에는 영미동맹이 체결된다. 조선에 대한 일본의 영향력을 인정하고 중국 문제에서 양국이 협력한다는 내용을 담았다. 일본을 내세워 러시아를 견제하는 데 있어 미국·프랑스·독일의 이해관계도 일치했다. 1904년 러일전쟁이 벌어진 배경이다.

군사력과 경제력에서 러시아는 일본의 10배 이상이었다. 그러나 길고 짧은 건 대봐야 안다. 메이지유신 이후 일본은 상승세였다. 신분 차별이 없어지면서 능력 있는 인재가 뽑혔다. 국가 근대화라는 목표가 뚜렷했고, 정치는 안정적이었으며, 군대의 사기는 높았다. 러시아는 정반대였다. 전쟁에 대한 회의감이 높았다. 전쟁중이던 1905년 1월에는 대규모 민중 봉기가 일어났다. 1000명 이상이 학살을 당했다. 6월에는 흑해에 주둔하고 있던 전함 포템킨에서 수병의 반란이 일어났고, 가을에는 농촌까지 번졌다. 영국과 미국의 지원도 변수였다. 영국은 해저케이블을 이용해 얻은 군사정보를 일본에 전달했고, 미국은 일본이 해외에서 빌린 4조5000억 달러 중 1조8000억 달러에 달하는 전쟁자금을 빌려줬다.[168] 적전분열 상황을 맞은 러시아, 여기다 전쟁으로 인한 재정지출이 피차 너무 컸던 양국은 미국의 중재로 그해 9월 5일 포츠머스 강화조약에 서명한다. 제1항에 "러시아 제국은 일본 제국이 조선에서 정치·군사·경제적인 우월권이 있음을 승인한다"라는 내용을 담았다.

전쟁 후 일본은 미국과 1905년 7월 필리핀과 조선에 대한 지배권을 상호 인정해주는 '카스라-테프트 밀약'을 체결했고, 9월에는 영국과 제2차 영일동맹을 맺는다. 조선이 일본의 식민지가 되는 건 이제 시간문제였다. 조선을 지켜줄 것으로 믿었던 울타리가 무너진 상황에서 독립국의 꿈은 사라졌다. 제국 중 하나를 선택해야 한다면 답은 정해져 있었다. 청나라는 대안이 아니었고 영국·미국·프랑스·독일 등은 전 세계에 식민지를 거느린 백인종이었다. 피해자에 속하는 황인종 일본에서 희망을 찾는 게 잘못된 생각은 아니었다. 망국은 이처럼 필연적인 운명과 거리가 멀었다. 제국주의라는 파도를 만나 불행하게 좌초한 게 아니라 제풀에 지쳐 보호국이 된 것에 가까웠다.

독자 생존의 길을 찾았지만 '못'한 것 아니냐는 반문도 가능하다. 한 예로, 고종은 1891년 6월 일본·러시아·영국과 미국 정부에 대한제국을 스위스 같은 중립국으로 하자고 제의했다. 일방적으로 '영세중립국'이 선포된 건 1904년 1월 26일이다. 만일 러시아와 일본이 전쟁하더라도 조선 땅에서 하지 말라는 요구사항도 내걸었다.[169] 그러나 주변 강대국의 의혹을 없애기보다 키웠다는 게 문제였다. 중국은 일본을, 일본은 러시아를, 러시아는 또 일본을 서로 의심하게 했다. 외국 군대를 불러야 할 만큼 통치 기반도 무너진 상태라 진정성이 없었다. 결국 일본의 식민지가 되면서 필요 없는 일이 됐다. 그렇지만 소멸하지는 않았다. 틀린 얘기가 아니라서 한국전쟁 직후에도 되살아났다.

중립화를 꺼낸 장본인은 뜻밖에도 미국이다. 1953년 대통령에 당선된 전직 장군 출신의 아이젠하워가 관심을 보였다. 잇따른 전쟁으로 여론이 좋지 않을 때였다. 국방비만 해도 전쟁 초반과 비교했을 때 무려 200% 정도가 늘어났다. 무려 5000억 달러를 넘었고 GDP의 10% 수준이었다. 아무리 미국이지만 국방비가 너무 많았다. 전쟁 후 좀 더 살기 좋은 세상이 될 것으로 믿었던 유권자가 좋아할 리 없었다. 펜타곤과 일부 군수업체만 배불리는 것도 문제였다. 자칫하면 그들에 의해 영원한 전쟁 상태가 될 수도 있었다. NSC162-2로 알려진 회의를 통해 '관점의 전환New Look'이라는 정책이 그래서 채택된다. 장기전에 대비해 군사력과 경제력의 균형을 맞추자는 게 목표였다. 미국이 우위에 있는 핵무기와 공군력, 기밀 작전은 늘리면서 군사기지와 군인 규모는 줄였다. 정책 차이도 있었지만, 큰 폭의 예산 삭감 대상이었던 육군의 반발이 컸다. 육군참모총장이었던 매튜 리지웨이와 맥스웰 테일러 두 명이 연달아 해임되면서 정리가 된다.[170]

군대의 반발을 넘어선 대통령은 한국에 눈을 돌렸다. 한때 국무부에서 검토했던 것처럼 한반도를 다시 중립지대로 두는 방안을 찾았다. 특정 진영에 속하지 않으면 위협이 되지 않는다는 점에 주목했던 것이다. 합동참모본부에서도 한국에서 철수하는 것이 더 효율적인 미군 배치에 도움이 된다고 보고했다. 하지만 1953년 10월 한미상호방위조약이 체결되면서 없었던 일이 되고 말았다.[171]

이걸로도 끝이 아니었다. 한반도의 봄이 올 때마다 다시 등장했다. '중립화 조국통일 총연맹 발기준비위원회'가 발표한 성명서가 그중의 하나다. 1960년 4·19 이후 통일에 관한 관심이 높아지던 때에 나왔다. 통일사회당이 중심이 되어 삼민당과 광복동지회,

천도교-대종교 인사 등 1000명 정도가 뜻을 모았다. 1961년 3월 7일 『민국일보』에 발표됐다. 이런 주장을 담았다.

해방 이후 오늘날까지 남과 북에서는 각기 자기네의 일방적 입장만을 고집하는 불상용의 모순을 내포한 통일방안을 되풀이하면서 어언 16년의 세월을 허송하여 왔다. (…) 일방적인 통일이란 다른 일방에 의해서 거부되게 마련이며, 결국 거기에서 평화적인 통일에의 전망은 열려오지 않는 것이다. 때문에 우리는 조국의 통일독립은 민족주권의 불가침이 보장되고 관계제국의 이익이 또한 조정되는 방향에서만 추구되어야 한다는 것이며 그리고 그것은 미·소 양국의 세력권에서 벗어나는 정치적 군사적 완충지대, 즉 '영세중립 통일한국'에 있어서 비로소 가능하다.

불과 두 달 뒤 5·16 군사쿠데타가 일어나면서 이런 생각 자체가 '위험한' 세상이 됐다. 1961년 6월 제정된 특수범죄처벌에관한특별법을 통해서다. 국가보안법 7조와 똑같은 "정당·사회단체의 주요 간부의 지위에 있는 자가 반국가단체의 이익이 된다는 것을 알면서도 단체나 구성원의 활동을 찬양, 고무, 동조하면 사형이나 무기 또는 10년 이상의 징역"에 처하도록 한 문구가 들어 있다. 과거에 했던 발언과 행동도 처벌 대상으로 삼았다. 3년 6개월 전까지로 소급해서 적용했다. 『민족일보』 사장이었던 조용수가 이 법으로 죽임을 당했다. 법원을 통해 지금은 무죄로 확정된 사건이다.

남북정상회담 등을 계기로 7년 정도 이어졌던 한반도의 봄에도 등장했다. 앞장선 단체는 2001년 10월 30일 설립한 '한반도중립화통일협의회'다. 박문재 전 오클랜드대학 부총재, 황인관 브래들리대 교수와 곽태환 이스턴 켄터키대 교수 등 500명 정도가 모였다. 평화운동가로 잘 알려진 노르웨이의 요한 갈퉁 교수도 왔다.

2007년 발표된 「동북아 평화와 안정을 위한 한반도 중립화 통일방안 연구」에도 같은 내용이 나온다. 유럽의 스위스와 오스트리아가 영세중립 국가로 안정을 찾게 된 배경과, 중립국이 가져야 할 권리와 책임을 밝혔다. 지리, 국력, 외부의 침략 등으로 봤을 때 이들과 한반도는 닮은 점이 많다는 주장도 담았다. 중립화가 필요한 근거로는 "전쟁을 피하고 통일 후 주변국의 침략을 방지할 수 있는 제도적 장치"가 필요하다는 점과, "한미동맹과 주한미군 문제로 분열된 한국인의 내부적 대립과 한국과 미국 간 의견 차이를 좁힐 수 있다"는 점을 꼽았다. 한반도의 중립화가 강대국 간 평화와 안정을 제공할 수 있는 발판이 된다는 점도 제시했다. 미국이나 중국 등의 눈치를 보지 않고 남북한이 주도적으로 할 수 있다는 얘기는 결론에서 나온다. 중립화를 통해 강대국의 반대를 극복할 수 있다는 논리다.

2021년 3월 1일 발표된 '한반도 영세중립화 선언'에도 같은 주장이 나온다. "우리 민족의 미래는 우리가 결정한다"는 문장이 맨 앞에 있다. 이제는 강대국의 눈치를 봐야 하는 약소국에서 국제질서에 정당한 영향력을 행사할 수 있는 역량이 준비된 상태라는 게 바로 뒤이어 나온다. "우리 민족은 지난 세기의 부끄럽고 허약했던 약소민족이 더 이상 아니다. 오늘날 우리는 경제적으로나 군사적으로 자립과 자강의 길을 힘 있게 내닫고 있다. 특히 문화민족의 전통을 이어가며 세계 앞에 선도적인 문화역량을 증명하고 있다"고 말이다. 방법론에 대한 청사진도 제시했다. "우선은 남북 상호체제의 완전한 인정을 전제로 '코리아 국가연합Confederation of Korean States'"를 만들고, 다음 단계로 "민족의 숙원인 통일 국가"로 발전시킨다는 전략이다. 구한말과 해방공간에서 걸림돌로 작용했던 국제지정학에 대한 부분도 고려했다. "민족의 생존만을 위한 것이 아니라 미국, 중국, 러시아, 일본 등을 포함한 인접 국가들의 공동 이익에도 부합한다"고 지적했다. "한반도의 중립화를 통해 이 지역에서 적대적 관계를 지양함으로써 미국은 외교적, 군사적, 경제적 이익을 최대화할 수 있는 발상의 전환을 모색할 것"을 요구하는 내용도 담았다.

우리 민족끼리

한국은 그간 몇 번이나 기회가 있었다. 제대로 살리지 못한 게 아쉬움이다. 절묘한 지정학 덕분에 이제 다시 선택할 기회를 맞았다. 앵글로색슨 제국은 당분간 내부단속을 강화할 가능성이 크다. 일본·독일·대만 등을 무장시켜 중국과 러시아 등이 연대하는 대륙세력과 맞선다는 계획이다. 이때 군사력·경제력·외교력·문화력 등을 종합해보면 한국은 탐스러운 동맹이다. 양쪽 진영에서 모두 손을 내민다. 달리 말하면, 누구도 한반도가 한쪽으로 편입되는 걸 원하지 않는다. 중립지대로 가겠다는 걸 말릴 수도 없는 상황이다. 권력의 민낯을 드러내면 반감만 커진다. 영국이 프랑스와 대결할 때, 또 미국이 스페인과 맞섰을 때 실제로 벌어진 일이다. 미국과 중국이 한국 정부의 선택에 대해 강경하게 반응하지 못하리라는 건 이런 까닭에서다. 정말 운이 좋게도 누울 자리가 생겼다는 의미다. 대외정책에 대한 공감대를 만드는 게 남은 과제다.

앞서 살펴본 것처럼 한국에서 남남갈등은 뇌관이다. 잘못 건드리면 내전으로 발전할 수 있다. 중립 문제를 성급하게 꺼내면 곧바로 심리전의 사냥감이 된다. 언제든지 소환될 수 있는 국가보안법도 문제가 된다. 북한은 여기서 반국가단체다. 한반도 평화와 중립화를 위한 논의 자체를 얼마든지 처벌할 수 있다. 법을 고칠 생각을 않고 법원의 판단에 맡기는 건 바보짓이다. 헌법 제21조의 '언론과 출판의 자유'와 제22조 '학문과 예술의 자유'와도 충돌한다. 미국이 손 놓고 있을 것 같지도 않다. 그래서 필요한 게 담론지형을 바꾸는 작업이다. 몇 가지 방법이 있다.

한국이 직면하고 있는 모순을 드러내는 작업이 그중의 하나다. 분단질서가 어떤 부작용을 낳고 있는지, 전시작전권을 회수하지 않으면 어떤 문제가 생기는지, 동맹을 유지하는 비용이 앞으로 얼마나 늘어날 것인지 등을 보여줘야 한다. 유럽에서 성공적인 중립국으로 남아 있는 스위스의 전략은 무엇인지, 중립국으로 어떤 생존전략을 준비하고 있는지 등도 소개할 필요가 있다. 한반도 중립화가 주변국에도 도움이 된다는 점도 제대로 설명할 필요가 있다. 100년 전에 러시아·일본·중국이 조선의 독립을 보장한다고 한 이유가 뭔지 공유하면 된다.

미국과 유럽 중심의 사고방식에서 벗어나는 게 두번째다. 제국을 제국이라고 부르지 못한 것과 관련이 있다. 한쪽은 절대적으로 옳고 다른 쪽은 무조건 틀렸다는 이분법에서 벗어나면 된다. 미국도 틀릴 수 있고, 중국과 러시아도 맞을 수 있다는 걸 받아들여야 한다. 판단은 한국의 몫이다. 공정하고, 객관적이면서, 균형감 있고, 또 합리적이고 성숙하게 판단할 수 있는 조건을 만들면 된다. 지식인과 언론이 그 역할을 맡는다. 미국과 유럽의 목소리만 앵무새처럼 읊조리는 행태를 그만두는 게 출발이다. 푸틴이나 시진핑의 얘기도 편견 없이 들을 수 있어야 한다. 미국이라는 거인의 어깨너머에서 세상을 보고 있다는 걸 성찰하면 된다.

지금 할 수 있는 것을 제대로 하는 게 마지막 전략이다. 『'노'라고 말할 수 있는 일본』, 1989년 일본에서 베스트셀러가 된 책이다. 일본 자민당의 중진 이시히라 신타로石原愼太郎와 일본 재계의 중진인 소니 회장 모리타 아키오盛田昭天가 같이 작업했다. 비록 미국의 군사적 보호를 받고 패전국의 책임을 다해야 하지만 잘못된 것에 대해서는 '아니오'라고 말할 수 있어야 한다는 얘기다. 국내에서도 이 책을 인용하면서 일종의 독립선언서가 필요하다고 주장한 이가 있다. 나중에 KBS 사장을 지낸 박권상으로, 글 쓸 당시에는 『시사저널』 주간이었다. 「NO라고 말할 수 있는 한국이어야」라는 글은 1990년 8월 23일에 나왔다. "한국은 옛날의 그 못나고 무기력한 '은토(隱土)의 나라'는 아니다. 그러나 우리에게 어느 정도 '노'라고 말할 수 있는 힘이 있는가. 남북이 갈라져서 세계적인 긴장 완화의 기류를 거스른 채 대결구조를 청산하지 못하고 있다. 주변 강국에 대해 남북이 한민족으로서 단결된 힘을 가지고 '노'라고 말할 힘이 없는 구조적인 취약체질"을 극복하자는 얘기였다.

그가 마음에 둔 대상이 미국인지 일본인지는 모르겠지만, 한국 사회가 아직도 그렇게 못하고 있다는 것은 분명하다. 정치적 보수와 진보는 문제가 되지 않는다. 김대중과 노무현 정부에 이어 촛불혁명으로 탄생한 문재인 정부도 다르지 않다. 남과 북이 손을 잡고 뭔가를 이룰 수 있을 것으로 봤는데 결과는 너무 실망스러웠다. 일정 부분 미국의 방해가 없지 않았다 할지라도 선택의 몫은 우리 자신이다. 남북합의 때마다 나왔던 '우리 민족끼리'라는 구호가 주목받는 까닭이다.

1972년의 '7·4 남북공동성명'이 시작이었다. 중앙정보부장과 북한의 김영주 조직지도부장, 박성철 제2부수상이 함께 만든 작품이다. "첫째, 통일은 외세에 의존하거나 외세의 간섭을 받음이 없이 자주적으로 해결하여야 한다"라는 내용을 담았다. 「남북 사이의 화해와 불가침 및 교류·협력에 관한 합의서」는 1991년 12월 13일 발표됐다. 냉전이 끝나고 한반도에 봄이 올 것이라는 희망이 부풀었던 때다. "7·4 남북공동성명에서 천명된 조국통일 3대원칙을 재확인"한다는 얘기가 전문에 나온다. 제6조에서는 "남과 북은 국제무대에서 대결과 경쟁을 중지하고 서로 협력하며 민족의 존엄과 이익을 위하여 공동으로 노력한다"는 내용도 들어갔다. 대한민국이나 조선민주주의인민공화국의 '존엄과 이익'이 아닌 '민족'이 강조되어 있다. 김대중 대통령과 김정일 국방위원장이 정상회담을 통해서 발표한 '6·15선언'에서도 같은 내용이 반복된다. 제1원칙으로 "남과 북은 나라의 통일문제를 그 주인인 우리 민족끼리 서로 힘을 합쳐 자주적으로 해결해 나가기로 하였다"는 합의 내용이 등장한다.

2007년 노무현 대통령이 평양을 방문해 발표했던 '남북관계 발전과 평화번영을 위한 선언'과, 2018년 문재인 대통령과 김정은 위원장이 서명한 '4·27 판문점 선언'에서도 나온다. "우리 민족끼리 정신에 따라 통일 문제를 자주적으로 해결한다"와 "우리 민족의 운명은 우리 스스로 결정한다는 민족 자주의 원칙에 합의했다"는 문구다. 북한을 악마로 보는 게 정상이 아니라는 것을 받아들이면 된다. 미국의 심리전이 한국의 호위무사를 통해 일상적으로 진행되고 있다는 걸 인정해야 한다. 민족국가 간 무한경쟁하는 시대다. 당분간은 지속할 가능성이 크다. 제국주의 유산도 아직 청산되지 않았다. 국제질서라는 게 누군가의 기획으로, 누군가에게 특혜를 주면서, 누군가에 의해 관리되고 있다는 점 역시 기억해야 한다. 한반도의 북쪽에 있는 사람들은 뿔 달린 도깨비가 아니고 우리와 같은 말을 하고, 같은 역사를 갖고, 같은 모순에서 허덕이는 민족의 구성원이다. 도종환 시인이 〈담쟁이〉에서 했던 말처럼 하면 된다.

저것은 벽/ 어쩔 수 없는 벽이라고 우리가 느낄 때/ 그때/ 담쟁이는 말없이 그 벽을 오른다/ 물 한 방울 없고 씨앗 한 톨 살아 남을 수 없는/ 저것은 절망의 벽이라고 말할 때/ 담쟁이는 서두르지 않고 앞으로 나아간다/ 한 뼘이라도 꼭 여럿이 함께 손을 잡고 올라간다/ 푸르게 절망을 다 덮을 때까지/ 바로 그 절망을 잡고 놓지 않는다/ 저것은 넘을 수 없는 벽이라고 고개를 떨구고 있을 때/ 담쟁이 잎 하나는 담쟁이 잎 수천 개를 이끌고/ 결국 그 벽을 넘는다.

주석

1   이용필 (2017.11.7)「극우 집회 판 깔아준 한기총 구국 기도회」《뉴스앤조이》.

2   Wike R. etc (2006.2.22) International Attitudes toward the U.S., NATO and Russia in a Time of Crisis, Pew Research Center.

3   「2022 통일의식조사」, 서울대 통일평화연구원 통일학연구, 2022년 12월 1일.

4   제임스 김, 강충구, 함건희 (2022.5)「한국인의 한미관계 인식」『ASAN REPORT』아산정책연구원.

5   김진영 (2021.5.10)「한국의 번영·발전, 미국 안보 뒷받침 있었기에 가능」, 『기독일보』.

6   관련 수치는 다음에서 참고했다. https://nova07.tistory.com/121.

7   이종태 (2016.10.14)「개성공단 입주 기업의 '정부 믿은 죄'」『시사IN』.

8   스푸트니크(이승규 역) (2022.10.5)「푸틴의 새로운 영토에 대한 연설: 다극 세계질서를 탄생시킨 우크라이나 위기」『통일시대』.

9   Henriksen T. (2001) Rise and Decline of Rogue State, Journal of International Affairs, 54(2), 349~373.

10   허용범 (2005.11.5)「'CIA 해외 비밀수용소 8곳' 논란」『조선일보』.

11   한승동 (2017.10.19)「미군기지, 과연 평화를 위한 것인가」『한겨레』.

12   국내 언론의 악마화 작업은 다음에 나오는 두 개의 논문에 자세하게 설명되어 있다. 먼저, 국내 주류 신문사의 칼럼리스트가 주도하는 악마화 작업은 김성해·김란희(2021)「마키아벨리로 착각하는 돈키호테의 후예들: 국가이익 재구성을 둘러싼 보수언론의 담론정치」, 『한국언론정보학보』106호, 44~76을 참고하면 된다. 북한을 겨냥한 가짜뉴스에 관한 참고 논문은 다음과 같다. 김성해 외 (2021)「위선과 무례함 그리고 사악함의 변주곡: 북한 관련 '가짜뉴스'를 통해서 본 한국 언론의 민낯」『통일문제연구』33(2), 189~234.

13   퓨리서치센터 자료는 다음 사이트를 참고하면 된다. https://www.pewresearch.org/global/2022/06/29/negative-views-of-china-tied-to-critical-views-of-its-policies-on-human-rights/.

14   백나리 (2020.10.19)「한국에 대한 미국 국민 호감도 60점… 역대 최고」연합뉴스.

15 장예지 (2023.6.5)「한·미 동맹은 북 도발 억누를 안전장치, 반드시 필요」『한겨레』.

16 김태효 (2021)「미-중 신냉전 시대 한국이 국가전략」『新亞細亞』28(2), 1~14.

17 손호철 (1996)「1950년대 한국사회의 이데올로기: 한국전쟁 전후를 중심으로」『한국정치연구』5(0), 41~79.

18 박민우 (2018.6.4)「"째진 눈" "美 점령지"… 터키 친정부 언론, 한국 비하 왜?」『동아일보』.

19 조영빈 (2022.6.27)「"한국은 강대국의 졸"… 중국, 나토 회의 가는 윤 대통령 맹 비난」『한국일보』.

20 최민지 (2019.12.1)「"식민지 총독의 행패질"… 北 매체, 해리스 美 대사 맹비난」『한국경제』.

21 강정구 (2003.11.13.)「이라크 파병, 야만 미국과 노예 한국의 변주곡」《오마이뉴스》.

22 장세진 (2012)『상상된 아메리카: 1945년 8월 이후 한국의 네이션 서사는 어떻게 만들어졌는가』, 푸른역사.

23 구광모 (2005)「창씨개명정책과 조선인의 대응」『국제정치논총』45(4), 31~53.

24 조건 (2016)「일제 말기 조선 주둔 일본군의 '전쟁미담' 생산과 조선인 군인 동원」『한일민족문제연구』31(0), 53~93.

25 문영숙 (1994)『한국 현대사를 움직인 친일파 60』「청산하지 못한 역사」중에서, 227~235.

26 다카시 후지타니, 박선정 (2008)「죽일 권리와 살릴 권리: 2차 대전 동안 미국인으로 살았던 일본인과 일본인으로 살았던 조선인들」『아세아연구』51(2), 13~47.

27 이광일 (2010)「탈식민지, 한국의 '식민지주체권력'의 재생산과 식민성」『뉴래디컬리뷰』44, 41~69.

28 John Gitting (2000.1.17) US and S. Korea accused of war atrocities, The Guardian.

29 James I. Matray (2002) Dean Acheson's Press Club Speech Reexamined, Journal of Conflict Studies, 22(1), 1~29.

30 강정구 (2005.7.27)「맥아더를 알기나 하나요?」《데일리 서프라이즈》

31 임성재 (2020)「한국전쟁의 기원과 성격규정의 함의에 관한 연구」『북한학연구』 16(2), 143~170.

32 Charles K. Amstrong (2003) The Cultural Cold War in Korea, 1945~1950, Journal of Asian Studies, 62(1), 71~99.

33 Nathanson E. Charles (1988) The Social Construction of the Soviet Theat: A Study in the Poltics of Representation. Alternatives, 13, 443~483.

34 자세한 내용은 다음의 박사논문에 나온다. Jessie L. Kindig (2014) War for Peace: Race, empire, and the Korean war, University of Washington, Dissertation.

35 Rebecca Lissner (2020.6.25) Never truly forgotten: The lethal legacy of the Korean War, War on the Rocks.

36 Hopkins, Michael F.(2012) Dean Acheson and the Place of Korea in American Foreign and Security Policy, 1945~1950, 미국학연구소, 35(3), 89~117.

37 Christopher Layne (2017) The US foreign policy establishment and grand strategy: How American elites obstruct strategic adjustment, Internaitonal Policits 54(3), 260~275.

38 https://www.vox.com/2015/8/3/9089913/north-korea-us-war-crime.

39 Charles Amstrong (2009) The Destruction and Reconstruction of North Korea, 1950~1960, The Asia-Pacific Journal.

40 Jim Bovard (2020.6.26) The Korean War Atrocities No One Wants to Talk About, The American Conservative.

41 사진의 출처는 다음과 같다. Mehdi Hasan (2017.5.3) Why do North Koreas hate Us?, The Intercept.

42 https://www.bbc.co.uk/history/worldwars/coldwar/korea_usa_01.shtml.

43 김상숙 (2021)「한국전쟁 전후 여성 민간인 학살과 전시 성폭력- 1기 진실화해위원회 보고서 기록을 중심으로」『사회와 역사』131, 61~100.

44 이경남 (2010.9)「구월산 유격대의 신화' 안악 출신의 반공일생」《이코노미톡뉴스》.

45 안진 (2005)『미군정과 한국의 민주주의』한울아카데미. 132쪽.

46 고승우 (2022.5.12)「미국, 미군정과 한국전쟁 전후 민간인 학살 책임져야」《통일뉴스》.

47 관련 문건은 시몬 윗비(Simon Whitby)가 2002년에 쓴 『식용 작물을 대상으로 한 세균전쟁(Biological Warfare Against Crops)』이란 책에 나온다.

48 다음 사이트를 참고하면 된다. http://kilsp.jinbo.net/publish/2000/0008914.htm#.

49 관련 내용은 주간지 『TIME』이 1952년 5월 19일에 올린 「One-Star Hostage」란 보도에 나온다.

50 김학재 (2010)「전쟁과 고통: 전쟁포로들의 저항과 반공오리엔탈리즘: 한국전쟁기 유엔군 포로수용소 내 사건들을 중심으로」『사림』 36, 141~178.

51 Stephen E. Ambrose (1984) Eisenhower, vol. 2, The President, New York: Simon and Schuster, pp. 108~109.

52 William F Asbury (1954), Military help to Korean orphanages, http://koreanchildren. org/docs/CCF-002.htm.

53 이필중 (2016)「한국 국방예산의 소요와 배분에 관한 연구 (1953~현재)」『국방정책연구』 32(3), 185~224.

54 한규한 (2005)「1950년대 남한 -4월로 가는 길」『노동자연대』.

55 홍석률 (2010)「4월 혁명과 이승만 정권의 붕괴 과정 -민주항쟁과 민주당, 미국, 한국군의 대응」『역사문화연구』 36, 147~192.

56 서중석 (2014.6.18)「박정희 '은밀한 과거', 미국이 개의치 않은 속사정」《프레시안》.

57 국무부 '역사관' 자료다. https://history.state.gov/historicaldocuments/frus1961-63v22/d213.

58 TIME (1961.7.28) South Korea: Rocking the Boat.

59 구현우, 우양호 (2012)「1950년대, 약탈국가론, 그리고 연속과 단절: 경제적 자원에 대한 국가의 통제권을 중심으로」『행정논총』 50(1), 243~277.

60 이세진 (2016)「1950년대 후반 미국의 전략변화와 한국경제성장의 조건」『역사문화연구』 59, 77~132.

61 한봉석 (2020)「구호물자에 담긴 냉전: 주한 케아(C.A.R.E)의 패키지로 살펴보는 냉전과 인도주의」『통일과 평화』 12(1), 81~123.

62 박제권 (1995.4.17)「달러와 죽음의 대차 대조표」『시사저널』.

63 박태균 (2014.11.28)「죽음 넘나드는 전선에서 번 그 돈은 다 어디로 갔나」『한겨레』.

64 Neal M. Rosendorf (2010) Hollywood, dictatorship and propaganda: Samuel Broston's special relationship with the Franco Regime, 1957-1973.

65 Kenneth A. Osgood (2000) Form before Substance: Eisenhower's Commitment to Psychological Warfare and Negotiations with the Enemy, Oxford Journals, 24(3), 405~433.

66 Arissa H. Oh (2012) From war waif to ideal immigrant: the cold war transformation of the Korean orphan, Journal of American Ethnic History, 31(4), 34~55.

67 『뉴욕타임스』에서 관련 기사를 쓴 인물로는 그레그 맥그레고(Greg MacGregor) 도 있다. Life in Korea Still Fight to Survive; Armistice Brings Relief but no Joy (1953.8.1), G.I. Aid Improves Tie with Koreans (1955.1.1) 등의 보도를 했다.

68 정민주 (2012.6.13)「전쟁고아와 과부 돌보던 NGO, 이제 한국의 이름으로 세계를 돕다」《아이굿뉴스》.

69 임다은 (2020)「유엔한국재건단(UNKRA)의 조직과 활동」, 『한국사론』 66, 201~260.

70 김세령 (2006)「1950년대 기독교 신문.잡지의 미국 담론 연구: 대미 인식의 분화와 보수, 진보 기독 지성의 양극화를 중심으로」『상허학보』 18, 33~72.

71 Richard Howson & Brian Yecies (2016) The role of Hegenomic masculinity and Hollywood in the New Korea, Masculinities and Social Change, 5(1), 52~69.

72 Soojin Chung (2019.10.9) The Christian History of Korean-American Adoption, Christian Today.

73 방인혁·손호철 (2013)「내재적 접근법에 기초한 북한의 민주주의론 연구」『민주주의와 인권』 13(2), 201~236.

74 이강국 (1946)「민주주의와 국제노선」『민주주의12강』 문우인서관, 233쪽. 김남식 외, 1986, 『한국현대사 자료총서 11』 돌베개 재인용.

75 이은선 (2018)「6·25전쟁과 미국 복음주의와 한국교회」『영산신학저널』 44, 199~237.

76 김진호 (2005)「한국 기독교의 미국주의, 그 식민지적 무의식에 대하여」『역사비

평」봄호.

77 김상태 (1998)「평안도 기독교 세력과 친미엘리트의 형성」『역사비평』겨울호.

78 박요셉 (2018.5.11)「신학적 보수, 진보 막론한 기독교 반공주의」《뉴스앤조이》.

79 강인철 (2021)「한국전쟁과 천주교 반공주의: 역사적 변동과 비판적 성찰」『교회사학』19, 281~320.

80 Hubert Villeneuve (2011) Teaching Anticommunism: Fred C. Schwarz, the Christian Anti-Communism Crusade and American Postwar Conservatism, McGill University Dissertation.

81 George Padmore (1943) Blue-Print of Post-War Anglo-American Imperialism, Left, 84.

82 박준병 (2020)「미국-필리핀 전쟁 전후 (1898-1902) 미국인의 인식」『인문과학연구』66, 377~402.

83 David Engerman (2010) Social Science in the Cold War, History of Social Science, 101(2), 393~400.

84 차재영 (2020)「윌버 슈람의 한국전쟁 심리전 연구와 언론학의 제도화」『한국언론정보학보』99, 275~297.

85 김일환·정준영 (2017)「냉전의 사회과학과 실험장으로서의 한국전쟁: 미공군 심리전 프로젝트의 미국인 사회과학자들」『역사비평』 280~317.

86 황동연 (2011)「냉전시기 미국의 지역연구와 아시아인식」『동북아역사논총』33, 15~56.

87 재단이 발간한 보고서「변화의 동반자: 한국 아시아재단의 70년 역사」에 나온다. https://asiafoundation.org/wp-content/uploads/2017/06/A-Partner-for-Change.pdf.

88 이봉범 (2020)「냉전과 북한연구, 1960년대 북한학 성립의 안팎」『한국학연구』56, 29~83.

89 한국학연구소는 1960년대 후반부터 미국 주요 대학에 들어섰다. 1968년 시애틀에 있는 워싱턴대가 맨 앞이다. 박사 논문 제목은「한국의 전통으로 본 정치와 정책(Politics and Policy in Traditional Korea)」이었다. 버클리대(1979년), 하버드대

(1981년), 컬럼비아대(1988)년 등의 순서다.

90 John Finnegan (2011) The Evolution of US Army HUMINT Operations in the Korean War, Studied in Intelligence, 55(2).

91 김성보 (2017) 「미국, 한국의 냉전 지식 연결망과 북한 연구의 학술장 진입」, 『사이間SAI』 22, 9~36.

92 중앙일보 (1995.4.18) 『다시쓰는 한국현대사』 15, 그림자조직 미국 CIC. https://news.joins.com/article/3049994.

93 김득종 (2015) 「여순사건과 제임스 하우스만」, http://blog.daum.net/_blog/BlogTypeView.do?blogid=03aXq&articleno=15853776.

94 김민식 (2016) 「1950년대 한국군의 미국 군사유학 시행과 그 영향」, 『군사』 98호, 285~321.

95 김무용 (2015) 「미군정 시기의 군정법정과 군정재판 연구 (1945-1948)」 한국연구재단 결과보고서.

96 김우종 (2000.4.15) 「김우종의 대학비사(8) 국대안 파동의 확산」, 『한국대학신문』.

97 허은 (2005) 「1950년대 미국의 대한 교육교환 계획과 한국사회 엘리트의 친미화」 『한국민족운동사연구』 44, 229~265.

98 김성은 (2019) 「1950-60년대 미국의 교육원조와 미국 유학 선호 -미네소타 프로젝트와 풀브라이트 프로그램을 중심으로」, 『사회와연구』 122, 191~222.

99 Robert Prey (2001) How do you say 'Imperialism'? The English language teaching industry and the culture of imperialism in South Korea, Thesis, Simon Fraser University.

100 Wol-san Liem (2010) Telling the 'truth' th Koreans: U.S. Cultural Policy in South Korea during the early Cold War, 1947-1956, New York University, Dissertation.

101 이주영 (2014) 「아이젠하워 행정부의 민주주의 전파: 해외공보정책의 개혁과 대한 교육사절단을 중심으로」, 『미국사연구』 39, 119~160.

102 장영민 (2004) 「정부 수립 이후 (1948-1950) 미국의 선전정책」, 『한국근대사연구』 31, 272~302.

103 김성은 (2019) 앞의 논문 참조.

104 허은 '미국의 헤게모니'에 나오는 내용이다. 앞에 나오는 임월산의 박사논문에서 재인용했다.

105 Susie Woo (2015) Imagining Kin: Cold War Sentimentalism and the Korean Children's Choir, American Quarterly, 67(1), 25~53.

106 이소라 (2015)「1952-55년 한미재단의 활동과 그 역사적 성격」서울대학교 석사 논문.

107 김정훈 (2019.6.1)「"민족은 상상의 공동체"인가」《프레시안》.

108 김영희 (2009)「한국전쟁 기간 미국의 대한 방송활동: VOA 한국어방송과 VUNC를 중심으로」『한국언론학보』53(2), 140~160.

109 박수현 (2021)「점령기 미군정의 공보 활동과 선전 담론- 미군정 발행 주간신문 분석을 중심으로」서울대학교 박사논문.

110 허은 (2007)「미 점령군 통치하 문명과 야만의 교차」,『한국근현대사연구』42, 151~186.

111 김학재 (2011)「정부수립 전후 공보부.처의 활동과 냉전 통치성의 계보」『대동문화연구』74, 61~97.

112 이상준 (2018)「아시아재단의 영화프로젝트와 1950년대 아시아의 문화냉전」『한국학연구』48, 49~84.

113 김한상 (2012)「주한미국공보원(USIS) 영화선전의 표상과 담론: 1950년대, 국가 재건과 자립 한국인의 주체성」『사회와역사』95, 243~278.

114 김옥란 (2018)「유치진과 미국, 드라마센터와 문화냉전」『한국학연구』51, 131~177.

115 김종철 (2012.9.14)「지성인이 되려면 사상계를 읽어라」『미디어오늘』.

116 김은주 (2018.3.29)「시대의 등불, 잡지 '사상계'」연합뉴스.

117 권보드래 (2011)「『사상계』와 세계문화자유회의 1950-1960년대 냉전 이데올로기의 세계적 연쇄와 한국」『아세아연구』54(2), 246~290.

118 장규식 (2014)「1950-70년대 사상계 지식인의 분단인식과 민족주의론의 궤적」『한국사연구』167, 289~339.

119 김형민 (2016.2.13)「'서울 불바다' 사건과 언론이 전하지 않은 뒷이야기」《직썰》.

120 김연철 (2010)「김대중·노무현 정부 10년의 남북관계」『기억과전망』22, 109~140.

121 이계환 (2011.4.6)「박한식, "北, 천안함 사과 요구 절대 수용 못한다고 했다"」《통일뉴스》

122 미국의 방해 공작에 대한 자세한 설명은 다음 논문을 참고하면 된다. 김성해 외 (2017)「관습적 오류 혹은 의도적 프로파간다: 북한관련 의혹의 실체적 진실과 담론 왜곡의 구조」『의정연구』50, 187~226.

123 메보라 대담 (2022.9.26)「임동원, 90 평생의 길 '다시 평화'」《피렌체의 식탁》 https://firenzedt.com/23859.

124 Seymour Hersh (2023.2.8) How America took out the Nord Stream Pipeline, https://seymourhersh.substack.com/p/how-america-took-out-the-nord-stream.

125 권혁철 (2019.2.7)「타미플루는 되고, 트럭은 안된다?··· '샤일록 판결' 뺨치는 대북제재」『한겨레』

126 정욱식 (2022.7.26)「1992년과 2019년의 미국 대통령의 약속이 지켜졌다면」《프레시안》.

127 뉴시스 (2020.6.18)「北 "한미 워킹그룹이 상전" 비난 속 한미 수석대표 협의 주목」《웹동아일보》.

128 이혜영 (2020.6.25)「따가운 눈총받는 한미워킹그룹··· 정세현 "北 패악질 유도"」『시사저널』1738호.

129 심진용 (2022.12.29)「연일 거세지는 윤 대통령 강경 발언 "압도적 우월한 전쟁 준비해야"」『경향신문』

130 김성해 (2013)「동아시아 공동체와 담론 전쟁: 한국 언론의 동북공정과 독도분쟁 재구성」『언론과사회』21(3), 64~106.

131 퓨리서치센터 자료의 출처는 다음과 같다. INTERNATIONAL ATTITUDES TOWARD THE U.S., NATO AND RUSSIA IN A TIME OF CRISIS, https://www.pewresearch.org/global/2022/06/22/international-attitudes-toward-the-u-s-nato-and-russia-in-a-time-of-crisis/pg_2022-07-22_u-s-image_1-02/.

132 이재봉 (2014.7.8)「'존경스러운 노교수'와 '쳐 죽여야할 빨갱이' 사이에서」《프레시안》.

133 마고사키 우케루 (2013)『미국은 동아시아를 어떻게 지배했나: 일본의 사례 1945~2012년』, 메디치미디어.

134 팀 셔록 (2020.5.18) 「5·18 광주 학살 40년, 미국에 책임을 묻다」《민플러스》.

135 김연철 (2022.9.26) 「임동원, 90 평생의 길 '다시 평화'」《피렌체의 식탁》.

136 임헌영·리영희 (2005) 『대화: 한 지식인의 삶과 사상』 한길사.

137 김종대 (2021.4.2) 「김준형, "한미 전작권, 文 정치적 결단 필요"」《노컷뉴스》.

138 김준수 (2013.7.9) 「"10년간 대북지원 연 평균 2,766억원"」《뉴스파워》.

139 이윤정 (2020.12.13) 「美 의회 인권기구 위원장, 대북전단법에 "민주주의 원칙 훼손" 비판」『조선일보』

140 Liu Xin (2019.12.4), NGOs get financial support from US govt, smear China, Global Times.

141 유튜브 사이트는 다음과 같다. https://www.youtube.com/watch?v=imperp7YRxE.

142 Kim Do-yeon (2021.4.16) om Lantos Human Rights Commission hears views on S. Korea's anti-leaflet law, Arirang News.

143 박기학 (2022.1.2) 「군사주권 없는 상황, 대한민국 이야기입니다」《오마이뉴스》.

144 이창규 (2018.7.11) 「트럼프 '안보 무임승차'로 나토 동맹 압박… "돈 더 내"」《뉴스1》.

145 한명기 (1999) 『임진왜란과 한중관계』 역사비평사.

146 이정훈 (2006.8.7) 「'구국의 논객' vs '안보상업주의자' 조갑제의 비밀」『신동아』

147 『월간조선』(2003년 3월)에는 한자 이름이 적혀 있다. 독자의 이해를 돕기 위해 한글로 바꿨다.

148 박준건 (2003.9.8) 「창간 57주년 특별인터뷰: 재독학자 송두율 교수」『부산일보』

149 위키리크스한국 (2018.1.10) 「이명박 당선자는 어떤 사람인가?」

150 Connor Echols (2022.9.2) Diplomacy Watch:Did Boris Johnson help stop a peace deal in Ukraine?, Responsible Statecraft.

151 박인희 (2022.7.12) 「단독 인터뷰: 미 국무부 차관 "한국의 글로벌 핵심 역할지지"」『한겨레』

152 고승우 (2022.5.12) 「미국, 미군정과 한국전쟁 전후 민간인 학살 책임져야」《통일뉴스》.

153 류경완 (2022.6.27) 「푸틴 "미 주도 단극 세계질서 시대는 끝났다… 영원한 것

은 없다"」,《민플러스》. http://www.minplusnews.com/news/articleView.html?idxno=12867.

154 Mark Ledwidge & Inderjeet Parmar (2017) Clash of pans: pan-Africanism and pan-Anglo-Saxonism and the global colour line, 1919-1945, International Politics, 1~17.

155 박휘락 (2019)「나토와 한미동맹의 군사지휘체제 비교: 지휘관계를 중심으로」『한국군사학논집』75(2), 1~29.

156 백학순 (2022.5.10)「뚜렷해진 미국의 세계전략과 한반도」『경향신문』.

157 점유율 수치는 다음 자료를 참고했음. https://www.statista.com/statistics/267131/market-share-of-the-leadings-exporters-of-conventional-weapons/.

158 Kimberly Leonard (2022.5.19) 20 members of Congress personally invest in top weapons contractors that'll profit from the just-passed $40 billion Ukraine aid package, INSIDER.

159 유럽위원회 자료. https://ec.europa.eu/info/news/focus-reducing-eus-dependence-imported-fossil-fuels-2022-apr-20_en#:~:text=In%202021%2C%20the%20EU%20imported,and%20cost%20%E2%82%AC99%20billion.

160 관련자료는 다음을 참고하면 된다. https://www.statista.com/statistics/233674/distribution-of-global-currency-reserves/.

161 Business Stardard, 2023.7.22 자료. https://www.business-standard.com/world-news/euro-s-use-in-international-payments-at-3-year-low-yuan-s-at-5-month-high-123051800164_1.html.

162 Chris Devohsire-Ellis (2022.6.28) China Has Urged The West To Read The New 14th BRICS Summit Declaration Carefully. This Is What It Says. Silk Road Briefing.

163 연합뉴스 (2005.5.16)「"부풀려진 '반미감정' 바로 잡자"」《통일뉴스》.

164 김승국 (2011.7.10)「1882~1904년이 한반도 중립화론」《프레시안》.

165 유길준 (1885)「한반도 중립화 방안」『兪吉濬全書』4 政治經濟編, 外交論, 中立論.

166 신복룡 (2009)「군정기 미국의 대(對) 한반도 점령정책: 1945-1948」『한국정치외

교사논총』 30(2), 5~43.

167 현광호 (2007) 「대한제국기 용암포사건에 대한 주한일본공사의 대응」 『인문학연구』 34(1), 247~272.

168 전쟁자금을 대출해준 다른 국가에는 영국, 프랑스, 독일 등이 있다. Gary D. Best (1972) Financing a Foreign War: Jacob H. Schiff and Japan, 1904-05, American Jewish Historical Quarterly, 61(4), 313~324

169 강종일·윤황·정지웅 (2007) 「동북아 평화와 안정을 위한 한반도 중립화 통일방안 연구」 『국회통일외교통상위원회 보고서』

170 Douglas Kinnard (1977) President Eisenhower and the Defense budget, Journal of Politics, 39(3), 596~623.

171 박태균 (2022.9.29) 「유길준의 꿈, 아이젠하워의 꿈… 한반도 중립화론」 『중앙일보』

찾아보기